영성챙김

일러두기

1. "기독교인" 혹은 "크리스천"은 예수 그리스도를 하나님의 아들로 고백하고, 그의 가르침과 삶을 따르며, 그의 죽음과 부활을 통해 구원을 받았다고 믿는 사람을 말하므로 이 책에서의 "기독교인"과 "크리스천"은 가톨릭, 동방정교회, 개신교, 성공회 등의 신자를 모두 포함하고 있습니다.
2. 기독교의 다른 교파와 구분할 때만 "개신교"로 표기했습니다.
3. 개신교는 "하나님"이라고, 가톨릭은 "하느님"이라고 표기하였습니다.

영성 챙김

내 안의 빛을 찾아가는 여정

채정호 지음

Spiritfulness

신율

추천사

우리는 고통이 내재된 삶을 살아가며 존재감이 상실된 채 길을 잃었지만 아무렇지도 않은 것처럼 애써 웃으며 살아가고 있다. 채정호 장로님은 우리가 타 종교의 전유물이라며 미뤄두었던 명상의 다양한 영성 수행법을 소개하고 비교하며 우리 안에 계시는 하나님을 발견하도록 돕는다. 그래서 신체적인 고통보다 마음의 고통이 더 깊은 이들에게 당장 삶의 변화를 촉구하기보다 고통 가운데 있지만 그곳에서 나의 존재를 찾고, 있는 그대로의 삶을 수용하고 적응하는 길로 안내한다. 책을 읽는 동안 새로운 길을 안내하는 지식인의 겸손을 보며 더욱 이 길로 나아가고 싶은 마음이 들었다.

내 마음이 병들어 있는데, 이웃을 진심으로 사랑하기는 참 어렵다. 그래서 이 책 『영성챙김』은 "네 이웃을 내 몸과 같이 사랑하라"(막 12:30)는 예수님의 말씀에 순종하려는 사랑의 몸부림이기도 하다. 내가 누구이며 어떤 사람인지도 모르면서 이웃을 먼저 사랑하려는 성급한 어리석음을 내려놓고 고요히 자신을 주목하며 존재적인 사랑에 이르기를 원하는 분들께 주님이 우리를 사랑하신 그 사랑의 마음을 담아 추천한다.

- 김병년 목사 | 다드림교회

명상은 특정 종교의 전유물이 아니다. 개신교가 오랫동안 명상을 경계해 온 이유는, 불교나 힌두교 등 특정 종교의 수행법으로 오해되었기 때문이다. 그러나 명상은 그 자체로 종교적 의미를 갖지 않는다. 마치 숨을 쉬고 걷는 것처럼, 명상은 인간에게 자연스러운 행위이다. 불교에서 호흡 명상을 한다고 해서 '호흡' 자체를 불교적인 것이라 거부할 수는 없다. 기독교인은 하나님의 임재와 은총 속에서 얼마든지 기독교적으로 호흡하고 명상할 수 있다.

채정호 교수는 오랫동안 '명상'을 기독교의 품 안으로 되돌려놓기 위해 애써왔다. 그리고 마침내 '영성챙김'이라는 신학적 토대 위에서, 기독교적 명상의 구체적인 길을 제시하기에 이르렀다. 이 책은 기독교 명상의 역사와 이론적 근거, 그리고 실제적 방법론까지 체계적으로 정리한 매우 독보적인 저작이다. 저자는 명상의 전통을 기독교로 되찾아오는 데 그치지 않고, '알아차림'의 본질을 '영적인 알아차림'으로 한 단계 더 심화시킨다. 시끄러운 찬양이나 목청껏 외치는 통성기도로는 하나님의 임재를 온전히 느끼기 어렵다. 하나님은 늘 섬세하고 미묘한 고요함 속에 계시기 때문이다. 그 고요함의 말씀을 듣는 것이 곧 영적인 알아차림이고, 기독교적인 명상이다.

이 책이 시끄러운 세상 속으로 너무 멀리 떠나버린 개신교가 다시 원래 자리인 하나님의 고요함으로 되돌아가는 길을 찾는 계기가 되기 바란다. 동시에 종교적 관심보다는 그저 명상을 한번 제대로 배워보고 싶은 분들께도 강력히 추천한다.

- 김주환 교수 | 연세대학교, 『내면소통』 저자

'마음챙김(Mindfulness)'에 대한 관심과 적용이 의료계의 치료 기법을 넘어 학생들의 전인적 교육을 위한 방법으로 공교육 과정에도 적용되고 있다. 그런 점에서 『영성챙김』 출판은 참으로 반가운 일이 아닐 수 없다. 저자는 '마음 챙김'에 대한 그리스도인들의 바른 이해를 돕는 한편 '영성챙김'이라는 개념을 통해 '그리스도교 마음챙김'을 기독교 관상기도 전통과 연결하여 알기 쉽게 설명해 주고 있다. 이 책은 분주한 삶을 살아가야 하는 많은 현대인들에게 기도에 대한 새로운 이해와 실천의 길을 열어줄 것이다.

- 김홍일 원장 | 한국샬렘영성훈련원, 대한성공회 사제

『영성챙김』은 하나님께서 본연의 인간에게 선물로 주신, 그러나 지금껏 잊히고 잃어버리고 무뎌진 소중한 감각 하나를 소환하고 되찾고 살려내려는 몸부림의 산물이다. 소통 없이 관계가 없을진대 영적인 존재인 신의 방문을 사람이 어찌 포착하며 그의 초대에 무엇으로 화답할까. 어찌 신의 신호를 감지하며, 그의 마음과 이어질 것이며, 관상기도와 노동 중에 무수한 소음 속에서 원음의 한 조각이라도 붙들려고 안달하며 숱하게 수도원 오르내리던 시절의 질문과 대답이, 주님을 사랑하는 정신과 의사의 친절한 실천 안내까지 곁들여 이제서야 내 앞에 당도하다니, 오랜 기도의 묵은 응답으로 다가온다.

우리가 자기 호흡조차 느끼지 못한 채 가쁜 숨을 몰아쉬며 자기 할 말만 하고 자기 듣고 싶은 것만 듣는 동안, 타종교의 전유물이 되고, 특정한 공간과 사람들만의 것으로 점유되고 유폐되었던 신과의 소통 방식

을 저자는 범인의 일상으로 되돌려 주었다. 여백 없이 자기 자신으로 꽉 찬 자아에게 할퀸 영혼이 무와 공허 속에 자신을 방치하는 유사 영성의 시절에 『영성챙김』은 신비하지만 신비주의가 아니고, 특별하지만 특수하지 않고, 영적이지만 광적이지 않고, 예민한 기술과 섬세한 주의가 필요하지만 전문가 주의를 피하고 있다. 개인적이지만 개인주의는 아니고, 삶의 자리를 중시하지만 일상에 지성소를 마련하는 일을 면제하지는 않는다. 하나님의 소리를 듣기 위해 텍스트로만 파고들었던 우리에게 이제 몸의 숨소리에 귀를 기울이고 공동체와 함께 듣고 무엇보다 고통하는 세상의 신음에서 하나님의 기미를 읽도록 안내한다. 입을 닫고 눈과 귀를 열며, 침묵의 언어를 익히고, 하나님의 고요한 습격을 일상화하라고 조언한다. 그러면 어느 날 더 깊이 스며들어 널리 번진 그분의 임재를 맛보게 되리라 약속해 준다.

– 박대영 목사 | 광주소명교회, 『묵상과 설교』 책임편집

저는 소위 한국 교회의 영성인 "주여, 삼창"과 통성기도, 큐티(QT)와 성경 공부로 성장한 사람입니다. 오랜 세월 이들 방법론을 수행하며 커다란 유익을 경험했지만, 이것이 기독교 영성의 전부는 아니지요.
40년 가까이 정신과 의사 경험을 쌓고 20년 넘게 정신의학과 영성의 만남을 추구한 채정호 교수님의 노작 『영성챙김』은 명상과 침묵의 수평선으로 우리를 초대합니다. 본서는 기독교 명상이 무(無)와 공허의 추구가 아니라 그분의 숨결로 충만한 비움임을, 자아를 신격화하는 술수가 아니라 나라는 존재의 원형과 밑절미를 찾아가는 경건한 탐색임

을, 혼합주의의 산물이나 시류에 영합하는 상술이 아니라 본디 기독교가 받아 누린 유구한 영적 자산이요 오늘날 재발굴하고 후대로 계승해야 할 영적 유산임을 설득력 있게 보여줍니다.

노파심에 꺼내는 말씀입니다만, 내게 익숙한 것만 옳다고 고집하면서 나머지를 정죄한다면 하나님이 선물하시려는 풍성함을 걷어차서 자기 빈곤을 초래할 뿐만 아니라 우주보다 크신 분을 세상 편협한 존재로 격하하는 죄를 범하는 것일지도 모릅니다.

평소 교회가 말이 많고 시끄럽다고 느낀 분, 기독교에 고요와 침잠이란 영양소가 결핍됐다고 느낀 분이라면, 본서야말로 명상의 성서적·교회사적 근거부터 시작해 당장 실행 가능한 13가지 활용법까지, 이론과 실제를 아우르는 훌륭한 처방전을 제시해 줄 겁니다.

— 박총 목사 | 목회자, 글쓰기 강사, 『욕쟁이 예수』 저자

이 시대는 AI를 비롯한 디지털 문명이 일상화된 제4차 산업혁명 시대이다. 디지털 문명의 일상화로 인간의 정서는 더욱 메말라 가고, 과도한 경쟁으로 인한 스트레스는 인간의 정신건강, 특히 청소년들의 정신건강을 심각하게 훼손하고 있다. 정신과 의사인 채정호 교수는 위기에 직면한 우리 시대의 정신건강 회복과 영적 성장을 위하여 『영성챙김』이라는 책을 썼다. 심리학과 명상, 특히 마음챙김(mindfulness)을 기반으로 한 매우 실질적이고 탁월한 저서이다.

— 윤종모 주교 | 전 대한성공회 한국관구장

정교회 전통에서 "예수 기도" 또는 "마음의 기도"는 살아 계신 그리스도와의 관계입니다. '마음의 기도'는 평온한 정신적 평화를 얻기 위한 기술적인 방법이라기보다, 영적 훈련과 투쟁을 통해 하느님과 연합하도록 해줍니다. 신화(Theosis)가 이 기도의 목표입니다. 하늘로부터의 평화를 구할 수 있도록, 부디 '마음의 기도'를 통해서 '영혼의 신랑'이신 예수 그리스도와 끊임없이 교제하게 되시기를 바랍니다.

— 임종훈 신부 | 한국정교회

목회 현장에서, "기도해도 하나님이 느껴지지 않아요"라는 고백을 들을 때마다 말문이 막혔습니다. 우리는 성도들에게 더 열심히 기도하라, 더 많이 섬기라고 말해왔지만, 정작 '잠잠히 하나님 앞에 머무는 법'은 가르치지 못했습니다. 채정호 교수는 40년간 정신과 의사로 만난 영혼들의 아픔을 통해 초대교회부터 이어진 우리의 잃어버린 영적 유산을 하나 꺼내 듭니다. 이 책이 건네는 "영성챙김"은 단순한 심리 기법이 아니라, 성과주의와 경쟁에 지쳐 쓰러져가는 현대인들이 하나님의 세미한 음성을 다시 듣게 하는 생명의 통로입니다. 지친 영혼에게 "괜찮아, 그냥 하나님 앞에 가만히 있어도 돼"라고 말해줄 수 있는 용기를 이 책이 저에게 주었습니다. 목회자로서, 그리고 한 사람의 연약한 신앙인으로서, 이 책을 통해 받은 위로와 깨달음을 여러분과 나누고 싶습니다.

— 최주훈 목사 | 중앙루터교회

들어가는 글

정신과 의사로 살아온 시간이 어느덧 40년이 되고 있다. 그동안 고통을 겪고 있는 참 많은 사람들을 만났다. 그들의 슬픈 눈을 마주하고 가슴 아픈 이야기를 들으며 그 느낌을 함께 해왔다. 정신건강의학은 이런 아픔이 생물학적-심리학적-사회적-영적 요인의 복합체라고 건조하게 바라본다. 하지만 내가 전공의를 시작할 때인 1980년대에 비하여 너무도 폭증하고 있는 요즘의 정신건강 문제를 그 사람의 기질의 문제만이라고 몰아갈 수는 없다. 이 시대에 급증하고 있는 정신건강의 위기는 어찌보면 제대로 잘 살아가는 법을 배우지 못하고 그저 생존하기 위해서만 살고 있기 때문인 것 같다. 대대손손 살아오던 나라를 빼앗겼다 다시 찾게 되자마자 끔찍한 전쟁을 겪으며 살아남아야 했고, 전 세계 최빈국에서 선진국의 반열까지 숨 가쁘게 달려온 우리나라는 많은 성취도 이루었지만 그만큼의 반대급부도 받아내야 했다. 아이들이 태어나면 경쟁부터 배운다. 잘해야 한다고, 이겨야 한다고, 남들보다 앞서야 한다고 세뇌당한다. 그래야 험한 세상에서 살아남을 수 있고, 인정받고 제대로 살 수 있다고 믿게 된다. 어른이 되어도 마음은 편해지지 않는다. 성적, 스펙, 연봉, 좋은 집, 멋진 차, 자녀의 성취 등… 끝이 없이 남과 비교하며 자신을 몰아붙인다. "괜찮아"라는 말을 들어본 적이 없고, 항상 어느 한 순간에 잘못되어버릴 것 같은 두려움에 시달리다 보니 자신의 존재를 비하하거나 남과 세상에 대한 분노를 품게 된다. 이런 세월이 쌓여 스트레스를 감당하기 어려워지면 극심한 불안을 지나 나락으로 떨어진 듯한 무력감과 우울을 겪는다. 불안, 우울, 울분에 시달리며 자기 혐오나 분노가 올라오고 감정 조절이 어렵고 대인관계도 힘들다. 왜 살아가야 하는지 삶의 목적을 잃어버려 겉으로는 멀쩡해 보이지만 속으로는 금이 가고 부서진 사람들이 정말 많다. 심하면 고통을 잊기 위해 중독 현상에 빠지거나 심지어는 자해를 하고, 죽어야 고통이 끝날 것이라고 믿으며 자살을 꿈꾸기까지 한다.

이런 고통을 치유하기 위하여 정신건강의학은 빠른 속도로 발전했다. 뇌과학과 약물학의 발전뿐만 아니라 정신·심리치료 분야도 성장했다. 처음에는 인간 마음이라는 미지의 숲에 대하여 아무것도 알지 못했다. 그러나 무의식이라는 깊고 어두운 강물 속을 해석하고 건져 올리려는 정신분석학파가 나타나면서 왜 그런 행동을 하는지, 왜 그런 말을 하는지, 왜 그런 감정을 품는지를 조용히 들여다보려 했다. 그 작업은 마치 고대 유물 위에 쌓인 먼지를 털어내듯, 한 사람의 인생 속에 켜켜이 쌓인 기억과 상처를 살피는 일이었다. 반면에 더 직접적인 방식으로 고통을 줄이려는 방법인 행동주의학파와 인지치료도 각광을 받았다. 부적응적인 행동을 새롭게 학습하고, 왜곡된 사고를 재구조화하며, 보다 기능적으로 살아가는 방법을 배우도록 했다. "무엇이 문제인가"보다 "지금 이 문제를 어떻게 바꿀 수 있는가"에 더 초점이 맞추어졌고 해석보다 실천을 앞세우게 되었다. 이렇게 한참 무엇이든 바꾸고 변화하면 될 것 같은 시대가 유행했지만 그럼에도 그런 변화와 노력만으로는 해결되지 않는 마음의 문제가 너무 많았다. 그런 와중에 명상(Meditation)과 마음챙김(Mindfulness)의 원리를 차용한 조용한 혁명이 일어났다. 바꾸고 고치기보다는, 있는 그대로의 자신을 받아들이고, 지금 이 순간에 머무는 법을 배우기 시작했다. 과거의 상처와 미래의 불안과 싸우는 것 보다 지금 여기에 있는 나를 느끼고 품는 것이 중요하다는 소위 인지행동치료의 제3의 물결이 이 시대를 풍미하고 있다.

명상과 마음챙김은 새로운 것이 아니다. 고대로부터 인류는 '집중', '알아차림', '지혜'라는 뿌리가 얼마나 중요한지 알고 있었다. 당연하지만 잊고 살아왔던 삶의 자세인 멈춤, 호흡, 침묵, 자각 등이 지금의 서양 정신건강의학에서는 '새로운 발견'처럼 다뤄지며 재조명되고 있다. 그야말로 대유행이 되다 보니 마음챙김이 어느새 전가의 보도처럼 모든 것의 해결책이 된 분위기이다. 불안, 우울, 분노, 트라우마, 심지어 인간관계와 조직관리, 기업의 생산성까지도 마음챙김으로 해결하겠다는 유행이 몰아치고 있다. 마음챙김 기반 프로그램들이 쏟아지고, 명상 앱과 워크북, 수련법들이 넘친다. 마치, 명상 하나만 잘하면 인생의 모든 문제가 사라질 것처럼 여겨지는 시대가 되었다. 요즘 서양에서 명상과 마음챙김은 더 이상 특별한 일이 아니다. 누군가가 "명상을 한다"고 말해도 그저 "운동을 한다", "산책을 한다"는 말과 다르지 않게 들린다. 마음을 챙기는 일은 이제 선택의 문제가 아니라 삶의 기본자세처럼 여겨지고 있다. 어떻게 하면 명상을 시작할 것인가의 문제는 이미 오래전에 지나갔고, 지금은 어떻게 그것을 일상화할 수 있을까, 어떻게 내 삶 깊숙이 스며들게 할 수 있을까를 고민하는 시대로 나아갔다. 핸드폰 앱을 켜고 몇 분간 호흡을 따라가며 마음을 진정시키는 것, 업무 전 잠깐 눈을 감고 내면을 가다듬는 것, 수업이나 공부 전에 명상 음악을 틀고 고요함을 누리는 것 등이 이미 당연하고 자연스러운 풍경이 되어 있다. 명상은 이제 더 이상 특정 종교나 철학의 영역이 아니라 현대인의 건강한 삶을 위한 기술이자 내면을 돌보는 일상의 습관으로 자리잡았다.

그러나 안타깝게도 한국의 풍경은 다르다. 명상이 동양에서 시작된 것임에도 불구하고 세계 통계를 보아도 명상을 지속적으로 하는 사람들의 비율이 우리나라는 매우 적은 편이다. 특히 개신교 공동체 안에서의 명상이라는 말은 아예 금기어에 가깝다. 명상이라는 말만 나와도, 불쑥 이단은 아닌가, 이교의 영향을 받은 건 아닌가 하는 걱정이 앞선다. 불교의 좌선, 뉴에이지의 환상, 이단 종교, 무분별한 영성운동과 연결되어 마음챙김과 명상이라는 단어 자체가 불신의 언어가 되어버린 것이다. 개인적으로는 2009년부터 마음챙김 치유 프로그램을 대학병원에서 정규적으로 시행해 오면서 많은 치유 효과를 봐왔기에 적당한 대상자에게 권유를 하면 아직도 꽤 많은 개신교 신자들이 망설이고 주저한다.

"제가 신자인데 명상을 해도 되나요?"

"그거 기독교적인 건가요?"

"혹시 사탄에게 문을 여는 건 아닐까요?"

물론 이런 질문들 속에는 걱정과 함께 진지함이 담겨 있다. 하나님을 사랑하고, 믿음을 지키려는 간절함이 있다. 하지만 동시에, 충분히 설명되지 않은 채 금기시되어 온 어떤 침묵과 두려움이 함께 있다. 명상은 그저 가만히 집중하며 마음을 가다듬고, 기독교인이라면 하나님의 임재를 인식하는 것일 수 있는데 그런 활동이 이단처럼 여겨지고, 고요한 침묵이 마치 위험한 행위처럼 비춰진다는 것은 너무도 안타까운 일이다. 원래 기독교의 영성 수련에는 두 가지의 중요한 관상 방법이 있어왔다. 다른 종교 전통에서 가져온 것이 아니라 스스로 발전시켜온 비법이다. 하나는 묵상, 고요의 기도, 관상기도 등으로 불리는 '침묵 수련'이고, 다른 하나는 '깨어있음' 혹은 '알아차림' 수련이다. 사실 하나님 앞에 잠잠히 머무는 법, 말씀을 되새기며 묵상하는 법, 성령의 속삭임에 귀 기울이는 법 등은 기독교 신앙의 오랜 전통이다. 초대교회부터 여러 관상가들을 포함한 많은 신앙의 선배들은 하나님의 임재 안에 고요히 머무는 영적 삶을 소중히 여겼다. 조용한 방에 앉아, 한 구절의 말씀을 되뇌며, 그 말씀이 자신의 마음을 꿰뚫고 들어오는 것을 기다렸다. 그들은 오랜 침묵 끝에, 하나님의 손길을 느꼈고, 말로 다 표현할 수 없는 평화를 경험했다. 하지만 안타깝게도, 고요히 하나님의 숨결을 느끼는 아름다운 전통은 말씀을 공부하는 일, 기도 제목을 붙들고 간구하는 일, 바쁘게 사역에 뛰어드는 일들이 더 중요시되면서 점점 주변으로 밀려나게 되었다. 그러면서 명상은 불교의 것, 혹은 뉴에이지의 흐름으로 인식되었고, 기독교인이라면 멀리해야 하는 것이라는 풍조가 생겼다.

과연 조용히 숨을 쉬며 호흡에 집중하고, 눈을 감고 내면을 들여다보는 것이 미혹을 걱정할 만큼 위험한 일인가? 하나님은 원래 조용한 자리에서 말씀하셨다. 엘리야에게 큰바람이나, 지진이나, 불이 아닌, 세미한 소리로 임하셨던 하나님(왕상 19:12)은 언제나처럼 지금도 그렇게 말씀하고 계시다. 바람결에, 고요 속에, 정지된 시간 속에, 우리 안에서 작게, 그러나 분명하게 말씀하신다. 다만 우리가 늘 그 소리를 들을 틈 없이 바쁘고 시끄럽게, 끝없이 떠들고 있어서 하나님과 하나 되는 길을 스스로 막고 있는 것은 아닌가 돌아봐야 한다. 정작 하나님 앞에서 머무는 법, 하나님의 숨결에 귀 기울이는 법, 말씀 앞에서 자신의 내면을 조용히 비춰보는 방법을 잃어버린 채 '말하는 기도'와 '생산적인 사역'만을 신앙의 중심이라 믿으며 하나님의 공급 없이 스스로의 힘으로 살아가다 지쳐가고 있다.

이런 지치고 아픈 사람들이 잠시라도 멈추어 서서, 자기 자신을 들여다보고, 조용히 하나님의 숨결 앞에 서게 할 수는 없을까? 하는 생각이 이 책을 구상하고 쓰게 만든 힘이 되었다. 이 책은 영성챙김을 제대로 할 수 있도록 만들어주는 마법 상자는 아니다. 다만 하나님 앞에 깨어 있는 삶, 우리가 본래 그렇게 살았어야 하는 삶으로 초대하는 작은 안내서가 되기를 소망할 뿐이다. 세상의 소리를 듣고 따르느라고 너무 지치고 힘들고 아픈 시대를 살아가야 하는 독자들이 원래 항상 그곳에 계시어 말씀하시는 하나님을 다시 만날 수 있는 계기가 되면 좋겠다. 집중하고 알아차리는 명상과 마음챙김을 넘어, 하나님 앞에 깨어 있는 영성챙김을 통해서 믿음의 선진들이 갔던 길, 내 안의 하나님이 드러나고 하나님이야말로 내 존재의 모든 것이라는 진리를 몸으로 체험하고 사는 것이 세상과 마음의 어지러움이 극한에 달한 이 시대를 제대로 살아갈 수 있는 유일한 방법일 것이다.

이 책을 내면서 예수님을 믿고 산다는 것이 어떤 것인지 말씀으로 삶으로 보여주신 높은뜻 연합선교회 김동호 목사님, 부족한 자가 장로로 섬

길 수 있게 함께 하여주시고 목양해 주신 높은뜻푸른교회 문희곤 목사님, 말씀을 대하는 방법을 구체적으로 가르쳐 주신 바이블 미니스트리 이지웅 목사님께 진정 감사드리고 싶다. 또한 아울러 태극권을 가르쳐 주시고 동작을 만들고 시연해 주신 밝은 빛 태극권 강수원 부원장님 덕에 움직임 명상을 만들 수 있었다. 바쁘신 중에도 원고를 꼼꼼하고 자세하게 읽어주시고 추천사를 써 주신 다드림교회 김병년 목사님, 연세대학교 김주환 교수님, 한국샬렘영성훈련원 김홍일 원장님, 광주소명교회 박대영 목사님, 박총 목사님, 대한성공회 윤종모 주교님, 한국정교회 임종훈 신부님, 중앙루터교회 최주훈 목사님 그리고 감수해 주신 한국성서대학교 이민규 교수님께는 아무리 큰 감사를 드려도 부족할 것이다.

명상과 마음챙김을 넘어 영성챙김은 마음이 아픈 분들에게 강력한 도구가 될 것이다. 그러나 그것은 도구일 뿐이다. 이는 "어떻게 살 것인가?"라는 근본적 물음 앞에서 방향을 제시할 뿐이지 그 자체가 목적이 될 수는 없다. 이 도구들은 "나는 지금 누구 앞에 서 있는가?", "이 알아차림은 어디를 향하고 있는가?"에 대한 답을 주지는 않는다. 하지만 이런 방법을 통해 이 치열하고 살기 각박한 세상 속에서도, 여전히 존재 자체이신 하나님이 말씀하고 계신다는 것을, 우리는 그런 하나님의 형상으로 만들어진 존재라는 것을 깨우칠 수 있는 계기는 될 수 있을 것이다. 그 깊고 고요한 목소리를 듣고, 그 상처 입은 마음이 다시 숨을 고르고, 무너진 내면 속에서도 계셨던 하나님의 임재를 다시 알아차리는 것이 명상과 마음챙김을 넘어 영성챙김을 통해 궁극적으로 추구해야 하는 본질이다. 심지어 명상과 마음챙김만으로도 치유 효과가 있는데 그것을 넘어 진짜 근본

본체로 들어가는 것이 얼마나 대단할 일인 것인지 모두 경험하는 은혜가 이 책의 독자 모두에게 있기를 기도한다.

"너희는 가만히 있어 내가 하나님 됨을 알지어다" (시편 46:10)

차례

추천사   4
들어가는 글   10

아픔과 상처의 어두운 밤
마음챙김에서 영성챙김으로   21

영성 챙김을 위한 가상 토론 22 · 영성챙김 39
왜 교회에 영성챙김이 필요할까? 43
치료 기법으로서의 명상과 마음챙김 47 · 기독교 명상과 영성챙김 55

어두운 밤을 건너 빛으로
명상, 마음챙김, 가슴챙김 그리고 영성챙김   63

명상 64 · 마음챙김 70 · 가슴챙김 73 · 영성챙김 77
마음챙김을 넘어 영성챙김으로 85

빛 되신 하나님과 함께
영성챙김의 실제   89

13가지 영성챙김 활용법 90 · 하나님 앞에 잠잠히 머물기 102
성령의 체화 112 · 그리스도 마음챙김 123 · 내면 성소로의 여정 134

생명의 호흡 143 · 예수기도 149 · 온전한 용서 157

주기도문 움직임 164

감사, 기쁨, 사랑, 평화로 지경을 넓히는 걷기 171 · 하나님의 소리 180

하나님의 빛 191 · 하나님의 긍휼과 나눔의 사랑 195

긍휼의 사람으로 살아가기 202

초월적 타자를 만나는 누미노제의 여정
교회사에서 만나는 영성챙김　　　　　　　　　211

기독교 신비주의와 영성 212 · 구약성경 220 · 사복음서의 예수님 225

서신서의 사도들 233 · 초기 기독교 241

중세 기독교 256 · 현대 기독교 272

개신교 283

더불어 함께 넘어가야 할 길
우려와 오해들　　　　　　　　　299

개신교의 명상에 대한 우려와 경계 300 · 명상의 종교적, 영적 편승 307

가톨릭과 개신교의 견해 차이 316

기도와 명상의 관계에 대한 기독교적 이해 321

기독교인의 명상에 대한 오해들 326

나가는 글　　　　　　　　　331
참고문헌　　　　　　　　　333

아픔과 상처의
어두운 밤 _____

마음챙김에서 영성챙김으로

영성챙김을 위한 가상 토론
― 심리적 고통을 겪는 기독교인을 위한 마음챙김과 명상에 대하여

기독교인 중에 어떤 분들은 마음챙김과 명상은 기독교와 거리가 멀다는 생각으로 이 주제가 낯설고 불편할 수 있다. 그리고 어떤 분들은 정신·심리치료의 과정에서 치료의 기법으로 이미 경험했을 수도 있고, 건강을 위해 체험해 보기도 했을 것이다. 그래서 본론에 들어가기 전에 명상과 마음챙김에 대한 기독교인들이 가질 수 있는 각기 다른 태도와 접근 방식을 가상 토론으로 구성해 보았다. 심리적 고통을 겪고 있는 교우들의 아픔을 이해하기 위해 구성된 이 가상 토론으로 치유법으로 제시되고 있는 마음챙김과 명상에 대해 각자의 입장을 정리해 볼 수 있을 것이다. 가상으로 구성한 것이니 편안하고 가벼운 마음으로 어떤 사람의 의견에 동의가 되는지 그렇지 않은지 독자 스스로 살펴보면 좋겠다.

가상 토론 참석자

김수보 목사 | 보수적 개신교 목사

이주천 신부 | 가톨릭 사제

박통소 목사 | 젊은 세대와 소통을 중시하는 개신교 목사
최리심 박사 | 개신교 신자이자 심리학자
채정호 교수 | 토론의 사회자로 개신교 장로이자 정신건강의학과 의사

채정호 교수 오늘은 명상과 마음챙김을 기독교 신앙 안에서 어떻게 볼 것인지, 특히 심리적 고통을 겪는 신자들에게 치료적으로 사용할 수 있는지 이야기를 나눠보겠습니다. 먼저, 김수보 목사님 말씀해 주시죠.

김수보 목사 저는 분명하게 말씀드리고 싶습니다. 명상은 기본적으로 이교적인 동양 종교의 산물입니다. 거기에는 '비움'이라는 개념이 중심인데, 그 비움이 결국 '자기 자신이 주인 되는 길'로 연결됩니다. 우리는 하나님이 주인이시고, 그분과의 관계 속에서만 참된 평안을 누릴 수 있다고 믿습니다. 따라서 명상은 기독교와 본질적으로 충돌하며, 아무리 심리적 고통을 완화한다고 해도 그것은 마치 우상에게 도움을 구하는 것과 다르지 않습니다.

이주천 신부 김수보 목사님의 우려는 이해합니다만, 가톨릭 전통에서는 이미 오래전부터 '관상기도(Contemplation)'라는 형태의 일종의 명상이 있어 왔습니다. 사막의 교부들, 아빌라의 데레사 성녀, 십자가의 성 요한, 그리고 최근에는 토

마스 머튼 신부까지, 기도를 통한 내면의 침묵과 하나님의 임재 안에 머무르는 훈련을 꾸준히 해왔습니다. 우리는 그 명상을 통해 하나님과 더욱 깊은 일치를 경험합니다. 명상이 꼭 자기를 신격화하는 방향으로 가는 것은 아닙니다.

박통소 목사   저는 이 두 분의 말씀 모두에 일리가 있다고 생각합니다. 그래서 두 사이에 방점을 두어 말씀드리고 싶습니다. 사실 요즘 젊은이들은 기존 교회 구조나 전통을 따르는 것보다는 소위 '영성(Spirituality)'에 더 관심이 많습니다. "하나님을 만나고 싶은데, 설교보다는 침묵 속에서 그분을 느끼고 싶다"고 말하죠. 그래서 저도 명상이나 마음챙김을 '영적 훈련'의 한 방식으로 사용할 수 있을지 고민하고 있습니다. 하지만 명상을 공부하려고 자료를 찾다 보면 많은 자료나 가이드가 가톨릭 혹은 불교 기반이라서 개신교에서 추구하는 '성경 중심' 혹은 '복음 중심'으로 다시 구성해야 하지 않나 싶어요.

최리심 박사   저는 심리치료 현장에서 실제로 마음챙김 기반 인지치료(MBCT)나 수용전념치료(ACT) 등을 사용하고 있습니다. 효과도 분명히 있고, 환자들도 많이 안정됩니다. 하지만 개신교 신자 분들은 "이거 불교 아니냐?"며 거부감이 심한 경우가 많죠. 그래서 저는 '기도적 명상', '말씀 묵상 기반의 마음챙김' 같은 식으로 오해가 없도록 이름을 바꾸어서 진행하고 '자기 자신이 아니라 하나님 앞에서 머무는 시간'으로 재해석하려 합니다.

김수보 목사   하지만 그렇게 이름만 바꿔도, 그 안에 들어 있는 방식이나 흐름이 동일하다면 결국 신앙을 변질시키는 거 아닌가요?

이주천 신부   형식보다 중심이 중요하다고 생각합니다. 그리스도 중심의 명상이라면, 명상 자체가 문제가 아닙니다. 예수님도 새벽 미명에 따로 기도하셨고, 광야에서 40일을 침묵과 묵상 속에 보내셨습니다. 그분의 본을 따르는 방식이 명상의 본질이라면 충분히 복음적일 수 있습니다.

박통소 목사   개신교적으로는 '성경 묵상'을 기반으로 한 명상 훈련이 필요하다고 생각합니다. 예를 들어 시편 말씀을 반복해서 되뇌면서 하나님께 마음을 여는 방식으로요. 복음적인 구조 안에서 명상과 마음챙김의 요소를 잘 조화시킬 수 있다고 생각합니다.

최리심 박사   치료적 관점에서도 중요한 건 '주의 깊게, 지금 이 순간에 머무르는 능력'입니다. 이것은 곧 '하나님 앞에서의 자각'으로 전환될 수 있습니다. 저는 '하나님의 임재 안에 머무는 훈련'으로 명상을 설명하면, 많은 개신교 신자들도 받아들이는 것을 경험했습니다.

김수보 목사 그렇다면 명상이 아니라 "묵상"이나 "침묵 기도"라고 해야지 굳이 명상이라는 단어를 써야 할 이유가 있을까요?

박통소 목사 충분히 그렇게 말씀하실 수 있습니다. 하지만 지금까지 많이 접해봤던 묵상, 침묵 기도라는 것을 잘 체화시키지 못한 성도들이 실제로 많다는 것입니다. 문제는 그 이름, 즉 단어보다도 실제 훈련 방법에 있습니다. 침묵, 호흡, 주의 집중 등은 어떤 이름을 붙이든 신앙 안에서 활용할 수 있는 자산이 될 수 있을 겁니다.

이주천 신부 하느님은 우리의 내면 깊숙이 역사하십니다. 명상이 그분의 음성을 듣기 위한 '귀 기울임'의 훈련이 된다면, 그것은 기독교적인 방법입니다. 물론 그 중심은 하느님이지 '자아실현'이 되어선 안 될 것입니다.

채정호 교수 정리하자면, 명상에 대한 신학적, 역사적, 심리학적 시각이 다양하고 때로 충돌도 있지만, 결국 '하나님 중심', '복음적 재해석', '신자의 이해 가능성'이라는 키워드가 중요한 기준이 되는 것 같습니다.

제가 정신건강의학과 의사로 오래 일을 하다 보니 참 많은 환자를 만나고 있는데 아주 많은 사람들이 심리적 고통을 겪고 있다는 것을 피부로 느낍니다. 특히 신앙을 가진 분들에게는 이런 고통 앞에서 신앙이 큰 위안이 되기도 하지만 때로는 신앙 자체가 고통을 다루는 데 도움이 되지 않는 경우도 많습니다. 그런 측면 중의 하나로 마음챙김과 명상은 현대의 정신·심리치료의 아주 중요하고 효과적인 기법으로 자리 잡았지만, 기독교 신자들에게는 여전히 낯설고 때로는 이단적 요소로 여겨지면서 그것을 치료 방법으로 사용하는 것을 꺼리는 분들이 많습니다. 오늘 "심리적 고통을 겪는 기독교인에게 명상과 마음챙김을 적용할 수 있는가?"라는 주제로 다양한 시각을 가진 분들이 토론한 것은 매우 의미 있는 일이라고 생각합니다.

전통적이고 보수적 입장의 김수보 목사님은 명상이 이교적 요소를 바탕으로 하며, 자기중심성과 자아실현을 추구하는 흐름이 기독교 신앙과는 본질적으로 충돌한다고 지적해 주셨습니다. 하나님을 주인으로 고백하는 신앙에서 '비움'이나 '자기 안의 진리 찾기'는 매우 위험해질 수 있는 개념이라는 것을 강조해 주셨습니다. 이런 우려는 단지 교리의 문제가 아니라, 신앙의 방향성에 대한 깊은 고민에서 비롯된 당연하고 적절한 말씀이셨습니다.

가톨릭의 이주천 신부님은 기독교 전통 안에도 오래된 명상의 역사가 있음을 환기해 주셨습니다. 사막의 교부들, 아빌라의 데레사, 십자가의 성 요한, 현대의 토마스 머튼까지, 침묵 속에서 하나님의 임재를 체험하려 했던 많은 영적 스승이 존재했었다는 말씀을 주셨습니다. 그렇게 보면 명상은 곧 하나님을 향한 귀 기울임이며, 복음의 깊이를 경험하는 길이 될 수 있다고 해주셨습니다.

주로 젊은 세대와 소통하며 사역하시는 박통소 목사님은 오늘날 청년들이 기존 교회의 청년을 위한다는 프로그램보다 '영성'에 더 접근하고자 하는 욕구에 관심 있다는 말씀을 주셨습니다. 침묵 속에서 하나님을 만나고 싶다는 청년들의 갈망을 해결하기 위해서 성경적 기반 위에 명상적 요소를 통합하려는 시도를 해오셨다고 했습니다. 다만, 기존 명상법들이 가톨릭이나 불교 색채가 강한 만큼, 개신교적 해석과 훈련법이 필요하다는 점을 강조해 주셨습니다.

심리학자인 최리심 박사님은 임상 현장에서 마음챙김 기반 치료의 효과를 직접 시행하고 그 결과를 확인한 전문가이십니다. "주의 깊게 지금 이 순간에 머무는 능력"이 하나님 앞에 머무는 자각으로 전환될 수 있다는 말씀은 참 의미 있다고 생각합니다. 최리심 박사님께서는 신자들이 불편함 없이 수용할 수 있도록, '말씀 묵상', '임재 기도', '주의 깊은 호흡기도' 등으로 명상 방법을 재해석해 소개할 수 있다고도 해주셨습니다.

토론해 주신 분들의 말씀이 서로 완연히 다른 것 같기도 하지만 사실은 겹치는 부분도 많았습니다. 그중에 제일 중요한 것은 "하나님 앞에서의 명상은 가능한가?"라는 질문에 대한 답일 것입니다. 사실 그 답을 명쾌하게 내린다기보다 계속해서 경청과 분별, 그리고 새로운 해석이 요구되는 과정 중에 있다고 생각합니다.

저는 명상은 이교도의 전유물이라고 할 수 없다고 생각합니다. 그래서 기독교인이라면 명상을 침묵과 자각 그리고 하나님의 임재에 귀 기울이는 방식으로, 복음의 언어 안에서 다시 번역할 수 있어야 한다고 생각합니다. 결국 중요한 것은 명상의 형식이나 방식이 아니라, 그 방향성과 중심일 것입니다. 하나님을 향해 마음을 열고, 그분 앞에 잠잠히 머무는 시간. 그것이 가능하다면, 명상은 기독교 신앙과 충돌이 아니라 통합으로 나아가는 훌륭한 방법론이 될 수 있을 것입니다. 그래서 명상에 관심 있는 기독교인이라면 반드시 "나는 누구 앞에, 어떤 자세로 머무르고 있는가?"라는 질문을 해봐야 할 것입니다.

이제는 명상과 기독교 신앙이 절충할 수 있는지 아니면

불가능한 것인지에 대하여 조금 더 논의를 해봐야 할 것 같습니다. 서로의 입장 차이를 알게 되었고 각자의 주장을 들으셨으니 일단 이런 식으로 정리하고 조금 더 깊게 논의를 펼쳐가면 좋을 것 같습니다. 누구부터 해 주실까요?

김수보 목사   말씀 잘 들었습니다. 하지만 결국 지금 말씀하시는 그 모든 '명상'이니 '마음챙김'이니 하는 것들이 뉴에이지와 뭐가 다른지 모르겠습니다. 비움, 자각, 침묵, 임재… 이런 단어는 뉴에이지도 다 쓰는 언어입니다. 하나님을 주인으로 삼지 않고, 인간의 내면을 절대화하는 그 흐름. 그게 뉴에이지 아닙니까?

이주천 신부   김수보 목사님 말씀 충분히 이해합니다. 하지만 우리가 사용하는 명상은 '자기 안의 신성을 깨닫는' 뉴에이지 방식이 아닙니다. 우리는 '내 안에 계신 하느님', 곧 성령의 임재를 구하며 침묵하는 것입니다. 같은 '침묵'이라는 단어를 사용해도 내용과 방향이 전혀 다릅니다. 뉴에이지는 자기를 신격화하지만, 우리는 오히려 자기를 내려놓고 하느님 앞에 무릎 꿇는 여정을 말하는 겁니다.

박통소 목사   저도 김수보 목사님이 말씀하신 지점에 대해서는 정말 많이 고민해 봤습니다. 뉴에이지는 결국 내가 주인공이 됩니다. "내 안에 신이 있다", "내 안의 에너지를 깨워야 한다"고 합니다. 그런데 우리가 말하는 신앙적 명상은 '나는 비워지고, 하나님이 나를 채우기를 구하는' 시간입니다. 표현이 비슷할 수는 있어요. 하지만 본질은 정반대입니다.

최리심 박사   저는 내담자분들에게 명상을 사용할 때 항상 그 방향성을 강조합니다. 예를 들어 심리치료에서 마음챙김을 가르칠 때, "지금 이 순간에 머무르세요"라고 할 때도, 기독교인에게는 이렇게 말합니다. "하나님이 지금 이 순간, 이 자리에 함께 계심을 인식하세요." 이것은 단순한 자기 관찰이 아니라 임마누엘(하나님이 나와 함께 하심)의 체험입니다. 뉴에이지는 '내 안의 에너지'에 집중하지만, 기독교인을 대상으로 해서는 '하나님의 현존'에 머무는 것이 핵심입니다.

김수보 목사   그렇게들 말씀하셔도 저는 여전히 동의할 수 없습니다. 아무리 하나님 중심이라고 포장해도, 대부분의 신자들은 명상이라는 과정에서 하나님보다는 '자기'에게 집중하게 됩니다. 결국 믿음이 흐려지고, 기도가 명상으로 바뀌고, 말씀도 멀어지고… 그게 현실입니다. 저는 오히려 그런

'열린 명상'이 신앙을 약하게 만들 수 있다고 봅니다. 믿음을 지키려면 명상은 반드시 멀리해야 합니다.

이주천 신부   김수보 목사님의 우려는 충분히 이해가 갑니다. 실제로 분별없이 명상을 접하면, 혼합주의에 빠질 수 있는 위험도 있습니다. 하지만 그렇기 때문에 오히려 교회 안에서 더 적극적으로 가르쳐야 하지 않을까요? 지금 우리가 살아가는 세상에서 명상은 엄청나게 유행하고 있습니다. 그러니 신자들이 교회 밖에서 기독교와 상관없는 명상을 접하게 될 가능성이 큽니다. 올바른 영적 명상, 기도적 침묵, 하느님을 향한 내면의 고요를 교회가 먼저 제시해야 합니다. 침묵의 자리를 뉴에이지에 내어주는 것이 더 위험합니다. 잘못된 명상에 신자들이 미혹되는 대표적인 이유 중 하나가 교회의 무관심 아닐까요?

박통소 목사   김수보 목사님 말씀처럼, 실제로 젊은 신자들이 교회에서 기도 훈련이나 말씀 묵상 훈련을 충분히 배우지 못한 채 명상에 빠지는 경우도 봤습니다. 그래서 저는 오히려 복음적 명상의 길을 열어주려 합니다. 예를 들어 '시편을 호흡과 함께 묵상하는 법', '예수님의 임재를 느끼는 침묵기도' 같은 방식이죠. 혼자 방황하게 두지 않고, 신학적으로 정리된 틀 안에서 안전하게 훈련할 수 있다면, 오히려 신앙이 더 깊어질 수 있다고 봅니다.

최리심 박사   저는 조금 다른 말씀을 드리고 싶은데요. 실제로 명상을 통해 평안을 찾고, 자살 생각에서 벗어났다고 고백하는 신자들을 많이 만났습니다. 그런데 그런 분들이 명상을 했다고 담임목사님께 말씀드렸더니 절대로 그러면 안 된다고 하셔서 큰 죄책감에 빠졌다고 합니다. 우리는 그분들이 하나님께 더 가까이 갈 수 있도록 다리 역할을 해야 하지 않을까요? 저는 명상이 신앙을 잃게 만드는 게 아니라, 이미 고통 속에서 신앙이 흔들린 분들이 다시 붙잡을 기회를 줄 수 있다고 믿습니다. 물론 지금 말씀들처럼 분명한 기준과 신학적 안내가 함께 있어야 하겠죠.

김수보 목사   하지만 대부분의 신자들은 분별할 준비가 안 되어 있습니다. 지도자들처럼 신학을 깊이 공부한 것도 아니고, 영적 분별력도 부족한 상태에서 명상을 시도하다가 길을 잃는 경우가 허다합니다. 한두 사람의 성공 사례로 전체를 정당화할 수는 없습니다. 목회자는 '위험할 수 있는 길'을 열어주는 사람이 아니라 '안전한 길'을 지켜주는 사람입니다. 저는 여전히, 명상은 기독교 공동체에 허용해서는 안 될 위험한 시도라고 봅니다.

이주천 신부   그럴 수 있습니다. 그래서 더더욱, 교회 안에서 명상을 어떻게 지도할 것인지에 대한 깊은 신학적 연구와 영적 지도자 양성이 필요합니다. 성령의 인도 없이는 아무 훈련도 의미가 없습니다. 그러나 우리가 침묵을 배제할 이유는 없습니다. "너희는 멈추고 내가 하느님인 줄 알아라" (시 46:10) 이 또한 하느님의 말씀입니다.

박통소 목사   정말 중요한 문제는 명상이냐 아니냐는 아닌 것 같습니다. 우리가 어떤 '길'을 제시하느냐의 문제라고 생각합니다. 지금 젊은이들은 교회에서 배운 기도만으로는 내면을 붙잡기 어렵다고 말합니다. 그들에게 하나님을 더 깊이 경험할 수 있는 도구를 제공하는 건, 오히려 교회의 사명 아닐까요?

최리심 박사   저는 단순히 '명상'을 가르치는 것이 아니라, '하나님 앞에 머무는 법'을 안내하고 싶습니다. 환자든 신자든, 그 자리에 하나님이 계심을 느끼는 순간, 그 사람은 다시 살아나기 시작합니다. 살아나고 생명을 찾는 것을 하나님이 가장 기뻐하지 않으실까요?

채정호 교수   김수보 목사님의 경고는 매우 중요합니다. 동시에 다른 분들의 실천적 경험도 귀합니다. 오늘의 대화는 신앙과 명상, 경계와 통합, 보호와 치유 사이의 날 선 긴장이 있다는 것을 잘 보여준 것 같습니다. 앞으로 더 깊은 신학적 탐구와 교회의 분별이 필요한 주제일 것입니다. 여기서 끝나지 말고 더욱 교계와 전문가들의 치열한 토론이 필요할 것 같습니다.

또 한가지 짚고 넘어가야 하는 것은 개신교와 가톨릭 사이에 존재할 수 있는 명상과 영성에 대한 신학적 차이와 충돌도 분명히 있을 것 같습니다. 가톨릭과 개신교는 전통, 성례 이해, 성령론, 은총과 노력의 역할 등에서 서로 다른 관점을 지녀 왔습니다. 지금 이주천 신부님과 박통소 목사님께서는 명상에 대하여 비교적 우호적인 입장이신데 그래도 두 분 간의 의견 차이가 있을 수 있을 것 같습니다. 두 분의 차이를 들어보겠습니다. 우선 박통소 목사님 부탁드리겠습니다.

박통소목사   지금까지 말씀해주신 신부님 의견에 많은 부분 공감합니다. 저도 명상은 하나님과의 깊은 교제를 위한 도구가 될 수 있다고 믿습니다. 다만, 저는 명상을 너무 형식화된 영적 훈련으로 만들면, 오히려 신앙의 '인격적 관계성'을 해칠 수 있다고 생각합니다. 복음은 단순하고, 은혜는 자유롭습니다. 하나님과의 만남이 '수도회적 훈련'을 통해서만 가능한 것처럼 비칠까 걱정됩니다.

이주천 신부　그 말씀, 충분히 이해합니다. 그러나 교회는 영적 전통과 훈련의 지혜를 소중히 여겨야 합니다. 깊은 하느님과의 일치는 단순한 감정적 친밀감이 아니라, 삶 전체를 정화하고 변화시키는 과정입니다. 침묵과 묵상은 그 여정의 일부입니다. 물론 은혜는 자유롭지만, 그 은혜를 담아낼 그릇을 준비하는 노력도 성령의 역사 안에 포함된다고 저는 믿습니다.

박통소 목사　그런데 신부님, 저는 가톨릭 명상의 언어가 너무 신비주의적일 때가 많다고 느낍니다. '하나님과 하나됨', '내적 여정', '영혼의 어두운 밤' 같은 표현들이 신자들에게는 너무 모호하게 들릴 수도 있어요. 복음은 "예수를 믿으면 구원받는다"는 단순하고 명확한 선언입니다. 저는 그 선명함을 잃지 않으려 합니다.

이주천 신부　그 지점이 아마 개신교와 가톨릭 영성의 본질적인 차이일 겁니다. 개신교는 구원의 확신과 믿음의 단순함을 강조하고, 우리는 하느님과의 사랑의 여정을 강조합니다. 영혼의 어두운 밤과 같은 것은 때론 모호하고 고통스러울 수 있지만, 그 고통을 통해 영혼은 더 깊은 신뢰와 의탁으로 들어간다고 믿습니다.

박통소 목사   그렇다면 명상도 결국 하나님과 나 사이의 직접적 관계 속에서 자유롭게 진행되어야 하지 않을까요? 저는 말씀과 성령의 인도하심 안에서 신자가 자발적으로 하나님 앞에 나아가는 것이 중요하다고 봅니다. 가르치고 훈련하는 것도 필요하지만, 성령의 자율적 인도를 제한하지 말아야 합니다.

이주천 신부   저는 그렇게 완전히 '자율'에만 맡길 경우, 오히려 혼란과 감정 주의에 빠질 수 있다고 봅니다. 그래서 교회는 수백 년간 분별의 전통을 세워왔습니다. 영적 여정에는 지도와 질서가 필요합니다. 명상 역시 말씀, 전례, 성례 안에서 이루어질 때, 더 안전하고 깊은 결실을 맺는다고 확신합니다.

박통소 목사   맞습니다. 저도 분별은 중요하다고 생각합니다. 다만 신자들이 하나님을 직접 만나고 체험하는 데 있어서, 너무 제도화된 틀이 그 길을 가로막지 않았으면 좋겠습니다. 은혜는 제도보다 앞서 있다고 저는 믿습니다.

이주천 신부   저희는 은혜가 제도를 통해 흐를 수 있다고 믿습니다. 그것이 성사, 즉 성례의 역할이고, 전례의 가치이죠. 명상도 그런 맥락에서 공동체와 교회의 품 안에서 이루어지는 은총의 수단이 되기를 바랍니다.

채정호 교수   감사합니다. 두 분 모두 명상의 가치에 대해 긍정적이지만, 그 안에 담긴 은혜와 자유, 질서와 체험, 전통과 자율성에 대한 이해는 차이가 있음을 알 수 있습니다. 그러나 어떻게 보면 이 차이가 오히려 더 풍부한 대화와 분별의 기회를 줄 수 있으리라 믿습니다. 오늘 바쁘신 중에도 토론에 참석해 주시고 여러 좋은 의견을 내어주신 여러분께 감사드립니다.

영성챙김

　　　　　　　예수님의 재림이 임박한 것 같다. 현대사회는 인간의 정신과 영혼 모두에 중대한 도전을 던지고 있다. AI(Artificial Intelligence)를 포함한 디지털 기술의 급속한 발전, 인간관계의 단절, 정체성의 혼란, 환경 파괴, 과도한 경쟁은 인간 존재의 근원적 불안을 증폭하고, 이는 정신건강의 위기로 직결되고 있다. 현대사회의 문제점을 잘 파악해 낸 폴란드 태생의 사회학자 지그문트 바우만(Zygmunt Bauman)은 이 시대를 액체근대(Liquid Modernity)라고 했다. 이 세상을 유지해 왔던 고체처럼 단단하고 안정된 질서는 사라지고 모든 것이 유동적이고 불안정한 액체와 같은 시대라는 뜻이다. 이제 사람들은 '영원한 것'은 믿지 않으며 '변화하는 선택 가능성'을 최고의 가치로 여긴다. 게다가 무엇이든 할 수 있다고 생각하며 자기 인생은 자기 책임이라는 과잉 자유와 자율성이라는 신화를 믿게 되었다. 그래서 삶의 불확실성과 책임의 무게를 각 개인이 모두 짊어지게 되었다. 그 결과 우리는 불안, 죄책감, 정체성 혼란에 시달리게 되었고 우울, 불안, 울분, 스트레스 등의 심리적 고통이 일상화되었다. "인간은 모든 것을 선택할 수 있다"는 환상은 결국 하나님 앞에서의 고요한

'존재'보다는 끊임없는 '성과'와 '자기 연출'로 자신을 이끌고 있다. 바우만이 말한 액체 근대의 불안은, 오히려 단단하고 변함없는 하나님 앞에서 멈추어 설 때 극복될 수 있다. 영성챙김(Spiritfulness)은 이 시대정신에 대한 영적 저항이자 치유의 실천이며 실존적, 영적 해석과 치유 방법이라고 할 수 있다.

영적 저항

기독교는 오랜 시간 동안 인간의 고통과 의미의 문제를 다루어 온 엄청난 영적 자산을 보유하고 있다. 그러나 오늘날의 많은 기독교인들은 자신의 삶 속에서 어떻게 신앙을 구체적으로 실천할지 명확한 답을 찾지 못하고 있다. 또한, 하나님과의 관계 속에서 평안을 누리는 삶을 어떻게 회복할 수 있을지에 대한 길도 찾지 못하고 있다. 그 결과 신앙생활은 형식화되고, 기도는 습관화되며, 영적 침체는 점점 깊어지고 있다.

이러한 시대 상황에서 '영성챙김'은 중요한 통합적 대안을 제시한다. 이는 최근 폭발적인 인기를 얻고 있는 마음챙김의 정신·심리치료적 효과를 수용하면서도, 그 근본적 목적을 하나님과의 인격적 관계, 영적 회복, 그리고 성령의 인도하심 안에서 재정의하는 작업이기 때문이다. 영성챙김이 체화된다면 단순한 집중 훈련이나 스트레스 감소 기법을 넘어서, 그리스도인의 존재와 삶의 의미를 회복하는 영적 실천으로서 자리매김할 수 있을 것이다.

하지만 안타깝게도 많은 기독교인들이 명상에 대해 신비주의적 혹은 이교적이라는 편견을 가지고 있으며, 명상과 기도가 어떻게 구분되고 통합될 수 있는지에 대한 명확한 식견이 없다. 관심이 덜해서 그럴 수도 있다. 이 책은 이러한 오해를 바로잡고, 기독교적 명상인 영성챙김이라는 새로운 개념을 소개하고, 그 실천을 통해 하나님의 임재 안에 머무는 오래된 전통이 있으나 실상 현대에서는 잘 사용되지 않고 있는 새로운 길을 제시하고자 한다.

영성챙김의 의미

'영성챙김'이라는 용어는 아마 많은 사람들이 처음 접하는 낯선 단어일 것이다. 영성챙김을 의미하는 영어단어 "Spiritfulness"라는 단어도 통상적으로 쓰이는 단어는 아니다. 영어로 "Spiritful"이라는 단어는 '활기찬', '생기넘치는'이라는 뜻으로 자주 사용된다. 하지만 명사형인 "Spiritfulness"는 익숙한 단어가 아니다. 이 단어는 마음챙김이라고 번역된 "Mindfulness"의 방식을 차용하여 파생한 조어 형식으로 Spirit + fulness의 구조이다. 공인된 단어는 아니더라도 이미 영어권에서도 영적 알아차림(spiritual awareness) 혹은 영성으로 가득찬 상태(being full of the Spirit) 등의 의미로는 일부 사용된 적이 있었다. 예를 들어 "Mindfulness calms the mind, but Spiritfulness fills it with divine presence(마음챙김은 마음을 고요하게 하지만, 영성챙김은 하나님의 임재로 채운다.)." 라는 식이다. "Spiritfulness"를 성령(Holy Spirit)에 대한 충만함 혹은 성령의 임재 안에 머무는 영적 상태로 설명하며 사용한 것이다.

옥스퍼드 영어사전(Oxford English Dictionary)에는 이 단어가 실제로 수록되어 있는데, 1644년 판에서 처음 발견된다. 이 명사형 단어의 뜻은

"the quality of being spiritful"으로 "Spiritful한 성질/특성, 영(정신)감이 있음, 기운이 있음"의 뜻이라고 볼 수 있다. 이 단어는 Spiritful(spirit가 있음, 기운이 있음, 활기찬)이라는 비교적 많이 사용되는 형용사에서 명사형으로 확장된 것으로 볼 수 있다. 하지만 일반적으로는 거의 사용되지 않는 단어이다. 보다 자주 쓰는 "Spiritful"이라는 단어 조차도 현대 영어에서는 거의 쓰이지 않는 고어 혹은 문어체적 느낌이 강한 단어이다.

이 책에서는 성령 가득한 마음챙김을 의미하는 개념어로 마음의 고요함과 하나님의 임재 충만함을 설명하는 단어로 '영성챙김'을 처음으로 사용했는데, 이를 다음과 같이 정의해보고자 한다.

"Spiritfulness is the attentive awareness of God's presence through the indwelling Holy Spirit. It is the practice of opening one's whole being to the Spirit, abiding in divine love, and responding with spiritual discernment and surrender."

"영성챙김은 성령의 내주하심을 통하여 하나님의 임재를 주의깊게 인식하며, 전 존재를 성령께 열어 하나님의 사랑 안에 거하고, 영적 분별과 순복으로 응답하는 영적 실천이다."

왜 교회에 영성챙김이 필요한가?

현대 교회는 좋다고 알려진 수많은 프로그램을 적극적으로 활용하고 있다. 그러나 우리의 교회 실상을 가만히 살펴보면 개종은 하였지만 회심(Conversion)에 이르지 못한 신자들이 급증하고 있다는 것을 부인하기 어렵다. 게다가 정치, 사회, 종교적으로 양극단화 된 험난한 세상살이에 지친 영혼을 회복시켜야 하는 교회에서도 영적 피로감(Spiritual Fatigue)과 종교의 습관화(Religious Formalism)가 심화되고 있다. 기도는 의무가 되었고, 말씀은 더 이상 생명의 양식이 되지 못하며, 예배는 감각적 자극은 될 수 있지만 내면의 고요와 감동을 일으키지 못하고 있다. 이것은 한 개인의 나태함 때문이라고만 치부할 수 없다. 내면의 성찰과 하나님과의 실제적 교제의 방식을 잘 가르치지 못하고 있는 심각한 영적 위기라고 진단해야 한다. 그래서 이 위기의 핵심은 '영성이 사라진 신앙', 즉 하나님을 향한 깊은 주의(注意), 정직한 내면의 직면(直面), 실제적인 임재(臨在) 체험의 부재에서 오는 것이라고 인정해야 한다.

영성 회복의 갈망

지금 우리의 신앙은 말씀 암송, 기도회, 예배, 헌금, 봉사 등의 형식적 실천이 신앙을 가름하는 척도가 되어가고 있다. 그래서 내면의 정직한 성찰, 고요한 경청, 인격적 교제 등을 통한 영성의 심화보다 외형적 종교성이 강조되어 가고 있다. 침묵, 고요, 정서적 몰입은 '신비주의'나 '혼합주의'로 간주하여 배제되었으며, 신자들은 기도 중에 하나님을 실제로 경험하는 것 보다 교리와 개념만 남는 신앙 구조에 머무르는 안타까운 모습도 늘어나고 있다.

그 결과 급증하고 있는 현대인의 불안, 우울, 외상, 상실 등에 대해 영적 차원에서의 돌봄과 내면 자각의 도구가 충분히 있고 사용할 수 있음에도 제대로 활용하지 못하게 되는 것 아닌가 하는 우려가 있다. 기독교 자체가 삶의 실제적 고통에 대한 훌륭한 치유 방법이 될 수 있지만 실상은 그렇지 못하고 있기 때이다. 그래서 많은 기독교인들이 세속적인 방법을 사용하고 있고, 이에 따라 기독교 정신과 배치되는 방법을 사용하다가 교회를 떠나는 일도 벌어지고 있다. 그러니 지금이야말로 내면의 진정한 성찰과 존재의 의미를 되찾고자 하는 '영성 회복의 갈망'이 절대적으로 필요한 시대이다.

인터넷 등의 디지털에 의존하고 정보가 폭주하는 상황 속에서 침묵과 고요의 공간으로 침잠하는 시간이 필요하고, 경쟁과 비교 속에서 살아가는 시대에 존재 자체의 수용이 절대적으로 필요하다. 인간관계의 단절 속에서 관계적 영성이 필요하고, 고통과 불확실성이 큰 상황에서는 하나님 임재에 대한 확신만이 제대로 살아갈 수 있도록 해줄 것이다. 종교 자체의 권위가 떨어지고 있는 상황에서 종교 형식이 아닌 영성 경험을 통한 믿음의 유지가 필수적일 것이고 영성챙김이 이러한 역할을 감당할 수 있을 것으로 기대된다.

영적 회복탄력성

영성챙김은 하나님에 대한 단순한 인지적 이해를 넘어, 하나님과의 존재적 만남으로 이끈다. 또 현재 겪고 있는 심리적 고통을 '있는 그대로' 받아들이고 하나님 앞에 가져올 수 있는 내면의 용기와 안전한 공간을 마련해 준다. 또 무엇인가 해야 한다는 강박에서 벗어나 하나님 앞에서 '가만히 있음'(시 46:10) 이라는 중요한 명제를 회복킨다. 그리고 일상에서의 반복 수행을 통하여 하나님 앞에 머무르는 능력인 영적 회복탄력성(Spiritual Resilience)을 키울 수 있다. 그래서 영성챙김은 하나님과 함께하는 영적 훈련으로 말씀과 기도의 틀 안에서 안전하게 실천할 수 있다. 물론 영성챙김의 각 구성요소는 모두 신학적 근거로부터 비롯된다. 예를 들어 '지금 여기'는 "나는 스스로 있는 자"(출 3:14) 라는 하나님의 현존을 경험하는 것이고, '수용'은 "그가 우리를 있는 그대로 받으셨다"(롬 15:7) 라는 은혜를 경험하는 것이다. '비판단적 태도'는 "심판하지 말라 그리하면…"(눅 6:37) 이라는 자비와 긍휼이며 '주의 깊은 관찰'은 "너는 네 자신을 살피라"(고후 13:5) 라는 성찰과 회개와 연관이 있다. 명상에서 주로 사용되는 '호흡'은 "생기를 그 코에 불어넣으시니…"(창 2:7) 라는 창조론적 얼개에 따라 중요한 도구로 사용될 수 있다.

영적 회복의 통로

그래서 이러한 명상과 마음챙김을 기독교적 세계관 속에 녹인 영성챙김은 기도는 하지만 하나님의 음성을 듣지 않으며, 성경을 읽지만 말씀 앞에 고요히 머무르지 못하고, 예배를 드리지만 하나님의 임재를 경험하지 못하여 신앙의 위기에 처해있는 성도들에게 영적 돌파구가 되어줄 것이다. 거듭해 말하지만 영성챙김은 요즘 유행하고 있는 명상과 마음챙김을 기독교 신앙에 단순하게 접목하자는 것이 아니라 신앙의 본질로 돌아가기 위한 영적 회복의 통로로 사용하자는 제안이다. 그래서 영성챙김이 하나님 앞에 깊이 머물고, 말씀 앞에 고요히 서 있으며, 깨닫고 변화되는 자리로 나아가는 '깨어 있는 영성' 회복의 통로가 되길 소망한다.

치료 기법으로서의 명상과 마음챙김

　　　　　　　　정신건강의학과 의사와 심리학자들은 최근 정신·심리치료의 영역에서 '마음챙김'이 얼마나 중요한 역할을 하고 있는지 긴 설명을 하지 않아도 잘 알고 있다. 40년 가까이 정신과 의사로 일했고 20년 이상을 정신건강의학과 영성의 접점을 탐구해 온 개신교 교회의 장로로 '마음챙김'의 치료 효과를 보며 고민하지 않을 수 없었다. 그래서 정신심리치료 기법으로서의 명상과 마음챙김뿐 아니라 기독교의 영성에 이르기까지 지금까지 정리된 영성챙김의 이론을 최대한 쉽고 객관적으로 소개해 보려고 한다.

　정신·심리치료는 무의식의 이해를 기반으로 둔 분석적 치료와 증상의 감소와 행동의 교정에 중점을 두는 인지행동치료를 중심으로 발전해 왔다. 분석적 개입의 대유행 이후 보다 근거중심치료의 장점이 있는 행동주의와 인지주의는 인간의 내면보다는 외현적 행동과 인지적 왜곡을 중심으로 정신건강 문제를 설명하고 해결하면서 많은 성과를 보였다. 그러나 이러한 접근은 인간의 고통에 대한 진정한 이해와 '현재의 고통'을 있는 그대로 수용하고 인식하는 차원에서는 한계를 지니고 있었다. 이러한 제한점을 보완하고자 등장한 것이 바로 제3 동향 인지행동치료(Third Wave CBT)이며, 그 핵심에는 '마음챙김'이 중요한 역할을 했다.

인간의 고통과 치료

마음챙김은 불교의 위빠사나(Vipassana) 명상에서 비롯된 전통적 수행을 심리학적으로 재해석한 것으로, 현재 순간에 대한 비판단적 인식(Non-Judgmental Awareness)을 중심 개념으로 삼는다. 이는 단순한 주의 집중 훈련이 아니라, 자기 인식(Self-Awareness), 감정 조절(Emotion Regulation), 행동 선택(Controlled behavior)과 같은 인간의 정신 기능 전반에 영향을 미치는 심리적 훈련이 될 수 있다.

현대 심리학에서 마음챙김이 본격적으로 주목받기 시작한 것은 과학자이자 명상가인 존 카밧진(Jon Kabat-Zinn)이 1979년 매사추세츠 의과대학에서 마음챙김 기반 스트레스 감소 프로그램(MBSR, Mindfulness-Based Stress Reduction)을 개발 활용한 것이 큰 전환점이 되었다. 이후 통증, 스트레스, 불안, 우울 등의 완화에 큰 효과를 보이며 임상 영역에 널리 도입되었다. 그리고 마음챙김은 다양한 정신·심리치료 모델과 통합되며 보다 확장된 개입 방식으로 발전하게 된다. 그리하여 현재 여러 치료기법의 핵심 요소로 통합되어 사용되고 있다. 대표적인 방법은 다음과 같은 것을 들 수 있다.

마음챙김 기반 인지치료(MBCT, Mindfulness-Based Cognitive Therapy)

우울증의 재발 방지를 목적으로 개발된 치료법으로, 인지치료의 이론

틀 위에 마음챙김 훈련을 결합하였다. 사고와 감정을 객관적으로 관찰하고, 자동적인 부정적 사고 양식에서 벗어나도록 돕는 방법으로 반복성 우울증, 불안장애 등에 사용될 수 있으며 우울증 재발률 감소, 정서적 조절 능력 향상 등의 성과를 거두고 있다.

수용전념치료(ACT, Acceptance and Commitment Therapy)

고통스러운 내적 경험을 억제하거나 회피하기보다, 그것을 수용하고 가치 중심의 행동을 선택하도록 유도하는 방법으로 탈융합(Cognitive Defusion), 수용(Acceptance), 현재에 머무르기(Contact with the Present Moment) 등의 기법을 사용하여 기존 치료적 접근으로 한계가 있던 만성 통증, 불안장애, 외상 후 스트레스 장애(PTSD), 강박장애 등에서 효과를 발휘하며 심리적 유연성 증가, 삶의 만족도 향상 등의 성과를 거두고 있다.

변증법적 행동치료(DBT, Dialectical Behavior Therapy)

경계선 성격장애 치료를 위해 개발된 치료로, 정서 조절 능력과 관계 기술 향상에 중점을 둔다. 정서 조절, 대인관계 기술, 고통 감내, 그리고 핵심적으로 '마음챙김' 모듈이 포함되어 있으며 경계선 성격장애, 충동조절장애, 자해 행동 등에서 자살 시도 감소, 정서적 안정성 향상 등의 효과를 거둘 수 있다.

자기연민 명상(MSC, Mindful Self-Compassion)

자기비판을 줄이고 자기 돌봄을 증진하는 명상 훈련으로 자기연민 훈련, 따뜻한 자기 인식, 공통된 인간성에 대한 이해를 바탕으로 자존감 저하, 죄책감, 트라우마 등에서 자기 수용 능력 향상, 회복탄력성 증진 등의 성과를 거둘 수 있다.

마음챙김의 치료 효과

이렇게 마음챙김이 정신건강에 긍정적인 영향을 미치는 주요 기전은 주의 조절, 감정 조절, 자기 인식의 향상, 신경 가소성, 스트레스 반응의 조절, 그리고 공감과 자기연민의 증진 등으로 정리할 수 있다. 이러한 심리적·생물학적 변화는 서로 유기적으로 작용하며, 통합적인 정신적 안정과 치유의 과정에 기여한다.

우선 마음챙김은 '주의 조절(Attention Regulation)' 능력을 향상시킨다. 대부분의 정신적 고통은 주의(의식을 집중시키는 것)가 현재에서 벗어나 과거의 기억이나 미래의 불안으로 흘러갈 때 증폭된다. 마음챙김 훈련은 호흡, 신체 감각, 감정, 생각 등의 대상에 주의를 기울이고, 산만해진 주의를 다시 현재로 부드럽게 돌리는 연습을 반복함으로써 주의력을 단련한다. 이는 뇌의 전전두엽(Prefrontal Cortex)과 전측 대상피질(Anterior Cingulate Cortex: ACC)의 기능과 연결되어 있으며, 이러한 뇌 영역의 활성화는 주의 집중력, 충동 조절, 선택적 반응 능력의 향상으로 이어진다.

마음챙김은 감정조절 능력을 강화하는 데 핵심적인 역할을 한다. 감정은 본래 생존을 위해 내재화된 반응 체계이지만, 현대인의 삶에서는 과도하거나 부적절하게 작동하여 고통을 유발하는 경우가 많다. 마음챙김은 감정을 억제하거나 회피하는 대신 있는 그대로 알아차리고 판단 없이 수용함으로써 감정의 흐름을 관찰할 수 있게 한다. 이에 따라 감정에 휩쓸리지 않고 그 감정을 하나의 '경험'으로서 받아들일 수 있어 감정과 거리 두기를 할 수 있게 된다. 그래서 감정 반응에 대한 자동성과 즉각성이 줄어들게 된다. 신경과학적 연구에 따르면 마음챙김 수련자는 감정 유발 자극에 대해 편도체(Amygdala)의 반응이 감소하며, 이와 동시에 감정 조절을 담당하는 전전두엽과 전측 대상피질의 활성화는 증가하는 것으로 나타났다. 이러한 변화는 감정의 인식, 명명, 수용, 그리고 적절한 표현에 이르기까지 '감정과의 건강한 관계를 맺는' 데 기여한다.

또한 마음챙김은 자기 인식을 향상시킨다. 대부분의 사람들은 자신이 무슨 생각을 하고 있는지도 모르는 채 하루를 살아간다. 특히 우울증이나 불안장애를 겪는 이들은 자신이 빠져 있는 사고 양식(예: 반복적 반추, 자기비난)을 자각하지 못한 채 그것에 사로잡혀 고통받는다. 마음챙김은 이러한 사고의 흐름을 '제3자의 시선'으로 바라보게 함으로써, 사고와 동일시된 자아를 분리해낸다. 이를 '탈중심화(Decentering)'라고 하며, 자신의 생각, 감정, 신체 감각에 압도되는 대신 그것을 관찰할 수 있는 존재라는 인식이 가능해진다. 이는 메타인지(Meta-Cognition, 자기인지에 대한 인지)의 한 형태로 생각을 생각으로 감정을 감정으로 인식하는 방식이다. 이러한 자기 인식의 향상은 자동적 반응이 아닌 의식적인 선택을 가능하게 하고 이는 삶의 전반에 걸친 행동 양식의 변화로 이어진다.

한편, 마음챙김을 지속적으로 수련하면 신경가소성(Neuroplasticity, 뇌가 경험, 학습, 환경 변화에 따라 구조와 기능을 조정하는 능력)을 유도하는 것으로 밝혀졌다. 구조적 뇌영상 연구는 마음챙김 훈련이 뇌의 특정 부위에 회백질 밀도의 변화를 가져온다는 사실을 입증하였다. 대표적으로 해마(Hippocampus)는 감정 및 기억과 관련된 영역으로서 MBSR(마음챙김 기반 스트레스 감소 프로그램, Mindfulness-Based Stress Reduction) 8주 훈련 후 회백질 밀도가 증가하였으며, 자아 인식과 관련된 후대상피질(Posterior Cingulate Cortex), 공감과 연결된 측두두정 접합부(Temporoparietal Junction) 등에서도 유의미한 변화가 관찰되었다. 이러한 변화는 단지 심리적 기능의 향상에 그치지 않고, 뇌의 구조적·기능적 회복에까지 영향을 준다는 점에서 주목할 만하다.

마음챙김은 스트레스 반응의 생리적 조절을 유도하기도 한다. 이는 주로 시상하부-뇌하수체-부신 축(HPA axis)의 조절을 통해 이루어진다. 만성 스트레스 상태에서는 코르티솔의 분비 이상이 이어지며, 이는 심혈관계, 면역계, 소화계 등에 부정적 영향을 끼친다. 마음챙김 훈련은 이러한 스트레스 반응을 진정시키고 자율신경계의 균형을 회복시킨다. 특히 심박변이도(Heart Rate Variability)와 같은 생리학적 지표가 향상되며, 이는 스트레스에 대한 회복탄력성을 높이고 심신의 안정성을 강화하는 데 기여한다.

마음챙김은 공감(Empathy)과 자기연민(Self-Compassion)을 증진시키기도 한다. 자기 자신을 비난하고 정죄하는 경향이 강한 이들에게 마음챙김은 있는 그대로 자신을 받아들이는 태도를 학습시키며, 이는 곧 자기연민으로 발전한다. 자비 명상이나 연민 기반 마음챙김 훈련은 특히 트라우마 회복, 대인관계 개선, 간병 스트레스 감소 등의 영역에서 효과적이다. 정신건강 전문가나 목회자와 같은 대인서비스 직업군에서는 이차 외상 스트레스(Secondary Traumatic Stress)와 공감 피로(Empathic Fatigue)를 감소시키는 데 있어서도 유용하게 사용될 수 있다.

이처럼 마음챙김은 인간의 주의, 감정, 사고, 신경계에 이르는 다층적인 변화를 유도하는 심리학적 · 생리학적 개입이다. 최근의 메타분석 및 장기 추적 연구들은 마음챙김 훈련이 증상 개선뿐 아니라 삶의 질 향상, 자기 효능감의 회복, 그리고 인간 존재에 대한 보다 깊은 이해를 촉진한다는 점에서, 현대의 정신 · 심리치료 및 정신건강 유지의 핵심 도구로 자리매김하고 있다.

마음챙김과 기독교 정신

마음챙김은 주의(Attention), 알아차림(Awareness), 수용(Acceptance) 능력을 변화시켜서 주의 집중 능력 강화, 감정조절 기능 향상, 자기 인식의 증진, 심리적 거리두기 등의 치료 효과가 나타난다. 그래서 나 자신을 생각, 감정, 신체 감각의 통합된 전체로 조망하고 심리적 문제를 '나 자신'이 아니라 '내가 경험하는 것'으로 관찰하는 능력을 개발시켜 준다. 이는 정신 · 심리치료의 관점에서 이제까지의 여러 다른 치료법과는 다른 전환을 이루어 정신적 고통에 대한 존재론적 수용과 치유의 철학을 반영하는 근본적 접근으로 각광받고 있다.

정신적 고통을 회피하거나 억제하는 기존의 전략과 달리, 마음챙김은 고통을 있는 그대로 받아들이고, 그 안에서 새로운 삶의 의미를 발견하도록 돕는다. 이러한 철학은 기독교적 세계관과도 깊이 통한다. 즉, 마음챙김은 인간 내면의 치유와 동시에 하나님 앞에서의 존재 회복이라는 이중의 목적을 실현할 수 있는 통합적 도구가 될 수 있다.

안타까운 것은 기독교 일부에서는 마음챙김을 이교도의 것으로 인식하는 경향 때문에 기독교인이 마음챙김적 접근을 하는데 제약이 있다. 이런 와중에 다른 종교에서는 마음챙김의 대유행을 이용하여 대중들에게 강력하게 접근하고 있다. 인간의 고통과 아픔을 치료하는 측면에서만 보아도 영성챙김에 대해 조금 더 적극적으로 논의하고 학습해 빛을 향한 걸음을 재촉해야 할 것이다.

기독교 명상과 영성챙김

구약성경 창세기의 야곱은 고향을 떠나 광야에서 돌베개를 베고 잠을 청한다. 슬픔에 젖어 잠든 야곱은 그날 밤 꿈과 환상에서 사닥다리를 타고 하늘과 땅을 오르락내리락하는 천사들을 목격한다. 제 잘난 맛에 멋대로 살던 야곱이 광야에서 하나님의 임재를 체험한 것이다. 광야에서 하나님의 임재를 체험한 또 다른 성경의 인물이 있다. 이집트 왕자였지만 살인죄를 짓고 도망자가 되어 고향을 떠났던 모세는 광야의 떨기나무에 불로 임하신 하나님의 임재를 경험한다. 야곱과 모세의 평범한 시간인 크로노스에 느닷없이 하나님의 시간인 카이로스가 틈입한 것이다.

구약성경에서 하나님의 임재는 성막에서 절정을 이루었고 미가야, 이사야, 에스겔, 다니엘 선지자에게도 강렬하게 이어졌다. 그리고 신약성경에서도 예수님의 승천과 성령을 통한 임재 그리고 바울의 회심 체험, 승천 체험, 환상 체험으로 이어졌고 요한계시록의 새 하늘과 새 땅으로 이어진다. 하나님은 이렇게 세상의 시간과 공간을 가로질러 영원한 시간과 공간으로 인간에게 임재하셨다. 그리고 그러한 하나님의 임재는 광야 한

복판에서 지치고 힘들고 아프고 상처난 인간에게 새 하늘과 새 땅의 소망을 바라보게 해 주었다.

이러한 하나님의 임재를 독일의 신학자 루돌프 오토(Rudolf Otto)는 성스러움, 즉 신적 존재에 대한 인간의 초합리적 경험이라는 뜻으로 누미노제(numinose)라고 했다. 종교학자 길희성은 루돌프 오토의 누미노제를 인간이 거룩한 존재 앞에 섰을 때 존재론적으로 느끼는 감정적, 미학적, 직관적 체험이라는 의미를 담고 있다며, 전적 타자로 나에게 나타나는 하나님으로 인한 거룩한 체험이라고 했다.

'명상'이라는 단어가 가진 여러 가지 이유로 여전히 우리 기독교인들에게 불편한 지점이 있다는 것을 누구보다 잘 알고 있다. 정신과 의사이며 교회 장로인 나는 우울증과 불안장애와 공황장애로 힘겨워하며 삶을 포기하고 싶어 하는 환자를 매일 만나고 더 나은 치료를 위해 나름 애쓰며 살아왔다. 그래서 캄캄한 어둠 속에서 삶과 죽음의 경계에 서 있던 환자분들을 위한 새로운 치료법으로 상당히 효과적인 명상과 마음챙김을 연구하고 임상시험을 하며 치료법으로 사용했다. 그 과정에서 의사로, 학자로, 인간으로, 신앙인으로의 수많은 시행착오와 갈등과 고민이 있었다. 그래서 이 문제에 대해 누구보다 분명하게 말할 수 있을지도 모른다. 기독교 명상이 무엇이며 어떤 신학적 전통 위에 서 있는가를 명확하게 한다면 이에 대한 오해도 풀릴 가능성이 있다는 것을 말이다. 기독교는 다른 어떤 종교나 철학보다 깊은 기도와 묵상, 침묵 속의 영적 성찰을 통한 명상적 실천의 본래적 형태를 간직해왔으며 이러한 영적 훈련을 하나님과의 인격적 교제를 위한 필수 요소로 여겨왔기 때문이다. 야곱과 모세가 가장 힘들고 어려울 때 조용한 광야에서 체험한 누미노제가 지금도 여전히 유효하다고 믿는다. 지금도 하나님은 제한적인 시간과 공간의 크로노스를 살아가는 우리에게 시간과 공간을 초월한 카이로스로 임한다고 믿기 때문이다. 그래서 기독교 명상은 단순한 신비주의나 자기 체험에서 끝나는 것이 아니라, 하나님의 말씀과 임재에 대한 깊은 주의 집중과 응답이어야 한다.

성경속의 명상

하나님의 말씀인 성경 속에 이미 풍부한 기독교 명상이 가득 차 있다. 기독교 명상은 말씀 중심의 명상이다.

"오직 여호와의 율법을 즐거워하여 그의 율법을 주야로 묵상하는도다"(시편 1:2)

단순한 암송이 아닌, 말씀을 삶에 깊이 새기는 과정이다.

"내가 주의 법도들을 작은 소리로 읊조리며 주의 길들에 주의하며"(시편 119:15)

침묵은 하나님의 임재를 인식하는 중요한 명상적 태도이다.

"너희는 가만히 있어 내가 하나님 됨을 알지어다"(시편 46:10)

예수님은 반복적으로 외딴곳에서 침묵과 고독 가운데 하나님과의 교제를 지속하셨다.

"이 때에 예수께서 기도하시러 산으로 가사 밤이 새도록 하나님께 기도하시고"(누가복음 6:12)

"그 때에 예수께서 성령에게 이끌리어 마귀에게 시험을 받으러 광야로 가사 사십 일을 밤낮으로 금식하신 후에 주리신지라"(마태복음 4:1-2)

기독교 명상의 역사

이러한 성경 내용은 말씀, 기도, 하나님의 임재에 대한 의식적인 몰입이 반드시 필요하며 이것들이 이교적이라기보다는 기독교인의 삶에 필수적인 영적 훈련이라는 것을 말해준다.

이 책의 "초월적 타자를 만나는 누미노제의 여정"에서 역사적으로 더 자세하게 살펴보겠지만 교회사 속에서 기독교 명상은 다양한 형태로 실천되고 전승됐다. 예를 들어 렉시오 디비나(Lectio Divina: 고대 수도원 전통부터 있었던 성경 묵상법으로, 읽기(lectio), 묵상(meditatio), 기도(oratio), 관상(contemplatio)의 4단계를 통하여 말씀을 반복적으로 읽고, 그 안에 담긴 하나님의 뜻을 마음으로 새기며, 점차 그분의 임재에 잠잠히 머무는 관상의 단계로 나아가는 것), 이냐시오의 영신수련(Spiritual Exercises: 예수회 창시자 이냐시오 로욜라가 고안한 실천적 명상 훈련으로, 성경 장면을 마음속으로 시각화하며 예수님의 삶에 동참하는 상상적 명상(imaginative meditation)을 포함하고 있음), 동방정교회의 헤시카즘

(Hesychasm: "예수 기도(Lord Jesus Christ, Son of God, have mercy on me)"를 끊임없이 반복하며, 마음의 침묵과 영혼의 고요 속에서 오직 하나님의 빛을 체험함)등의 여러 훌륭한 전통이 있어왔다. 이들은 모두 하나님을 향한 전인적 집중, 말씀의 내면화, 성령 안에서의 친밀함을 추구한다는 공통점을 가지고 있다.

기본적으로 타 종교에서의 명상이 자아, 비움, 우주 에너지를 중심으로 한다면 기독교에서는 초월적 인격인 하나님을 중심 대상으로 한다. 타 종교에서 해탈, 자아 초월, 내면 확장이 목적이라면 기독교 명상은 하나님과의 교제와 성화를 목적으로 한다. 타 종교가 비판단적 주시와 무념의 상태를 중시한다면 기독교 명상은 인격적 응답과 경외감을 중요시한다. 또 타 종교가 윤회적 해탈 혹은 의식 확장을 바라본다면 기독교 명상은 구속사적 완성과 하나님 나라를 바라보기 때문에 대상과 목적, 방향성이 본질적으로 다르다고 할 수 있다. 참고로 기독교 명상에 대한 논란은 이 책의 마지막에 정리해 두었다. 궁금하신 분은 먼저 살펴보길 권한다.

영적 유산의 회복

기독교 명상은 그 중심이 '자기 체험'이 아닌 '하나님의 말씀에 대한 응답'이기에 정통 신학적 기반위에 이어져 왔다. 그러기에 말씀을 삶으로 구현하려는 성육신적 실천의 한 형태라고 할 수 있다. 또 명상은 인간의 힘으로 고요에 이르는 것이 아니라, 성령의 도우심으로 함께하는 하나님과의 동행이라 할 수 있다. 그래서 자신의 단독적 행위가 아니라 성부-성자-성령과의 인격적 관계 안에서 이루어지는 영적 교제인 것이다. 그래서 기독교 명상은 시대적 흐름에 타협하는 것이 아니라, 기독교가 원래부터 지니고 있던 영적 유산의 회복이라고 할 수 있다.

영성챙김 수련을 통해서 그동안 외형적 신앙으로 확장해 오던 것에서 말씀과 기도의 깊은 내면화를 이룰 수 있게 될 것이다. 또한 과잉 정보와 불안 속 살아가는 성도들에게 영적인 쉼을 제공하여 세속적 피로에 대항할 수 있게 될 것이다. 그래서 관념이 아닌 실제적인 성령 임재의 체험을 통하여 성령과의 실제적 교제를 할 수 있도록 해줄 것이다. 기독교 명상은 경계를 넘는 위험한 시도가 아니라, 말씀과 기도, 침묵과 실천을 통합하는 온전한 신앙 훈련이며, 복음의 본질을 왜곡하지 않고 더 깊이 실현하는 길이 될 수 있다. 기독교 명상을 이렇게 바라보면 우리가 회복해야 할 영적 유산으로 바라볼 수 있지 않을까?

"기독교인의 명상은 마음을 비우는 것이다"

아니다, 기독교 명상은 마음을 비우기보다 말씀과 하나님의 임재로 채우는 것이다. 침묵은 공허를 위한 것이 아니라, 경청을 위한 조건이다.

"기독교인의 명상은 자아를 신격화하는 것이다"

아니다, 기독교 명상은 자아를 중심에 두지 않고, 하나님 중심으로 자아를 낮추고 그분의 뜻을 분별하는 과정이다.

"기독교인의 명상은 혼합주의다"

아니다. 성경과 교회 전통에 근거한 명상은 오히려 신앙의 깊이를 회복하는 도구가 될 수 있다.

어두운 밤을 건너
빛으로

명상, 마음챙김, 가슴챙김 그리고 영성챙김

명상

명상(Meditation)을 한마디로 정의하는 것은 어렵다. 명상의 서로 다른 측면을 강조하여 각자 나름의 정의를 내리고 있기 때문이다. 그런데 서로 다른 의견을 종합하여 보면 명상은 오래전부터 수행해 온 의식적인 집중, 내적 고요, 자기 탐구의 과정이라고 할 수 있다. 다양한 종교와 철학에서 명상을 실천해 왔고 특히 최근에는 심리학과 의학에서도 명상의 효과와 원리를 규명하면서 명상이 특정 종교에 속하지 않는 보편적인 인간 활동이라는 것을 밝히고 있다.

다양한 종교와 철학에서는 명상을 다음과 같이 정의해왔다.

붓다(Buddha, 기원전 4-5세기경)

모든 존재의 본질을 깨닫고, 집착과 고통을 초월하는 과정으로 보며 깨달음과 해탈을 분명한 목표로 하였다. 명상은 "마음챙김(Sati)"과 "집중(Samādhi)"을 통해 깨달음으로 가는 길이며 "정념(正念, Right Mindfulness)"과 "정정(正定, Right Concentration)"을 통해 내면의 고요와 지혜를 얻는 과정이라고 하였다.

파탄잘리(Patañjali, 기원전 2세기경)

"명상은 마음의 파동을 멈추게 하는 것이다."라고 하며 요가의 경지에서 의식을 고요히 하여 궁극적 실재와 하나 되는 과정으로 설명하였고 "의식이 하나의 대상에 지속적으로 머무는 상태(Dhyana)"라고 하며 명상의 궁극적인 목표는 "삼매(Samadhi)", 즉 마음이 완전히 정화된 상태에 도달하는 것이라고 하였다.

마이스터 에크하르트(Meister Eckhart, 1260-1328)

"명상은 모든 것을 비움으로써 하느님을 채우는 것이다."라고 하며 자기 비움을 통한 하느님과의 하나됨을 강조하였다.

아빌라의 성녀 테레사(St. Teresa of Avila, 1515-1582)

기독교 신비주의 전통을 따라 "하느님과 함께하는 영혼의 친밀한 대화와 교제이다"라고 설명하면서 단순한 정신적 고요가 아니라 "하느님의 현존을 깊이 경험하는 것"이라고 하였다.

데카르트(René Descartes, 1596-1650)

명상을 "깊은 사색을 통한 진리 탐구"로 정의하였고 『제1철학에 관한 성찰』에서 의심과 숙고를 통해 확실한 지식을 찾는 과정을 설명하였다.

토마스 머튼(Thomas Merton, 1915-1968)

"명상은 단순한 자기 성찰이 아니라, 하느님 안에서 진정한 자아를 발견하는 과정이다."라고 하여 자기 발견적 요소를 강조하였다.

종교와 철학 이외에도 심리학과 신경과학에서 명상을 다루게 되면서 다음과 같은 다양한 정의를 내려왔다.

윌리엄 제임스(William James, 1842-1910)

"의식의 선택적 집중"을 강조하며, 명상은 주의(Attention)를 한곳에 모으는 과정이라고 설명하며 "명상은 집중과 주의(Concentration and Attention)의 가장 높은 형태이다."라고 하여 의식의 방향성과 정신 훈련에 초점을 두었다.

존 카밧-진(Jon Kabat-Zinn, 1944-)

특히 마음챙김을 중시하여 "현재 순간을 있는 그대로 받아들이는 태도를 유지하는 것으로 현재 순간에 대한 비판단적 주의"라고 정의하며 명상의 대중화에 크게 기여한 마음챙김 기반 스트레스 감소 프로그램인 MBSR을 개발하였다.

리처드 데이비슨(Richard Davidson, 1951-)

티벳 명상 고승의 두뇌 상태를 연구하는 등 뇌과학 연구를 통해 명상이 전두엽과 감정 조절에 미치는 긍정적인 효과를 증명하며 명상을 "의도적으로 감정과 주의를 조절하는 훈련"으로 설명하며 "명상은 신경 가소성을 활용하여 감정과 행동을 변화시키는 실천이다."라고 하여 뇌과학적 관점에서 명상이 뇌 구조와 기능을 변화시킨다는 점을 강조하였다.

다니엘 골먼(Daniel Goleman, 1946-)
"명상은 자기 인식을 강화하고 감정을 조절하는 도구이다."라고 하여 정서적 지능과 명상을 연결하고자 했다.

사라 라자르(Sara Lazar, 신경과학자)
명상이 전두엽을 발달시키고, 편도체(감정의 뇌라고 알려진 두뇌 하부구조)를 안정화하는 효과를 입증하며 명상을 "뇌 구조를 변화시키고 스트레스를 줄이는 훈련"으로 설명하였다.

이처럼 현대 과학적 측면에서는 행복, 정서 균형 등의 다양한 목적을 위한 일군의 복합적인 정서 및 주의 조절 훈련들의 집합체를 명상으로 보는 경향이 있다.

이밖에 우리에게 익숙한 최근의 영성가들도 명상에 대해 각자의 정의를 내리고 있다.

에크하르트 톨레(Eckhart Tolle, 1948-)
"명상은 생각에서 벗어나 존재(Presence) 자체에 머무르는 것이다."라며 현존에 중점을 두었다.

달라이 라마(Dalai Lama, 1935-)

"명상은 연민과 지혜를 함양하여 더 나은 인간이 되는 과정이다."라며 윤리적 실천과 연결된 명상을 중시하였다.

우리나라 학자와 명상가들도 다양한 정의를 내려왔다. 정신과 의사이며 불교 정신 치료를 개발한 전현수 원장은 "우리의 본질을 알고자 몸과 마음에서 일어나는 것, 현재 일어나는 것에 집중하는 것"으로, 심리학자인 김정호 교수는 "순수한 주의"로, 심리학자인 장현갑 교수는 "마음의 고통으로부터 인간을 해방시켜 아무런 왜곡이 없는 순수한 마음 상태로 돌아가는 것을 초월이라고 하며 이것을 실천하고자 하는 것"으로 정의했다. 철학자인 한자경 교수는 "주객 무분별적 심층 마음의 활동에 접하는 것"이라고 했으며 미산 스님이 센터장으로 있는 한국과학기술원(KAIST)의 명상과학연구소에서는 명상을 "밖으로 향하는 마음을 안으로 돌려 내면을 성찰함으로써 몸과 마음이 가지는 본래의 조화로움을 회복하게 하는 수련법"으로 정의하였다.

이 모든 것을 포괄하여 한마디로 명상의 정의를 내리는 것은 불가능에 가까운 일이지만 비교적 중립적으로 이렇게 정의해 볼 수 있다.

"명상은 의식적으로 주의를 집중하거나 내면을 탐색하는 과정으로, 감정과 사고를 조절하고, 정신적 평온과 인지적 명료성을 증진시키는 훈련이다."

명상은 호흡, 생각, 감각 등의 특정 대상에 주의를 기울이는 행위를 통하여 의식적인 집중을 하는 것으로 시작하여 후에는 특정한 대상이 없이도 자기 자신을 관찰하고 통찰하는 내면 탐색 행위이다. 그래서 스트레스와 불안 감소, 감정의 균형을 유지시키고 생각을 명확하게 하고 깊은 깨달음을 얻을 수 있게 된다. 즉 명상은 단순히 특정한 종교의 방법이 아니라, 의식의 집중과 확장을 통해 내면을 탐구하고 존재와 하나 되는 과정으로 내면의 침묵과 집중을 통해 존재의 본질을 깨닫고, 정신적·정서적·영적 성장을 이루는 과정이라고 할 수 있다. 명상은 보편적인 인간 경험으로 종교적 신념과 상관없이 누구나 실천할 수 있는 '내면의 성장과 평온을 위한 도구'로 활용될 수 있다.

마음챙김

마음챙김은 불교, 심리학, 신경과학, 심리치료 등 다양한 분야에서 사용되고 있지만 그 사용처와 학자마다 강조하는 측면이 약간씩 다르다.

"Mindfulness(마음챙김)"라는 용어는 오늘날 전 세계적으로 널리 쓰이고 있지만, 그 어원과 의미는 팔리어 Sati(사띠)'의 번역을 위한 신조어이다. '사띠'는 산스크리트어로는 'Smṛti(스므리티)'로 '기억', '회상', '기억의 작용' 등을 의미한다. 19세기 후반과 20세기 초, 서양 학자들과 종교인들에 의해 영어로 번역될 때 '사띠'를 어떻게 영어로 번역할지를 놓고 여러 논의가 있었고 그 중 영국 출신 불교학자 토마스 윌리엄 리스 데이비스(Thomas William Rhys Davids)가 '사띠'를 'Mindfulness'로 번역했다. '사띠' 또는 '스므리티'의 원래 의미인 '기억'은 과거 기억이 아니라, '현재의 경험을 놓치지 않고 유지하며 의식하는 마음의 기능'을 의미한다. 불교에서는 '사띠'를 지금 여기서 일어나는 모든 신체적, 정서적, 정신적 현상을 알아차리는 것, 선택적 집중이 아니라, 열린 상태의 관찰, 판단하지 않고, 있는 그대로 바라보는 태도를 의미하여 팔정도 중 "정념(正念, Sammasati)", 즉 바른 '알아차림'으로 강조되고 있다.

'마음챙김'이라는 용어가 대중화된 것은 과학자이며 명상가인 존 카밧진에 의해 현대적인 의미가 재정립된 것이 계기가 되었다. 그는 마음챙김을 "의도적으로, 현재 순간에, 판단 없이, 특정한 방식으로 주의를 기울이는 것(Paying attention in a particular way: on purpose, in the present moment, and nonjudgmentally)"으로 정의하면서 심리학 및 정신건강의학까지 그 용어와 정의를 널리 사용하게 되었다. 이후에도 여러 사람들이 나름대로 마음챙김을 정의하고 표현하고 있다. 예를 들면 베트남 출신 불교 지도자인 틱낫한(Thích Nhat Hanh)은 "마음챙김은 현재 순간에 깊이 살아가는 예술이다."라고 하여 삶을 있는 그대로 경험하고, 지금 이 순간에 집중하는 실천을 강조하였고, 하버드대 심리학자인 엘렌 랭어(Ellen Langer)는 "상황을 새롭게 인식하고, 기존의 자동적인 반응에서 벗어나는 과정"이라고 하여 인지적 유연성과 연결시켰다. 정신과 의사이며 신경과학자 다니엘 시겔(Daniel Siegel)은 "자기 인식을 증진하고 신경 가소성을 촉진하는 의식적인 훈련"이라고 하여 뇌 기능 변화와 연결시켰고, 신경과학자 리처드 데이비슨(Richard Davidson)은 "감정 조절과 웰빙을 증진하는 정신 훈련"의 감정조절 효과를 강조하였다. 마크 윌리엄스(Mark Williams)는 "불필요한 반응을 줄이고, 감정을 수용하며 현재를 인식하는 능력"을 강조하여 우울증 치료에 적용된 마음챙김 기반 인지치료(MBCT)를 창시하였다. 스티븐 헤이즈(Steven Hayes)는 "경험을 있는 그대로 받아들이고, 의미 있는 삶을 살아가기 위한 의식적 선택"이라고 하여 수용과 행동 변화에 초점을 두어 수용전념치료를 창시하게 되었다.

현재 통상적으로는 "자신의 내적 경험(감정, 생각, 감각)을 비판 없이 알아차리고 수용하는 상태"를 의미하며 주의집중훈련, 감정조절, 자기인식 증진 등의 효과가 있는 상태 혹은 기술의 의미를 갖게 되었다. 결국 위의 다양한 내용을 종합하여 본다면 마음챙김은 현재 순간에 의도적으로 주의를 기울이며, 판단 없이 경험을 있는 그대로 받아들이는 상태라고 할 수 있다. 즉 의도적 집중(Intentional Attention), 현재 순간(Present Moment), 비판단적 수용(Non-Judgmental Acceptance) 이라는 핵심 요소를 발휘하여 단순한 집중을 넘어 자신의 내면과 외부 환경을 열린 마음으로 수용하고, 그 안에서 평온과 자각을 유지하는 실천적 과정이라고 할 수 있다.

가슴챙김

최근 기독교 신학자들과 영성가들은 '마음챙김'에 대한 개념이 동양철학에서 왔다는 것에 대한 이유로 이 개념을 기독교적 맥락에서 재해석하고 확장하려는 시도를 활발하게 행하고 있다. 이러한 흐름 속에서 대안적 개념으로 제시되고 있는 것이 바로 '가슴챙김(Heartfulness)'이다. 가슴챙김은 단지 용어의 차이를 넘어, 인간 존재에 대한 이해, 하나님과의 관계, 영적 실천 방식에 있어 본질적인 차이를 드러내는 개념으로 제안되고 있다. 영국의 영성 신학자인 피터 타일러(Peter Tyler)는 『그리스도교 마음챙김』에서 마음챙김의 원어인 사띠 자체가 몸의 감각, 느낌(베다나, vedana), 마음(시타, citta), 정신적, 감정적 질(담마스, dhammas)등을 동반하므로 보다 인지적인 것을 강조하는 마음챙김 보다는 가슴챙김으로 번역하는 것이 더 타당하며 기독교 전통에서 이 개념을 찾아보려면 가슴챙김으로 번역하는 것이 좋다고 주장하였다.

하나님의 임재

불교적 수행에서는 자아의 무상성과 해체를 추구하는 반면, 기독교는 하나님과 인격적 관계 안에서 자아가 회복되고 변화되는 것을 중심으로 한다. 기독교의 영성은 단순히 현재 순간에 머무르는 것이 아니라, 그 순간 속에 임재하시는 하나님을 인식하고 그분의 사랑과 은혜를 마음으로 받아들이는 것을 목표로 한다. 이러한 배경에서 등장한 가슴챙김이라는 개념은 마음챙김이 갖는 개인주의적 구조를 넘어, 하나님 중심의 신앙적·관계적·사랑 실천적 명상으로 전환하기 위한 언어적 표현이다.

가슴챙김은 기독교 신비주의 전통과 깊은 관련이 있다. 중세의 마이스터 에크하르트, 성 테레사, 십자가의 성 요한, 근현대의 토마스 머튼 등은 모두 하나님과의 '친밀한 동행'과 '내면의 침묵' 속에서 사랑의 현존을 체험하고자 했다. 이들에게 명상이란 자기 존재를 지켜보는 것이 아니라, 하나님의 현존으로 들어가는 것이며, 그 안에서 변화와 헌신이 일어나는 것이다.

마음챙김과 가슴챙김의 구분

가슴챙김은 아래의 네 가지 핵심 요소를 통해 지금까지의 마음챙김과 구별될 수 있다. 첫째, '하나님의 사랑과 은혜'에 초점을 둔다. 마음챙김이 현재 순간을 있는 그대로 바라보며 수용하는 것을 강조한다면, 가슴챙김은 현재 순간을 하나님의 임재가 충만한 시간으로 받아들이고, 그 안에서 하나님의 사랑을 마음 깊이 경험하고 응답하는 실존적 관계를 형성한다. 요한일서 4장 19절에서 "우리가 사랑함은 그가 먼저 우리를 사랑하셨음이라"는 말씀을 기반으로 한다.

둘째, 가슴챙김은 단순한 비판단적 수용에 머물지 않고, 하나님과의 관계 속에서의 실천적 사랑과 감사를 요구한다. 마음챙김은 감정과 생각을 바라보되 개입하지 않지만, 가슴챙김은 내면의 상태를 하나님께 드리고, 그분의 뜻에 반응하며, 삶 속에서 사랑과 자비의 행위로 이어지도록 촉구한다. 예수께서 말씀하신 "마음을 다하고 목숨을 다하고 뜻을 다하여 주 너의 하나님을 사랑하라"는 마태복음 22장 37절의 말씀이 가슴챙김의 핵심적인 방향을 제시한다.

셋째, 가슴챙김은 기도와 성경 묵상이라는 기독교 전통의 실천과 밀접하게 연결된다. 가슴챙김은 지각적인 주의 집중을 넘어서, 하나님의 말씀을 마음으로 듣고 응답하는 영적 훈련이다. 시편 119편 105절에서 "주의 말씀은 내 발에 등이요 내 길에 빛이니이다"라고 고백한 시편 기자처럼, 가슴챙김은 하나님의 말씀을 단순한 정보가 아닌, 생명의 빛으로 받아들이는 실천이다. 이는 렉시오 디비나, 관상기도, 중심기도 등과 같은 전통적 기독교 명상 방식에서도 실현된다.

넷째, 가슴챙김은 개인의 내면 평정에서 멈추지 않고, 사랑과 자비의 삶으로 확장된다. 마음챙김이 개인의 평온, 감정 조절, 스트레스 해소에 집중한다면, 가슴챙김은 그리스도의 사랑을 받은 자로서 이웃에게 그 사랑을 실천하고, 세상 속에서 그리스도의 향기를 드러내는 것을 목표로 한다. "내가 너희를 사랑한 것 같이 너희도 서로 사랑하라"는 요한복음 13장 34절에서의 예수님의 말씀은 가슴챙김이 추구하는 방향의 정점을 이룬다.

기독교 영성의 본질을 찾아서

이러한 가슴챙김은 구체적인 실천을 통해 깊어질 수 있다. 하루 중 일정한 시간을 정하여 하나님의 사랑을 기억하며 묵상하고, 조용한 기도를 통해 하나님의 임재 안에 머무는 시간이 가슴챙김의 첫걸음이 된다. 또한, 일상의 모든 순간에서 감사의 기도와 찬양을 올리고, 말씀을 읽을 때는 정보의 축적보다 하나님의 말씀을 마음 깊이 받아들이는 태도가 필요하다. 무엇보다 중요한 것은 하나님의 사랑을 받은 자로서 이웃을 향해 그 사랑을 나누고 실천하는 삶의 자세이다. 이는 단순한 명상이나 마음 다스리기를 넘어서, 삶 전체가 하나님께 향하고, 하나님으로부터 오는 사랑으로 채워지는 상태로 나아가는 여정이다.

결론적으로, 가슴챙김은 마음챙김이 기여하는 인식적 자각의 요소를 존중하되, 그것을 넘어선 관계 중심적·영성 중심적 명상 방식이다. 기독교는 하나님과의 인격적 교제, 사랑의 수용과 응답, 이웃과의 나눔과 자비의 실천을 통해 영성이 자라고 성숙한다고 본다. 가슴챙김은 이러한 기독교적 영성의 본질을 반영하는 명상적 표현이며, 그리스도인에게 보다 적절한 내면 훈련의 언어가 될 수 있다. 그에 따라 기독교 명상은 단순한 집중과 수용을 넘어, 하나님 안에 거하며, 그 사랑을 받고, 그 사랑을 살아내는 가슴챙김의 길로 나아가야 할 것이다.

영성챙김

　　　　　　이 책에서 사용하는 영성챙김(Spiritfulness)은 구분하기 어렵고 사용되었던 맥락에 따라 오해와 편견의 소지가 있는 명상, 마음챙김, 가슴챙김 등의 용어를 모두 포괄하면서도 최근 과학적 접근에서 사용되고 있는 개념까지 활용할 수 있는 새로운 종합적 개념어로 저자가 제시하는 것이다. 특히 기독교적 용어인 가슴챙김과 거의 유사한 개념이지만 이 단어 자체에 들어있는 가슴(Heart)이라는 용어가 지나치게 제한적인 어감으로 몸을 포함하기에 그 이상을 추구한다는 의미로 '영성챙김'이라는 용어를 도입하고자 한다.

다양한 자아

현대 심리학, 명상 이론, 자기 인식 연구에서 인간의 자아(Self)는 단일하고 고정된 실체로 간주되지 않는다. 오히려 자아는 다양한 층위와 기능을 가진 구성체로 이해되며, 그 가운데 대표적인 분류가 경험 자아(Experiencing Self), 기억 자아(Remembering Self), 배경 자아(Background Self 또는 Observing Self)등으로 구분한다. 이 자아 개념들은 특정한 한 두 사람의 학자에 의해 체계화된 것은 아니며 각기 다른 전통과 이론에서 발전된 개념들이 통합적으로 사용되며 오늘날 심리학과 영성학 그리고 철학의 교차 지점에서 매우 풍부하게 논의되고 있다.

우선, 경험 자아와 기억 자아의 구분은 심리학자로 노벨 경제학을 수상한 대니얼 카너먼(Daniel Kahneman)에 의해 명징하게 소개되었다. 그는 저서 『생각에 관한 생각』에서 인간이 '자신의 삶에 대해 어떻게 느끼는가'를 설명하기 위해 이 두 자아의 개념을 활용하였다. 경험 자아는 '지금 이 순간'의 감각과 감정을 실제로 체험하고 반응하는 자아로서, 순간순간의 삶을 살아가는 주체이다. 예컨대 우리가 휴가 중 아름다운 해변을 바라보며 느끼는 평온함이나, 찬물을 마시며 느끼는 청량함은 모두 경험 자아가 처리하는 즉각적인 체험에 해당한다.

반면 기억 자아는 그러한 순간들을 선택적으로 저장하고, 내러티브로 구성하며, 그것을 바탕으로 '삶의 의미'를 만들어내는 자아이다. 즉, 삶이 실제로 어떠했는가보다 그것을 어떻게 기억하고 해석하느냐가 기억 자아의 역할이다. 카너먼은 한 예로, 휴가 동안 힘든 순간이 많았음에도 마지막 날의 기억이 좋았다면 전체 경험을 '좋은 휴가'로 간주하는 경향을 설명하면서, 기억 자아가 삶의 평가는 물론 미래의 선택에도 큰 영향을 미친다고 보았다.

배경 자아는 이들과는 다른 차원에서 논의되는 자아이다. 배경 자아는 흔히 관찰 자아(Observing Self), 증인 자아(Witnessing Self), 또는 맥락 자아(Contextual Self)라는 용어로도 불리며, 자신의 감정, 생각, 기억을 한 걸음 떨어져서 '지켜보는' 자아를 가리킨다. 이는 주로 정신·심리치료 및 명상 이론에서 발전된 개념이다. 대표적인 이론가 중 하나인 스티븐 헤이스(Steven C. Hayes)는 수용전념치료(Acceptance and Commitment Therapy, ACT) 이론을 통해 이 개념을 구체화했다. 그는 자아를 고정된 정체성이나 내용(Content)이 아닌, 경험이 일어나는 맥락(Context)으로 설명하며, 관찰 자아는 그 맥락을 구성하는 자각의 중심이라고 주장하였다. 즉 인간은 자신의 감정이나 생각을 자신이라고 동일시하지 않고, 그것을 인식하는 자리에서 자유와 선택을 발견할 수 있다는 것이다. 이러한 관점은 명상 전통에서 강조하는 '알아차림'의 자리와도 깊이 맞닿아 있다.

존 카밧진도 이러한 "지켜보는 자아"의 중요성을 강조하였다. 그는 마음챙김 명상에서 현재의 경험을 있는 그대로 인식하고 받아들이는 '자각'의 능력을 배양하는 것을 중심 목표로 삼았으며, 이때 등장하는 주체가 바로 배경 자아이다. 이 자아는 판단하지 않고, 비교하지 않으며, 단지 모든 흐름을 있는 그대로 관찰한다. 이는 동양의 명상 전통 수행에서 말하는 '참나(眞我)' 또는 '아트만(Ātman)'의 개념과도 연결된다.

배경 자아에 대한 종교적 관점에 따른 차이

배경 자아는 흔들리는 감정이나 떠오르는 생각에 동조하거나 몰입하지 않고, 그것들을 있는 그대로 관찰하며 인식하는 기능을 수행한다. 이 개념은 다양한 전통에서 유사한 방식으로 나타나며, 힌두교, 불교, 기독교 영성의 자아 이해와 연결하여 고찰할 때 그 철학적 깊이가 더욱 뚜렷하게 드러난다.

먼저 힌두교의 자아 개념과 배경 자아의 유사성을 살펴볼 수 있다. 힌두교의 철학, 특히 우파니샤드 전통에서는 '진아(Atman)'라는 개념이 중심을 이룬다. 진아는 모든 변화를 초월하여 존재하는 참된 나로서, 일시적인 감각과 생각의 흐름에 휘둘리지 않는 영원불변하는 의식의 본질이다. 힌두교는 진아가 단지 개인적인 자아에 그치는 것이 아니라, 우주의 근원적 실재인 브라만(Brahman)과 동일한 본질을 지닌다고 본다. 즉, 인간의 깊은 내면에 존재하는 진아는 곧 브라만이며, 이를 "타트 트밤 아시(Tat Tvam Asi, 너는 곧 그것이다)"라는 선언을 통해 드러낸다. 이러한 관점에서 배경 자아는 진아와 밀접한 유사성을 지닌다. 즉, 변화하는 현상 세계를 관조하고, 고요하며, 변하지 않는 자각의 중심이라는 점에서, 배경 자아는 힌두교의 진아와 기능적·존재론적 유사성을 갖는다고 할 수 있다.

반면, 불교의 자아 이해는 이에 정면으로 반대된다. 불교의 핵심 교의 중 하나는 '무아(Anatman)'이다. 불교는 '진정한 자아'라는 실체가 존재하지 않으며, 인간 존재는 단지 오온(五蘊: 색, 수, 상, 행, 식)의 결합체일 뿐이라고 본다. 자아는 항구적인 실체가 아니라, 인연(因緣)에 따라 일시적으로 형성되고 변화하는 과정적 현상이며, 이 자아에 대한 집착(我執)은 고통의 원인으로 여겨진다. 불교에서 말하는 '공(空, Sunyata)'의 개념은 바로 이러한 무상성과 무실체성에 근거한다. 공이란 모든 존재가 고정된 본질 없이, 상호 의존적으로 형성된다는 것을 의미하며, 이는 우주 전체의 본성과 해탈의 열쇠로 작용한다. 이러한 맥락에서 '배경 자아'를 불교의 관점에서 해석할 경우, 그것은 '실체적 자아'라기보다는 일시적이고 조건적인 '의식의 기능'으로 이해된다. 다시 말해, 배경 자아는 단단한 본질로 존재하는 자아가 아니라, 끊임없이 변화하는 감각과 생각 속에서 '지금 여기'의 흐름을 지켜보는 공간적이고 열린 알아차림의 기능으로 간주될 수 있다. 불교의 수행 체계, 특히 위빠사나 명상에서는 이러한 '관찰하는 알아차림'이 해탈로 향하는 중요한 실천이며, 그 자리에는 어떤 실체도 없고, 다만 "비어 있음(空)"만이 남는다. 배경 자아가 어떤 고정된 중심이나 주체로 집착될 때, 그것조차 하나의 환상으로 여겨지고 버려져야 한다는 것이 불교의 입장이다.

기독교 영성 전통에서의 배경 자아는 또 다른 방식으로 해석된다. 기독교 명상, 특히 관상기도(contemplative prayer)와 가슴챙김 전통에서는 배경 자아를 단순히 비어 있는 공간이 아니라, 하나님의 임재가 머무는 내면의 성소(Inner Sanctuary)로 본다. 이 자리는 자아의 통제를 넘어선 침묵과 쉼의 자리이며, 성령이 거하시는 '영의 자리'이다. 인간의 모든 감정과 생각, 욕망과 기억을 내려놓고 고요히 머무는 그 자리에, 하나님의 사랑과 말씀이 임하며, 그 자리를 통해 인간은 하나님과 교제하게 된다. 이러한 관점에서 배경 자아는 무(無)가 아니라, 오히려 성령의 내주하심을 경험하는 중심의 자리이며, 하나님의 사랑과 존재가 충만하게 드러나는 통로이다. 불교에서 '공'은 실체에 대한 부정이며, 모든 집착으로부터의 해방을 의미하지만, 기독교에서는 오히려 그 자리를 통해 하나님으로 채워지는 충만한 만남의 가능성이 열린다. 따라서 불교의 '공'과 기독교의 배경 자아는 겉으로 보기에는 유사한 구조로 보일지 모르지만, 그 철학적·존재론적 해석에 있어서는 명확한 차이가 있다. 불교의 배경 자아는 실체에 대한 모든 개념을 부정하여 해탈에 이르고자 하지만, 기독교의 배경 자아는 비워진 자리 안에 하나님이 찾아오시는 것을 받아들인다.

요약하자면, 배경 자아는 힌두교적으로는 '진아'로 이해될 수 있으며, 이는 영원하고 변하지 않는 참된 자아로 여겨진다. 불교적으로는 배경 자아는 실체가 없는 '공'의 기능적 표현으로 간주되며, 무집착과 무실체성의 깨달음으로 이어진다. 기독교적으로는 배경 자아는 단지 자아의 기능이 아니라, 하나님과 만나는 거룩한 공간이자, 내면의 성소로 이해된다. 이러한 관점은 배경 자아의 개념이 종교적 전통과 철학적 입장에 따라 다양하게 해석될 수 있음을 보여주며, 인간 존재에 대한 보다 깊은 성찰로 나아가는 길을 열어준다.

영성챙김으로 해석하는 자아

경험 자아, 기억 자아, 배경 자아를 기독교적 세계관으로도 해석해 영성챙김으로서 이해해 볼 수 있다. 경험 자아란 현재 이 순간의 감각과 감정을 직접적으로 체험하고 있는 자아로 지금 느끼고 있는 기쁨, 고통, 분노, 평안, 긴장감 등은 모두 경험 자아의 범주이다. 경험 자아는 시간의 흐름 가운데 존재하는 '현재의 나'이며, 주로 감각적·정서적 반응을 중심으로 작동한다. 기독교적 영성챙김의 관점에서는 경험 자아를 하나님이 창조하신 몸과 감각의 차원, 곧 육체와 감정, 일상의 경험 안에서 하나님과 동행하는 자아로 이해할 수 있다. 하나님은 우리가 지금 겪고 있는 모든 일들 가운데 계시며, 순간순간의 감각적 삶을 무시하거나 억압하지 않으시고 오히려 그 안에서 함께하신다. 성경에서 "내일 일을 걱정하지 말라"(마 6:34)는 예수님의 가르침은 바로 이 현재의 경험 자아에게 향하는 메시지이며, "이는 여호와께서 정하신 날이니, 이날에 우리가 즐거워하고 기뻐하리로다"(시 118:24)는 말씀 또한 지금 이 순간의 감각적 삶 안에서 하나님을 경험하고 예배하라는 부름으로 이해할 수 있다. 또한 "너희 몸은 성령의 전인 줄을 알지 못하느냐"(고전 6:19)는 말씀은 단지 정신적 차원이 아닌 육체적 존재로서의 자아를 하나님의 거처로 인정하라는 선언이라고 할 수 있다.

기억 자아는 과거의 경험을 해석하고 내러티브를 구성하여, '나는 누구인가'라는 정체성을 만들어가는 자아이다. 우리가 살아오며 겪은 다양한 사건들, 특히 상처, 죄책감, 용서, 회개, 회복 등의 기억들이 축적되어 자아의 핵심 스토리를 형성하며, 이는 스스로에 대한 평가와 인간관계의 양상에도 영향을 미친다. 기독교적 영성챙김으로 이해하는 기억 자아는 인간의 혼(soul)의 차원에 해당하며, 이 혼은 단지 정신 기능의 총합이 아니라 하나님과의 관계를 기억하고 해석하는 영적 서사의 중심이다. 성경은 반복적으로 "기억하라" 또는 "잊지 말라"는 명령을 통해 인간이 하나님의 은혜와 구속의 역사를 스스로의 자아 구조 안에 깊이 새기기를 요청한다. "내 영혼아 여호와를 송축하며 그의 모든 은택을 잊지 말지어다"(시 103:2)는 말씀은 기억 자아에게 향한 외침이다. 또한 "누구든지 그리스도 안에 있으면 새로운 피조물이라. 이전 것은 지나갔으니 보라 새 것이 되었도다"(고후 5:17)는 말씀은 과거의 상처나 죄로 물든 기억 자아가 그리스도 안에서 새롭게 재구성될 수 있음을 보여준다. 기억 자아는 죄의식과 자기 비하로 머물 수도 있지만, 하나님의 말씀과 은혜 안에서 새로이 해석될 때, 오히려 회복과 소명의 자아로 변모될 수 있다.

배경 자아는 생각이나 감정, 또는 자신이라는 인식을 한 발짝 떨어져서 지켜보는 자아, 일종의 관찰자적 자아를 의미한다. 이 자아는 판단하거나 개입하지 않으며, 모든 경험을 알아차리고 목격하는 조용하고 고요한 중심이다. 현대 심리치료의 수용전념치료나 명상 전통에서는 이 자아를 '변하지 않는 자각의 자리'로 설명하며, 인간 존재의 가장 근원적인 층위로 간주한다. 기독교적 영성챙김으로 이해하는 배경 자아는 영(spirit)에 해당하는 자아이며, 성령이 내주하시는 자리, 곧 내면 성소로 해석될 수 있다. 이는 인간의 감정이나 기억을 넘어서 있는 깊은 자리이며, 그곳에서 하나님은 조용히 말씀하시고 우리와 만난다. 성경은 "가만히 있어 내가 하나님 됨을 알지어다"(시 46:10)라고 말하며, 고요한 내면에서 하나님을 인식하는 자리로의 초대를 건넨다. "이제 내가 사는 것은 내가 아니요, 오직 내 안에 그리스도께서 사시는 것이라"(갈 2:20)는 바울의 고백은 배경 자아의 신학적 표현이라 볼 수 있다. 그 자리는 더 이상 '내가 주인이 되는 삶'이 아니라, 그리스도가 나를 통해 살아가는 삶으로 열려 있는 자리이다. "너희 안에 계신 그리스도시니 곧 영광의 소망이니라"(골 1:27)는 말씀 또한 배경 자아 안에 계신 하나님을 드러내는 구절이다.

이처럼 경험 자아, 기억 자아, 배경 자아는 단지 심리적 기능의 차이를 넘어서, 몸 – 혼 – 영, 또는 일상 – 서사 – 영성이라는 인간 존재의 다차원적 구조를 반영한다. 그리고 이 자아 구조의 각 층위마다 하나님은 고유한 방식으로 임재하신다. 하나님은 우리의 현재를 아시고, 과거를 회복하시며, 내면 깊은 자리에서 우리를 지켜보신다. 영성챙김 훈련은 이 세 자아가 하나님 안에서 통합되고 회복되는 여정이기도 하다.

마음챙김을 넘어 영성챙김으로

　　　　　　　이 책에서는 인간의 자아를, 특히 배경 자아를 단지 존재론적으로 '있는가, 없는가'의 문제로 접근하기보다, 그 자리를 통해 '무엇이 일어나는가', 또는 그 자리에서 '누구를 만나는가'라는 관점에서 바라보고자 한다. 곧, 배경 자아는 인간의 의식이 가장 깊은 침묵과 고요로 들어갈 때, 자기 자신을 넘어서는 어떤 '타자'의 임재를 느끼는 공간이 된다. 이 공간은 더 이상 개인의 정체성만이 머무는 자리가 아니라, 하나님의 임재, 하나님의 숨결(Spirit), 하나님의 사랑이 체험되는 '영의 자리'로 열린다.

　이러한 배경 자아의 기독교적 해석은, 중세의 기독교 신비주의와 동방 정교회의 관상적 전통, 현대의 침묵기도와 렉시오 디비나 등의 영성 훈련에서도 찾아볼 수 있다. 그 전통들에 따르면 인간은 그 내면의 깊은 자리로 들어가 하나님과 교제할 수 있다. 이때 인간은 자신의 감정이나 사고를 초월하여, 하나님의 빛과 사랑을 비판단적이고 전인격적으로 받아들이는 상태로 들어간다. 이 상태는 단순한 자기 조절이나 자각이 아니라, 영으로 충만한 존재 방식, 곧 '영의 충만(SPIRIT-fulness)'이다.

이 책에서는 이러한 상태를 명확히 규정하고자 '영성챙김'이라는 용어를 제안한 것이다. 이는 기존의 '마음챙김'이 현재 순간에 대한 자각과 수용에 초점을 둔 것이라면, 영성챙김은 하나님과의 내면적 교제를 통해 존재 전체가 성령으로 충만해지는 상태를 지향한다.

이러한 기독교적 영성챙김은 다음과 같은 특징을 지닌다.

첫째, 영성챙김은 하나님의 임재를 알아차리는 내면의 자리이다. 단지 생각이나 감정을 관조하는 것이 아니라, 그 모든 것을 내려놓고 하나님께 마음을 여는 공간이다. 이 자리는 인간의 자아가 작아지고, 하나님의 영이 깃드는 거룩한 침묵의 자리이다.

둘째, 영성챙김은 하나님의 사랑과 은혜를 체험하는 방식이다. 불교의 '공'이 '모든 실체를 비워내는 것'이라면, 영성챙김은 자아의 비움(Breaking Open)을 통해 하나님으로 채워지는 것이다. 따라서 영성챙김은 공이 아니라, 하나님의 임재로 충만한 텅 빔이며, 존재의 영적 중심이 하나님의 숨결로 채워지는 상태이다.

셋째, 영성챙김은 내면의 성소에서 출발하여 사랑과 실천으로 흘러나오는 영성의 방식이다. 그 상태는 단지 내면의 평안에 머물지 않고, 이웃을 향한 연민과 사랑, 세상을 향한 섬김과 책임으로 나아간다. 영성챙김은 하나님의 영으로 충만해진 존재가 세상 속에서 하나님 나라의 삶을 실현해가는 실천적 영성을 의미한다.

결론적으로, 이 책에서 말하는 영성챙김은 배경 자아의 자리에서 하나님을 만나는 체험, 즉 존재의 가장 깊은 곳에서 하나님의 임재와 사랑을 받아들이는 영적 충만 상태이다. 배경 자아는 더 이상 자아의 구조적 요소에 머물지 않고, 하나님이 말씀하시고 머무시는 '성령의 내적 성소'가 되며, 그 안에서 인간은 참된 정체성과 존재의 의미를 발견하게 된다. 이 영성챙김이 기독교 명상이 지향해야 할 중심이며, 오늘날의 정신건강 증진과 영성 훈련 분야에 새로운 패러다임을 제시할 수 있는 핵심 개념으로 기능할 수 있을 것이다. 영성챙김의 실제 내용은 기독교 역사에서 지속되어 온 오래된 전통에 근거한 것이며 새롭게 만들어진 개념이 아닐지라도 복잡한 유사 언어 대신 새 용어를 사용함으로써 언어적 혼탁으로 인한 오해를 피하고 모든 기독교인이 지향하는 기독교 명상의 정수에 이를 수 있을 것을 기대한다.

빛 되신
하나님과 함께

영성챙김의 실제

13가지 영성챙김 활용법

21세기 들어 인간의 내면을 향한 관심은 더욱 깊어지고 있으며, 특히 정신건강과 영성의 접점을 찾으려는 시도가 활발하게 이루어지고 있다. '영성챙김'은 이러한 시대적 흐름 속에서 기독교 전통의 영성과 현대 심리학의 통찰, 그리고 마음챙김 명상의 실천적 방법론이 융합되어 탄생한 새로운 영성실천의 체계이다. 이 개념은 종교적 실천을 넘어서, 신앙과 정신건강, 인간의 내면 성장과 공동체 회복을 연결하는 통합적 접근이다.

영성챙김은 그 뿌리를 예수 그리스도의 삶과 기도, 그리고 초대 교회의 관상적 전통에서 찾을 수 있다. 십자가의 성 요한, 아빌라의 성녀 테레사, 로렌스 형제, 동방정교회의 예수기도, 이냐시오의 영신수련, 렉시오 디비나와 센터링 프레이어등 기독교의 풍성한 영성 전통은 모두 하나님 앞에 '잠잠히 머무는 존재적 기도'라는 공통된 지향점을 갖고 있다. 영성챙김은 이러한 전통을 현대의 심리학적 언어와 훈련 방식으로 재해석하여 기독교인이 일상에서 실천할 수 있는 '하나님 중심의 깨어 있음'으로 구체화한다.

기독교적 영성 훈련의 첫걸음

이 책에서 제안하는 영성챙김은 다음의 주요 요소를 바탕으로 한다. 첫째는 '임재 의식'으로 하나님이 지금 이 자리에 함께 계심을 자각하는 실존적 깨어 있음이다. 둘째는 '수용과 비판단'으로 자신의 내면 상태와 타인의 존재를 판단 없이 있는 그대로 받아들이는 태도이다. 셋째는 '호흡과 몸의 통합'으로 하나님의 숨결로서의 생명을 인식하고 그분의 영이 우리 안에 머무르심을 느끼는 몸-영-혼의 통합이다. 넷째는 기도적 집중으로 말씀과 기도 속에서 하나님의 뜻을 경청하는 영적 주의집중이다. 다섯째는 자비와 연민으로 자신과 이웃을 향한 긍휼의 시선과 그리스도의 사랑으로 세상을 품는 마음이다.

영성챙김은 명상이란 용어에 이질감을 느끼는 개신교 신자들도 편안하게 시작할 수 있는 방식으로 구성되었으며, 현대 정신건강의학과 심리학의 치료 기법으로 검증된 자각 훈련과 정서 조절 기법을 기독교의 영성 안에 융합시키고자 하였다. 이러한 실천은 영성의 주관적 체험을 강화할 뿐 아니라, 불안과 우울, 울분, 중독, 상실 등의 정신적 고통을 신앙과 함께 다루는 하나의 치료적 자원이 될 수 있을 것으로 기대된다.

하나님 안에 깨어 있음

향후 영성챙김은 다음과 같은 방향으로 확장되기를 기대한다. 첫째는 '영성 기반 정신치료의 실천화'로 정신건강 전문가와 신앙인이 함께 협력하여 임상에 적용 가능한 훈련 프로그램 개발하는 것이다. 둘째는 '예배와 일상의 통합'으로 교회와 개인의 삶 속에 영성챙김을 자연스럽게 녹여내는 목회적 응용이다. 셋째는 '디지털 시대의 영성 훈련'으로 온라인 명상 콘텐츠와 공동체 기반의 영성챙김 플랫폼을 구축하는 것이다. 넷째는 '다세대 영성훈련 체계 개발'로 아동부터 노인까지 생애주기에 맞는 훈련 모듈을 개발하는 것이다. 결국 영성챙김은 '하나님 안에 깨어 있음'이라는 고대의 영적 전통을 현대적으로 다시 살리는 시도이며, 분열된 시대에 하나님과 자신과 이웃과의 거룩한 연결성을 회복하려는 영적 치유의 여정이 될 것이다. '영성챙김'은 고전적인 기독교 신비주의 전통에서 정립되어 온 다양한 영적 실천들을 현대적 감수성과 맥락 속에서 재구성한 실천적 영성 체계이다. 이는 렉시오 디비나, 예수기도, 내적 침묵과 자기 비움, 관상기도, 하나님의 임재 연습, 진정한 자아 발견과 침묵의 영성 등 기독 신비주의 전통에서 확립된 사상과 훈련법을 바탕으로 하되, 이를 오늘날 바쁜 일상 속에서도 접근 가능하고 지속 가능한 방식으로 전달하고자 하는 것을 목적으로 한다.

특히 영성챙김은 현대 세속적 명상 기술, 마음챙김, 마음챙김 기반 스트레스 감소법, 집중 명상, 자비 명상 등에서 발전된 다양한 명상 기법과 신경심리학적 연구 결과를 적절히 응용하여, 기독교 신앙과 세계관을 유지한 채 명상 상태를 보다 안정적으로 유지하고 심화할 수 있는 방법을 체계적으로 제시한다. 예를 들어, 명상 상태 유지를 위한 호흡 인식법, 소리 명상법, 신체 감각 집중법, 반복 기도, 그리고 현재 순간에 깨어 있도록 돕는 성경 묵상과 침묵기도의 결합 등을 영성챙김 훈련법으로 정리하였다. 전통적 기독교 명상법들이 수도원이나 특정한 종교적 공간에서 수행되는 폐쇄적이고 형태였다면, 영성챙김은 일상의 모든 순간이 하나님과의 만남의 자리가 될 수 있다는 신학적 확신을 바탕으로, 출근길, 식사 시간, 업무 중, 대화 중에도 실천 가능한 '지속적 하나님 의식(Persistent God-Awareness)'을 훈련하고자 한다. 이처럼 영성챙김은 고전과 현대, 종교성과 실용성, 관상과 실행 사이의 조화를 추구하며, 오늘날의 그리스도인들이 바쁜 일상 속에서도 하나님의 친밀함을 회복하고, 자기 내면의 중심을 유지하며 살아갈 수 있도록 돕는 통합적 영성 실천 방법으로 자리를 잡을 수 있을 것으로 기대한다.

유도문 활용법

이 책에는 수많은 영성챙김 방식 중에서 우선 13개의 다양한 형식의 영성챙김 유도문을 수록하였다. 하나님 앞에 잠잠히 머물기, 성령의 체화, 그리스도 마음챙김, 내면 성소로의 여행, 생명의 호흡, 예수기도, 온전한 용서, 주기도문 움직임 명상, 걷기 명상, 소리 명상, 빛 명상, 긍휼명상, 긍휼의 사람으로 살아가기 등 모두 하나님 앞에 깨어 있는 삶을 훈련하기 위하여 활용할 수 있는 실제적 도구로 구성된 것이다. 물론 이 13가지가 절대적인 것은 아니며 이외에도 얼마든지 변주는 가능하다. 그러나 이것을 기본으로 익힌 이후에 그 방법의 원리를 따라 개인적으로 변형하여 사용하는 것이 좋을 것이다. 영성챙김을 어떤 방식으로 실천하느냐에 따라 그 효과와 깊이는 달라질 수 있으므로, 각자의 환경과 성향에 따라 융통성 있게 활용하는 것이 중요하다. 그렇지만 기본적인 실행 방법은 다음과 같다.

실천 순서

처음에는 가급적 1부터 13까지의 순서대로 해보는 것이 좋다. 이 구조가 하나님 앞에 잠잠히 머무는 훈련, 마음챙김의 자세 획득, 자신의 자아와 그 안에 원래부터 계셨던 하나님을 알기, 전통적인 예수기도, 체화를 위한 명상 등을 거쳐 사랑과 긍휼을 체험하고 나누는 순서로 되어 있어서 일반적으로 익히고 활용하기 좋다. 각자의 템포에 따라 조금 편차가 있지만 짧으면 2-30분 정도에 할 수 있는 것도 있고, 길면 1시간까지도 걸릴 수 있으므로 오늘은 1번을, 내일은 2번, 다음 날에는 3번을 하는 식으로 진행 하고 그 이후에는 또 반복하는 것을 추천한다. 물론 특별히 하고 싶은 부분이 있으면 그 부분부터 진행해도 무방하다.

각 유도문에 잠시 머무는 시간으로 5초, 1분, 2분 이런 식으로 기술한 것은 반드시 그 시간을 지켜야 하는 의미는 아니다. 다만 그 기준 시간 정도의 멈춤과 고요함이 있을 때 훨씬 체화하기 쉽다. 시간이 충분히 있다면 그런 시간을 더 늘려서 하여도 좋고 시간이 없을 때는 조금 단축하는 것도 무방하다.

실천 시간

영성챙김은 특정 시간에 제한되는 것이 아니라 일상 속 아무 때나 실천할 수 있다. 궁극적으로는 일상의 모든 시간에 실천할 수 있는 것이 가장 이상적이다. 하지만 처음 시작할 때는 다음과 같은 시간대를 정해두면 좋다.

- 아침 기상 직후: 하루를 시작하며 눈을 뜬 직후 첫 시간을 하나님 앞

에 마음을 여는 시간으로 활용하는 것이 좋다.
- 일과 시작: 사무직이라면 컴퓨터를 켜기 직전, 신체 활동을 하는 직업이라면 첫 일에 들어가기 직전, 학생이라면 첫 수업을 하기 전에 실행하면 좋다.
- 하루 중간: 점심 식사 후, 일과 사이, 회의나 활동 전후에 짧은 멈춤 시간을 활용할 수도 있다.
- 저녁 시간 혹은 잠들기 전: 하루를 돌아보며 감사와 회개의 마음으로 마무리하는 시간에 활용한다.
- 서적 불균형이 느껴질 때: 불안, 우울, 분노 등의 감정이 올라올 때와 정서적으로 혼란이 있을 때도 중심을 회복하기 위하여 시행할 수는 있지만 처음부터 이렇게 강한 감정이 있을 때 시행하면 제대로 영성챙김에 집중하기 어렵다. 따라서 영성챙김을 상당 기간 시행한 후에 가벼운 정서적 곤란이 있을 때 시행해 보는 것이 좋다. 이런 훈련이 익숙해지면 상당히 힘든 상태에서도 영성챙김을 유지할 수 있다. 가장 중요한 것은 가능한 한 매일 일부라도 영성챙김을 하도록 하는 것이다. 하루도 빠지지 않고 할 수 있게 되는 것이 일상화의 시작이다.

실천 자세 및 장소

대부분의 영성챙김은 앉아서 할 수 있도록 구성했다. 그러나 이완된 자세로 누워서도 진행할 수 있다. 유도문 자체가 앉은 자세를 기본으로 하지만 앉는 자세를 언급한 부분을 제외하면 편안하게 등을 바닥에 대고 하늘을 보고 누운 앙와위 자세(仰臥位, Supine Position)에서도 충분히 진행할 수 있다. 그래서 잠들기 전이나 잠에서 깨어난 직후에도 할 수 있다. 단, 잠들기 전에 하면 진행 중에 잠 들어버릴 수도 있다. 바쁘게 살아가며 수면이 부족한 현대인들에게 특별히 이상한 것은 아니다. 자는 것도 아니고 명상하는 것도 아닌 혼침(昏沈)하는 상태가 지속되는 것은 바람직하지 않으나 잠이 들어버린 것은 자연스러운 현상으로 오히려 잘 이완되는 것으로 볼 수도 있다. 그러나 여러번 반복해도 계속 잠이 든다면 당분간은 앉아서 할 것을 권장한다. 이후 수면에 빠지지 않을 정도로 익숙해진다면 누워서도 시도해 볼 수 있다. 움직임 명상과 걷기 명상은 일어서서 진행을 하지만 장소가 협소할 때는 크게 이동하지 않고 거의 제자리에서 할 수 있다. 걷기 명상도 떼어놓는 걸음의 폭을 아주 줄인다면 2-3미터 내의 공간에서도 충분히 할 수 있다.

개인 명상과 집단 명상

영성챙김은 대부분 혼자하는 경우가 많겠지만 여럿이 함께 모여 특정한 모임 때 실천할 수도 있다. 개인 명상의 경우, 유도문을 소리 내어 읽거나, 자신의 목소리로 녹음한 후 들으면서 하는 것이 좋다. 이렇게 반복하다 보면 굳이 유도문 없이도 얼마든지 할 수 있고, 나만의 방식으로 변용하여 활용할 수도 있다. 영성챙김이 익숙해지면 굳이 밖으로 소리를 내지 않고 상상하면서 진행할 수 있다.

집단 명상의 경우, 가족, 소그룹, 영성 훈련 모임, 치료 공동체 등 두 사람 이상이 모일 때 활용 가능하다. 한 사람이 유도문을 낭독하고 나머지 참여자가 따라가면 된다. 매번 당번을 정해 낭독자를 바꾸는 식으로 한다면 사람마다 미묘하게 다른 방식에 따라 새로운 경험을 할 수 있다.

초기에는 음성은 자신에게 가장 안정감을 주고 몰입을 도와주는 음성을 선택하는 것이 좋다. 각 유도문에 있는 QR 코드를 찍으면 음성을 들을 수 있다.

유도문 활용의 유연성

이 책에 수록된 영성챙김 유도문은 대략의 안내 역할이기에 고정된 형식이나 유일한 방법은 아니다. 개인의 언어와 상황에 따라 일부를 생략하거나 순서를 바꾸거나, 새로운 방식으로 재구성할 수도 있다. 그러나 당분간 익숙해지고 체화가 충분히 될 때까지는 유도문 그대로 충분히 반복해서 실천해 볼 것을 추천한다. 영성챙김 경험이 깊어질수록 언어는 줄어들고, 유도문을 따르지 않아도 쉽게 침묵과 알아차림만으로도 충분한 상태에 도달할 수 있다. 이는 영성챙김의 본질에 더 가까이 가는 과정이라고 할 수 있다.

배경음악

영성챙김 워크숍을 시행할 때는 다양한 배경음악이나 명상에 좋은 소리(물, 숲, 바람)등을 사용하기도 한다. 물론 음악없이도 충분히 가능하지만 배경음이 도움이 될 수도 있다. 이러한 음악은 픽사베이(https://pixabay.com/music/)에서 '명상 음악', '힐링 음악'등으로 검색하면 저작권 문제 없이 무료로 내려받을 수 있다. 국내에서도 한국저작권위원회 공유마

당(https://gongu.copyright.or.kr)에서 '명상 음악', '힐링 음악'등을 직접 검색 후 CC BY등 라이선스로 자유롭게 내려받아 활용이 가능하다. 또한 500Audio(https://ko.500audio.com)에서도 다양한 명상, 힐링, 기독교 배경음악을 무료로 내려받아 사용할 수 있다. 그러나 배경음악이 꼭 필수적인 것은 아니며 시행 초기에는 집중력을 높이는데 도움이 될 수 있지만 익숙해지면 배경음악 없이도 얼마든지 진행할 수 있다.

전반적 활용 팁

처음 영성챙김을 시도할 때는 어색함이나 부담감이 느껴질 수 있다. 그러나 그런 감정도 자연스럽고 의미 있는 출발점이 될 수 있다. 중요한 것은 잘하려는 것이 아니라, 정직하게 자신을 열고 하나님 앞에 잠시 멈추는 태도이다.

그런데 기도에 익숙한 사람들은 영성챙김의 구조로 시작했지만 평소의 기도 습관과 비슷한 형태로 흘러갈 수 있다. 본인이 평시에 하던 기도가 영성챙김과 유사하게 잠잠히 있어 하나님을 알아가는 것이라면 그렇게 연결되어도 큰 상관은 없지만 자신의 말과 생각 위주의 기도로 연결된다면 잠시 멈추고 차라리 유도문을 따라서 다시 반복하는 것이 영성챙김의 본질에 가까워질 수 있다. 다만 영성챙김을 시작하기 전에 성령 하나님을 지금 이 자리에 초대하는 기도를 하는 것이 바람직하다.

짧은 시간이라도 매일 반복할수록 그 실천은 삶의 습관이 되고, 하나님과의 관계는 더 깊어질 수 있다. 영성챙김이 신앙의 일상화와 통합에 실질적인 도움이 되도록, 이 안내를 참고하여 각자의 방식대로 실천을 이어간다면 틀림없이 침묵 속에서 그 자리에 원래 계시던 존재 자체로서의 하나님과의 시간을 누릴 수 있을 것이다.

공동체 영성

함석헌은 미국의 퀘이커 간행물인 『Friends Journal』에 기독교의 명상이 동양의 참선과 다른 점은 '공동체성'이라고 했다. 동양의 참선은 비록 열 사람이 한방에서 명상하더라도 나는 내 참선이고 저 사람은 저 사람의 참선이기에 모래알처럼 되지만, 기독교의 명상은 공동체가 함께 명상할 때 하나님이 그 무리 가운데 함께 임재하는 것을 경험하게 된다고 했다.

이는 함석헌의 '공동체 정신'에서 비롯된 것인데 『전집 15』에서 함석헌은 기독교의 공동체성에 대해 이렇게 말한다. "그래서 어리석고 교만하게도 세상이 다 없어져도 나 혼자만으로도 기독교는 있을 수 있다 했습니다. 못할 말이었습니다. 이제 전체를 떠난 개인이란 있을 수 없습니다."

마음챙김과 영성챙김의 가장 큰 차별점은 공동체 가운데 임하는 하나님의 임재라고 할 것이다. 영성챙김을 혼자 시행하는 것도 좋지만, 작고 큰 공동체가 함께하며 공동체 가운데 임재하시는 하나님을 모두 함께 경험하는 것은 특별한 은혜의 시간이 될 것으로 기대한다.

하나님 안에 머무는 삶의 습관

영성챙김은 본질적으로 어떤 '형식'을 따르는 것이 아니라, 하나님 앞에 존재를 열어두는 태도와 방향성을 의미한다. 따라서 유도문을 외우거나 반복하는 데에만 머무를 것이 아니라, 그 의미와 목적을 이해하고 자신의 삶 속에 스며들도록 하는 것이 중요하다.

영성챙김은 단지 정해진 시간에 앉아 수행하는 하나의 '영적 훈련'에 머무르지 않는다. 진정한 영성챙김은 하루의 모든 순간을 통해 하나님과 연결되는 삶을 지향한다. 밥을 먹는 순간, 길을 걷는 시간, 책을 읽는 중, 일터에서의 대화 속, 운전 중의 침묵, 사람을 대하는 작은 몸짓 안에도 하나님의 임재를 기억하고 그분 앞에 마음을 여는 것이 바로 일상화된 영성챙김의 모습이다. 이러한 삶은 "쉬지 말고 기도하라"(살전 5:17)는 성경의 권면을 일상 안에서 구체적으로 실현하는 방식이기도 하다.

이처럼 영성챙김은 단순한 명상 기술이나 정신 훈련이 아니라, 하나님 안에 머무는 삶의 습관, 즉 영적 존재 방식으로 나아가는 길이다. 정해진 틀을 따라 연습하되, 결국에는 그 틀을 넘어서, 매 순간을 하나님께 드리는 살아 있는 예배로 살아가야 한다. 그것이 바로 영성챙김의 궁극적인 목적이며, 이 책의 궁극적인 지향점이다.

특별한 주의 사항

영성챙김을 시행하는 것에 대하여 특별한 금기는 없다. 그렇지만 정신적 취약성이 심한 상태, 즉 정신장애가 심각하거나 트라우마 경험 등이 있는 사람들은 특별한 주의가 필요하다. 정신·심리 영역에서 기존의 세속적 마음챙김 개입을 받는 사람들 중에서도 드물기는 하지만 자살 행동의 악화, 위장관 증상, 두통, 다양한 신체 통증 등의 신체 증상의 악화, 의식의 해리, 심한 공포 체험, 트라우마의 재현 경험, 정신병적 혹은 망상 경험, 환시, 환청, 강한 스트레스 경험, 인지 기능 이상, 우울, 불안 등의 다양한 이상 현상을 보일 수도 있기 때문에 영성챙김도 이러한 현상이 일어날 가능성이 있다. 안정되고 평안한 환경에서 유도문을 통하여 단계적으로 진행한다면 대부분은 특별한 문제가 없을 것이지만 혹시 이런 현상이 나타난다면 정신건강 전문가와 상담을 하는 것이 좋을 것이며 지도자와 함께 진행하도록 하거나 현증이 심한 경우에는 시행을 유보하는 것을 권장한다.

하나님 앞에 잠잠히 머물기

우리를 하나님의 영으로 만드시고 생명을 주셔서 살게 해주시는 하나님은 우리의 탄생과 동시에 우리와 함께 계셔왔습니다.
태초부터 그 자리에 계십니다.
그러나 우리는 세상과 밖에 일에 번잡하여 함께 계신 하나님을 '알아차리지' 못합니다.
이제 영성챙김의 과정을 통하여 함께 계신 하나님을 '알아차리고' 그 하나님과 항상 함께 살아가는 과정을 시작해 보겠습니다.

준비

이제, 조용히 자리에 앉습니다.
양쪽 엉덩이 속의 좌골에 균등하게 체중이 의자에 실리고 있는지 살펴봅니다.
양발이 땅을 잘 디디고 있는지 살펴봅니다.
가능하신 분들은 등받이에서 등을 떼어서 바르게 앉으면 좋습니다.

그렇지만 가슴을 위로 들어서 세우려고 하지 말고
그냥 엉덩이, 골반, 척추가 차곡차곡 쌓여 올라가면서
세워지는 이미지로 힘을 주지 않고 편안하게 앉습니다.
몸의 무게가 엉덩이와 발을 통해서 땅 아래로 충분히 가라앉습니다.
다만 머리는 하늘 위로 두둥실 가볍게 떠 있습니다.
어깨에 힘을 주어서 귀쪽 방향으로 들었다가 힘을 풀고 툭 내립니다.
어깨와 귀 사이의 거리가 멀어지는 느낌입니다.
팔은 충분히 이완되고 땅으로 축 처지는 느낌입니다.
이제 눈을 가볍게 감고, 분주했던 마음을 가만히 가라앉힙니다.
오늘 이 시간, 지금 이 자리에 하나님의 임재를 기다리며
우리 마음을 하나님께로만 향해보고자 합니다.
지금 나에게 말씀하시고 계시는 주님의 음성을 들을 수 있도록
온 마음을 하나님께 드려봅니다.
[침묵 10초]

호흡과 고요함

먼저, 깊게 숨을 들이쉬어 봅니다.
그리고 천천히 내쉽니다.
들어오는 숨보다 나가는 숨을 좀 길게 하면 좋습니다.
코로 숨을 들이쉬고 입으로 내쉬는 것도 한 방법입니다.
코로 3초 정도 들이쉬고, 4초 정도 내쉽니다.
이번에는 내쉬는 숨을 조금 더 길게 해서

들이쉬는 것은 3초, 내쉬는 것은 6초 정도로 해봅니다.

이렇게 몇 번의 호흡을 하면서 편안하게 이완해 봅니다.

숨을 내쉬면서 가지고 있던 긴장도 내보내 봅니다.

들숨~ 날숨~ 들숨~ 날숨~

이제는 자신의 자연스러운 평상시 호흡으로 숨을 쉽니다.

들숨~ 날숨~ 들숨~ 날숨~

억지로 숨을 조절하려고 하지 말고

그냥 숨이 들어오고 나가는 것만 바라봅니다.

들어오고 나가고

들어오는 숨이 짧은지 나가는 숨이 짧은지 그냥 지켜봅니다.

어떤 숨은 좀 길기도 하고 어떤 숨은 짧기도 합니다.

숨을 조절하려고 하지 말고 그냥 지켜보고

아, 짧구나, 이제는 좀 길구나 하면서 알아차리기만 합니다.

숨을 관찰합니다.

내가 호흡하려고 하지 않습니다.

그냥 호흡하는 것을 알아차립니다.

숨은 내가 호흡하려고 해서 쉬어지는 것이 아닙니다.

그냥 놓아두면 숨이 쉬어집니다.

들숨~ 날숨~ 들숨~ 날숨~

이렇게 호흡을 할 수 있다는 것이 생명입니다.

이 생명은 하나님이 주신 것입니다.

들이쉴 때, 주님의 숨결이 나를 채웁니다.

이제 날숨은 신경쓰지 말고

들숨에 주님의 생명의 숨이 들어와서 나를 채우는 것을 느껴봅니다.

들숨에만 나의 주의를 주어봅니다.

자연스럽게 자신의 호흡을 하면서 들숨에 들어오는 생명을 느낍니다.

들숨~ 들숨~ 들숨~

이번에는 날숨에 내 근심과 걱정이 나가는 것을 느껴봅니다.

내쉴 때, 내 근심과 걱정이 주께 맡겨집니다.

이제 들숨은 신경쓰지 말고

날숨에만 나의 주의를 주어봅니다.

자연스럽게 자신의 호흡을 하면서

나의 날숨에 근심과 걱정이 나가는 것을 느낍니다.

날숨~ 날숨~ 날숨~

이제는 들숨과 날숨에 모두 주의를 두어봅니다.

숨이 들어오고 숨이 나갑니다.

채워지고 나갑니다.

들숨~ 날숨~ 들숨~ 날숨~

[침묵 10초]

이제 몸의 감각을 느껴봅니다.

엉덩이가 의자에 닿는 느낌,

발바닥이 땅에 닿는 느낌…

그런 느낌이 있는 것이 나의 의식이며 그것이 나의 생명입니다.

내가 느끼는 것 같지만 그렇게 느낄 수 있는 의식은
하나님이 주신 것입니다.
이 모든 순간 지금 바로 그 하나님이 함께 계십니다.
[침묵 15초]

말씀 묵상

하나님의 말씀을 마음에 품어 봅니다.

"하나님이여, 주는 나의 하나님이시라.
내가 간절히 주를 찾습니다." (시편 63편 1절)

이 말씀을 천천히 따라 해봅니다.
"하나님이여, 주는 나의 하나님이시라
내가 간절히 주를 찾습니다."
이 말씀이 마음에 어떤 울림을 주는지 살펴봅니다.
갈급함일 수도, 그리움일 수도 있습니다.
평안함일 수도 있습니다. 두려움일 수도 있습니다.
어떤 감정이든지 그 감정 그대로를 솔직하게 주님께 올려드립니다.
이런 감정이 들면 안 된다고 하는 것은 '내 판단'입니다.
나는 '판단하지 않고' 관찰하기만 합니다.
내가 그립구나, 편안하구나, 두렵구나… 그렇게 알아차리기만 합니다.
[침묵 30초]

내 마음의 진실한 고백

말로 밖으로 내어놓아야 기도가 되는 것은 아닙니다.

마음 깊은 곳에 있는 이야기,

그 자체가 기도입니다.

"주님, 내가 말하지 않아도 내 마음을 다 아시는 주님."

지친 마음, 외로운 마음…

안 좋은 생각, 음란한 생각, 차마 말할 수 없는 생각들까지…

이 시간, 이 모든 것을 그냥 하나님께 내려놓습니다.

[침묵 30초]

혹시 지금 떠오르는 어떤 사람이 있다면

사랑하는 사람이던, 미워하는 사람이던, 누구라도

그 사람을 그냥 주님 앞에 올려드리세요.

"주님, 이 사람을 기억해 주소서.

제가 할 수 없는 일을 주님이 해주소서."

[침묵 30초]

어떤 일이 떠오른다면 그것도 내가 어떻게 할 수 있는 것이 아닙니다.

그냥 주님께 내려놓습니다.

그 어떤 생각도, 감정도, 의지도, 동기까지도 그냥 그대로 놓아둡니다.

"주님 내가 붙잡고 놓지 못하고 있던 이 일,

주님께 내려놓습니다. 주님의 뜻대로 이루소서"

[침묵 30초]

주님 앞에 잠잠히 머물기

이제 아무 말도 하지 않아도 됩니다.

아무 생각도 하지 않아도 괜찮습니다.

어떤 생각이 떠올라도 괜찮습니다.

생각이 떠오르면 그 생각을 따라가지 말고 그냥 놓아두기만 합니다.

그냥 그런 생각이 떠올랐다는 것을 알아차리고 놓아둡니다.

생각이 많아지면 호흡으로 돌아와서 호흡을 알아차립니다.

들숨~ 날숨~

들어오고, 나가고

호흡을 조절하려고 하지 마시고,

들어오고 나가는 숨만 그대로 알아차립니다.

들숨~ 날숨~

하나님의 숨결이 저절로 나를 채웁니다.

모든 것을 따라가지 말고

다 그냥 둔 채로….

지금 주님이 나와 함께 계시다는 사실,

그분의 임재 안에

그저 머무는 것만으로도 충분합니다.

[침묵 60초]

"모든 육체가 여호와 앞에서 잠잠할 것은 여호와께서 그의 거룩한 처소에서 일어나심이라 하라 하더라 (스가랴 2:13)"

내가 무엇을 하지 않아도 됩니다.
그냥 잠잠히 하나님만 바랍니다.
나는 지금 하나님의 사랑 안에 있습니다.
그 어떤 노력 없이,
있는 모습 그대로
하나님의 자녀로
하나님은 나를 사랑하고 계십니다.
나를 보고 환하게 웃고 계십니다. 잘 왔다. 내 아들아, 내 딸아
나도 주님의 미소처럼 입꼬리를 올리고 웃으며 하나님을 만나면서
기쁨의 미소를 지어봅니다.
[침묵 60초]

하나님의 숨결과 함께
지금 이 순간의 호흡은
하나님의 숨결입니다.
들이쉴 때, 주님의 생명이 내 안에 들어옵니다.
내쉴 때, 모든 두려움과 염려가 주님께 맡겨집니다.
이 호흡의 리듬 속에서
하나님의 음성을 느껴보세요.

"내 사랑하는 자야, 내가 너와 함께하노라."

들숨~ 날숨~ 들숨~ 날숨~

[침묵 60초]

침묵의 기도 – 거룩한 고요

지금부터는 아무 말 없이

고요한 침묵 안에서

하나님과 함께 머뭅니다.

필요하면 이렇게 마음속으로 고백해 보세요.

"주님, 여기 제가 있습니다."

"말씀하소서 내가 듣겠습니다."

"당신이 계시니, 저는 괜찮습니다."

[침묵 4분 이상]

마무리 – 감사와 파송

이제 천천히 돌아올 시간입니다.

하나님의 임재 속에서 보낸 이 시간에 감사드립니다.

"주님, 오늘 이 침묵 속에서

당신의 사랑을 느꼈습니다.

이 평안 안에서

세상 가운데 다시 걸어가게 하소서."

이제 호흡에 집중합니다.

이 숨은 하나님과 함께하는 숨입니다.

들숨~ 날숨~ 들숨~ 날숨~

내가 애쓰지 않아도 하나님의 숨이 들어오고 나의 걱정이 나갑니다.

우리는 이제 하나님의 사랑 안에 살아갑니다.

오늘 하루를 주님과 함께 시작합니다.

가만히 있어 봅니다.

[침묵 30초 후 마침]

이제 서서히 몸도 움직여보고, 손가락 발가락도 움직이고….

준비되신 분들은 가볍게 손바닥으로

양 눈 두덩이를 살살 비벼봅니다.

가볍게 눈을 뜹니다.

지금 이 자리로 돌아옵니다.

○ 성령의 체화

도입

이제, 조용히 자리에 앉습니다.

몸을 바르게 세우고 의자에 엉덩이의 양측 좌골이

잘 닿았는지 살펴보면서 앉습니다.

바르게 앉는다고 가슴을 번쩍 들지는 않습니다.

엉덩이부터 허리와 척추와 목이 차곡차곡 쌓여가는 느낌으로 앉습니다.

머리만 가볍게 위로 올라가는 이미지를 가져봅니다.

귀와 어깨선이 나란히 있어서 머리가 앞으로 무너지지 않게 합니다.

어깨를 귀 방향으로 들었다가 아래로 툭 내리면서 어깨와 귀 사이가

멀어지게 합니다.

어깨가 땅 쪽으로 쑥 떨어지는 느낌으로 편하게 내립니다.

양발이 땅을 잘 디디고 있는지 살펴봅니다.

눈을 가볍게 감고, 분주했던 마음을 가라앉힙니다.

지금 이 자리에 다시 하나님의 임재를 바라봅니다.

지금 나를 부르시는 주님의 음성을 들을 수 있도록
온 마음을 그분께 드려봅니다.
[침묵 10초]

호흡과 고요함

먼저, 깊게 숨을 들이쉽니다.

그리고 천천히 내쉽니다.

들숨 3초, 날숨 6초

들어오고, 나가고

들숨~ 날숨~ 들숨~ 날숨~

코로 입으로 코로 입으로

이렇게 몇 번의 긴 호흡을 편안하게 하고 나서

이제는 자신의 평시 자연스러운 호흡으로 숨을 쉽니다.

들숨~ 날숨~ 들숨~ 날숨~

호흡을 조절하려고 하지 않습니다.

자연스럽게 호흡이 들어오고 나갑니다.

내가 애쓰지 않아도 호흡은 자동으로 됩니다.

자연스러운 호흡을 알아차리기만 합니다.

숨 쉬는 것은 하나님께서 하시는 일입니다.

내가 애써서 하는 것이 아닙니다.

하나님이 생명을 주셨기 때문입니다.

숨이 들어오며 하나님의 영이 나를 채우는 것을 알아차립니다.

성령 바디스캔

하나님의 영이 코를 통하여 들어와서 온몸으로 퍼져갑니다.

가능하신 분들은 들숨이 들어올 때

환한 빛 같은 이미지를 떠올리셔도 좋습니다.

들숨~ 날숨~ 들숨~ 날숨~

들어오는 하나님의 영이 내 눈을 맑게 합니다.

성령이 가득 찬 눈에 집중합니다.

눈알을 가볍게 움직여봅니다.

좌로, 우로, 왼쪽으로, 오른쪽으로,

위로, 아래로, 위로, 아래로,

이번에는 왼쪽 사선 위, 오른쪽 사선 아래를 봅니다.

왼쪽 사선 위, 오른쪽 아래

반대로 오른쪽 사선 위를 봅니다.

왼쪽 사선 아래, 오른쪽 사선 위, 왼쪽 사선 아래

이번에는 눈알을 시계방향으로 천천히 한 번 돌려봅니다.

한 번 더

이제 반대 방향으로 돌려봅니다.

한 바퀴, 또 한 바퀴

하나님의 영이 눈을 따라 돌고 있습니다.

이제는 내가 보는 것이 아니라 하나님의 영이 보는 것입니다.

그동안 봐왔던 내 눈으로 보지 않고 하나님의 눈으로 봅니다.

들숨~ 날숨~

호흡을 통해 들어온 하나님의 영이 이제 나의 뇌를 가득 채웁니다.

머리의 앞부분, 윗부분, 뒷부분

특히 우리가 판단하는 전두엽, 머리 앞부분을

하나님의 영이 가득 채웁니다.

들숨~ 날숨~

이제는 내가 판단하는 것이 아니라 성령님이 판단하십니다.

내 생각으로 가득 채우는 것이 아니라 하나님의 생각이 가득 찹니다.

하나님의 영이 귀로 갑니다. 들숨~ 날숨~

이제 하나님처럼 듣습니다.

그동안 듣지 못했던 다른 사람의 아픔을 듣습니다.

닫혀있던 귀가 열려, 듣지 못했던 소리를 듣습니다.

들숨~ 날숨~ 들숨~ 날숨~

하나님의 영이 뒷목을 지나 척추 등뼈로 갑니다.

하나님의 영이 천천히 왼팔을 채웁니다.

위팔, 팔꿈치, 아래팔을 지나

손으로 갑니다.

손등, 손바닥, 손가락 하나하나를 채웁니다.

엄지, 둘째, 가운데, 약지, 새끼손가락

그동안 내 일만 하느라고 바빴던 손이

하나님의 영으로 차서 이제는 하나님의 일을 하는 손으로 쓰입니다.

다시 왼손에서 팔을 타고 위로 올라갑니다.

아래팔, 팔꿈치, 위팔 어깨, 목뒤를 지나 오른팔로 내려갑니다.

위팔, 팔꿈치, 아래팔을 지나

손으로 갑니다.

손등, 손바닥, 손가락 하나하나를 채웁니다.

엄지, 둘째, 가운데, 약지, 새끼손가락

그동안 내 일을 하느라고 바빴던 손이 하나님의 영으로 차서

이제는 하나님의 일을 하는 손으로 쓰입니다.

다시 오른팔을 타고 올라옵니다.

아래팔, 팔꿈치, 위팔, 어깨와 목뒤를 지나 척추로 갑니다.

척추뼈 하나하나를 타고 내려갑니다.

목뼈, 등뼈, 허리뼈로 천천히 내려갑니다. 들숨~ 날숨~

내가 바르게 서 있는 것이 아니라 하나님의 영이 바르게 서 있습니다.

굽어지지 않고 척추 하나하나를 바르게 세워

하나님에 자녀답게 당당하게 서 있습니다.

세상이 나를 주눅 들게 할 때가 있지만

하나님의 영이 나를 반듯하게 세우십니다.

들숨~ 날숨~ 들숨~ 날숨~

허리를 지나

의자에 닿은 엉덩이를 느껴봅니다.

엉덩이 속의 뼈인 양쪽 좌골로 균등하게 체중을 받치고 있는지

알아차립니다.

하나님이 나를 무너지지 않게 받쳐주십니다.

하나님의 영이 왼쪽 엉덩이를 지나

왼쪽 허벅지, 무릎, 종아리를 지나 발로 갑니다.

왼발이 땅을 잘 디디고 있는지 확인합니다.

발바닥과 발가락 하나하나를 느껴봅니다.

그동안 내 마음대로 다녔던 발이

하나님께서 만드신 이 세상을 단단히 디디고 있습니다.

이제는 하나님의 일을 하러 다닙니다.

하나님의 영이 왼쪽 다리를 타고 올라옵니다.

왼쪽 종아리, 무릎, 허벅지, 왼쪽 엉덩이를 지나

오른쪽 엉덩이로 갑니다.

하나님의 영이 오른쪽 엉덩이를 지나

오른쪽 허벅지, 무릎, 종아리를 지나 발로 갑니다.

오른발이 땅을 잘 디디고 있는지 확인합니다.

발바닥과 발가락 하나하나를 느껴봅니다.

그동안 내 마음대로 다녔던 발이

하나님께서 만드신 이 세상을 단단히 디디고 있습니다.

이제는 하나님의 일을 하러 다닙니다.

하나님의 영이 오른 다리를 타고 올라옵니다.

오른쪽 종아리, 무릎, 허벅지, 오른쪽 엉덩이를 지나

나의 내장을 향해 갑니다.

성기, 방광을 지나

나의 내장 구석구석을 하나님의 영이 채웁니다.

대장, 소장, 간, 여러 장기들

혹시 아프거나 상한 곳이 있다면

하나님의 치료의 광선이 그곳을 비춥니다.

모든 아픔과 병적인 것이 나아집니다.

하나님이 주신 생명의 활력으로 채웁니다.

들숨~ 날숨~

위장, 횡격막

하나님의 영이 호흡을 통해 폐를 가득 채웁니다.

들숨~ 날숨~

하나님의 영이 나를 채우고

내가 만든 모든 것은 날숨과 함께 그냥 나갑니다.

숨이 들어오고, 나가고, 들어오고, 나가고

들어올 때마다 새 숨이 들어옵니다.

지금 이 숨은 한 번도 경험해 보지 못한 완전한 새 숨입니다.

매 순간 새 숨을 주십니다. 들숨~ 날숨~

새것이 들어오고 헌것이 나갑니다.

새 생명이 들어오고, 헌 숨이 나갑니다. 나의 모든 낡은 것이 나갑니다.

새 숨이 들어오고 낡은 것이 나갑니다.

이렇게 나는 새 사람이 됩니다.

들숨~ 날숨~

들숨에 하나님의 새 영이 들어오면서

혀로 향합니다.

그동안 내 마음대로 말했던 나의 혀가

이제는 하나님의 말씀을 전합니다.

혀를 부드럽게 움직여봅니다.

왼쪽으로 내밀어 뺨을 불룩하게 밀어봅니다.

이번에는 혀를 말아 올려서 윗니 앞에 대봅니다.

오른쪽으로 혀를 내밀어 오른뺨이 불룩 나오게 해봅니다.

아래로 혀를 말아서 아랫 이빨에 대봅니다.

이제는 혀를 위로 올려 왼쪽 위 어금니에 대어봅니다.

거기부터 시작해서 왼쪽 윗니부터

오른쪽 윗니로 서서히 혀를 옮겨봅니다.

이빨 하나하나를 혀끝으로 느껴봅니다.

어금니, 송곳니, 앞니,

오른쪽 앞 이빨, 송곳니, 어금니

천천히 오른쪽 뺨까지 이빨 하나하나를 지나서 서서히 옮겨가 봅니다.

이제는 혀를 아래로 돌려 오른쪽 아래 어금니에 대어봅니다.

거기부터 시작해서 오른쪽부터 왼쪽으로 옮겨가며

이빨 하나하나를 혀끝으로 느껴봅니다.

어금니, 옆 이빨, 앞니

왼쪽 앞니, 옆 이빨, 어금니

천천히 왼쪽 뺨까지 이빨 하나하나를 지나서 서서히 옮겨가 봅니다.

입안에서 혀를 시계방향으로 한 바퀴 돌려봅니다.

또 한 바퀴 돌려봅니다.

이제는 시계 반대 방향으로 혀를 돌려봅니다. 또 한 바퀴 돌려봅니다.

이제는 혀를 내가 쓰는 것이 아니라 하나님이 쓰십니다.

내가 말하는 것이 아니라 하나님의 영이 말씀하도록 둡니다.

하나님의 영으로 살기

이제 조용히 호흡으로 돌아옵니다.

들어오고, 나가고, 들어오고, 나가고

들숨에 하나님이 영이 찹니다.

이제는 내가 사는 것이 아니라 하나님의 영이 삽니다.

"내가 그리스도와 함께 십자가에 못 박혔나니 그런즉 이제는 내가 사는 것이 아니요 오직 내 안에 그리스도께서 사신 것이라 이제 내가 육체 가운데 사는 것은 나를 사랑하사 나를 위하여 자기 자신을 버리신 하나님의 아들을 믿는 믿음 안에서 사는 것이라" (갈라디아서 2:20)

들숨과 함께 하나님의 영이 차는 것을 봅니다.

들숨~ 들숨~

이제 날숨에 나의 죄된 것, 더러운 것이 다 나갑니다.

온몸 구석구석에 박혀있던 죄와 더러운 것이 다 뱉어집니다.

말씀을 봅니다.

"그러므로 누구든지 이런 것에서 자기를 깨끗하게 하면 귀히 쓰는 그릇이 되어 거룩하고 주인의 쓰심에 합당하며 모든 선한 일에 준비함이 되리라"

(디모데후서 2:21)

내가 어떤 그릇인지

내가 어디에 쓰일 그릇인지는 하나님이 정하십니다.

나는 그저 나를 깨끗하게만 하면 됩니다.

나는 설거지 하는 사람입니다.

쓰시는 것은 주님이 쓰십니다.

날숨에 죄가 나가고 설거지를 합니다.

들숨에 하나님의 영이 들어옵니다.

들숨~ 날숨~

호흡과 함께

하나님의 영으로 가득차고 있는 것을 알아차립니다.

들숨~ 날숨~

새로운 영이 들어오고 낡은 것, 죄된 것이 나갑니다.

새로운 영, 새로운 몸

나는 새로운 피조물입니다.

호흡은 나를 새롭게 씻는 과정입니다.

[3분 침묵]

마무리

이제 서서히 이 자리로 돌아옵니다.

준비되신 분들은

몸도 가볍게 움직이면서 이 자리로 돌아옵니다.

양손 손바닥을 가볍게 비벼서 눈두덩이에 대어 따뜻하게 합니다.

눈을 살짝 떠봅니다.

우리 모두 하나님의 영으로 가득 찬 새로운 몸으로 다시 만났습니다.

그리스도 마음챙김

도입

이제 모든 것을 멈추고,

주님의 임재 안으로 들어가는 그리스도 마음챙김 명상을 시작합니다.

지금 우리가 앉아 있는 이 자리가…

성소입니다.

하나님께서 지금 이 자리에 임재하십니다.

눈을 가볍게 감고…

자신의 호흡에 주의를 기울여 봅니다.

들숨~ 날숨~

깊게 숨을 들이쉽니다. 조금 더 길게 내쉽니다.

들숨~ 날숨~

3초 들이쉬고 6초 내쉽니다.

들숨~ 날숨~ 들숨~ 날숨~

조금 편안해지셨으면 자연스럽게 평상시 자신의 호흡을 합니다.

들숨~ 날숨~ 들숨~ 날숨~

호흡을 조절하려고 하지 않습니다.

그냥 숨이 들어오면 들어오는 대로 나가면 나가는 대로

알아차리기만 합니다.

들숨~ 날숨~

이제 마음으로 따라해 봅니다.

들이쉬며,

'주여… 오소서.'

들숨에만 집중합니다.

들숨에 '주여… 오소서.'

날숨은 마음 쓰지 않습니다.

그냥 들숨에만 집중합니다.

들숨에 '주여… 오소서.'

들숨~ 들숨~

'주여… 오소서.'

'주여… 오소서.'

이제는 내쉬며 마음속으로 말합니다.

내쉬며,

'주여… 다스리소서.'

날숨에만 집중합니다.

날숨에 "다스리소서"

들숨은 마음 쓰지 않습니다.

그냥 날숨에만 집중합니다.

날숨에 '다스리소서.'

날숨~ 날숨~

'다스리소서.'

'다스리소서.'

들숨~ 날숨~ 들숨~ 날숨~

오소서, 다스리소서.

오소서, 다스리소서.

[침묵 30초]

"하나님은 우리의 피난처시요 힘이시니, 환난 중에 만날 큰 도움이시라"
(시편 46:1)

판단하지 않음 – 긍휼의 시선으로 머물기

마음챙김은 판단하지 않는 것입니다.

지금 마음에 떠오르는 그 어떤 생각이나 감정이라도

좋다, 나쁘다 판단하지 않습니다.

'판단하지 말고', 있는 그대로

"내가 이렇게 판단하는구나!", 알아차리기만 하면 됩니다.

그동안 나도 모르게 내 위주로 판단하면서 살아왔습니다.

나와 다른 사람을, 끊임없이 판단하고, 정죄했습니다.

판단은 내가 하는 것이 아니라

하나님께서 하시는 것입니다.

모든 판단은 하나님이 하십니다.

더 이상 판단하지 않습니다.

"주님, 저도 당신처럼,

긍휼의 눈으로 나와 다른 사람을 바라보게 하소서…"

[침묵 1분]

"너희 아버지의 자비로우심 같이, 너희도 자비로운 자가 되라" (누가복음 6:36)

인내 – 주의 때를 기다리는 마음

마음챙김은 참고 기다리는 것입니다.

그동안 너무 바쁘고 급하게 살아왔습니다.

정신없이 달려오기만 했습니다.

급한 마음에 잘 참지 못하고, 견디지 못하였습니다.

마음이 급해질수록

하나님의 시간을 기다리라고 하십니다.

"주님, 나의 시간이 당신의 시간이 되게 하소서."

기다림은 낭비가 아닙니다.

기다림은 믿음입니다.

"주님, 내가 조급하지 않고,

하나님의 속도에 맞추어 숨 쉬게 하소서."

하나님의 영이 내 안에 들어와서 무엇이든지 참으며

기다릴 수 있도록 호흡합니다.

들숨~ 날숨~ 들숨~ 날숨~

모든 것을 기다리며 참아냅니다.

참고 기다립니다.

[침묵 2분]

"여호와를 앙망하는 자는 새 힘을 얻으리니" (이사야 40:31)

초심자의 마음 – 겸손한 어린아이처럼

마음챙김은 늘 새로 시작하는 것입니다.

우리는 매일 새롭게

주님을 알아가야 합니다.

아는 척하지 않고…

겸손히, 어린아이처럼, 처음 믿는 사람처럼

초보자의 마음으로 돌아갑니다.

하나님의 경륜 앞에서는 나의 식견은 아무것도 아닙니다.

내가 장로이든, 목사이든, 직분자이든

교회를 오래 다녔든 아니든 간에

지금 다시 시작해야 합니다.

하나님이 창조하신 모든 것을 새 눈으로

새로운 마음으로 봅니다.
"주님, 오늘도
당신을 새롭게 만나고 싶습니다.
내 안에 어린아이 같은 순전함을 회복하게 하소서.
새 마음으로 시작할 수 있게 하소서"
처음처럼 다시 시작합니다.
[침묵 2분]

"누구든지 어린아이와 같이 자기를 낮추는 사람이, 천국에서 큰 자니라"
(마태복음 18:4)

신뢰 - 주님께 내 삶을 맡기기
마음챙김은 믿고 맡기는 것입니다.
내 인생의 모든 순간 모든 경험이
하나님의 손에 달려 있습니다.
내가 모든 것을 통제하고 조절하려는 욕심을 내려놓고,
이제는 주님만을 믿습니다.
오직 하나님께서만 주관하십니다.
나는 하나님을 온전히 믿습니다.
나의 모든 삶을 주님께 맡깁니다.
"주님, 내가 이해하지 못해도,
나의 모든 것을 주관하시는 주님을 믿고 의지합니다."

주님만을 믿습니다.

[침묵 2분]

"너는 마음을 다하여 여호와를 신뢰하고, 네 명철을 의지하지 말라" (잠언 3:5)

애쓰지 않음 – 은혜에 안식하기

마음챙김은 애쓰지 않는 것입니다.

하나님은 내가 뭘 해내는 것보다

나의 존재 자체를 기뻐하십니다.

무언가를 이루지 않아도 괜찮습니다.

지금 이 순간,

애쓰지 않고…

있는 그대로 하나님이 퍼부어 주시는 은혜 안에 머무릅니다.

애쓰지 않고 하나님께서 일하시는 것을

그냥 보기만 합니다.

일하시는 자리에 머물면 됩니다.

내가 무엇을 하려고 애쓰지 않습니다.

나는 하나님께서 일하시는 것을 보라고 부름 받았습니다.

[침묵 2분]

"수고하고 무거운 짐 진 자들아 다 내게로 오라, 내가 너희를 쉬게 하리라"

(마태복음 11:28)

수용 – 있는 그대로의 자신을 드리기

마음챙김은 받아들이는 것입니다.

지금 드러내고 싶지 않은 약하고, 부끄럽고, 악한 것이 있습니다.

그렇지만 하나님께는 숨길 수 없습니다.

하나님은 이미 다 아시고 계십니다.

나로서는 인정하기 어려운 그 모든 것도 하나님은 아시고도

넉넉하게 받아주시고 허용하십니다.

나를 너무 사랑하시기 때문입니다.

하나님은 당신이 만드신 내가 너무 좋으셔서

지금 함박웃음을 지으시고

나를 사랑의 눈으로 바라보고 계십니다.

나도 입꼬리를 살짝 올리고 나를 사랑하시는 하나님께

웃음을 지어봅니다.

내가 만나는 다른 사람에게도

인정하기 어려운 것이 있을 수 있습니다.

하나님이 나를 받으신 것처럼

그 사람의 그 어떤 것도 있는 그대로 받아들여 봅니다.

"주님, 있는 모습 그대로

당신께 나아갑니다.

나의 모든 것을 그대로 주님 손에 드립니다.

쉽지 않지만, 나도 다른 사람의 모든 것도, 받아들일 수 있게 하소서"

그 어떤 사람도, 그 어떤 행동도 받아들입니다.

세상에는 내가 받아들일 수 없는 일이 일어납니다.

내가 어떻게 할 수 없는 일입니다.

그 모든 일을 받아들입니다.

그냥 있는 그대로 받아들입니다.

[침묵 2분]

"내 은혜가 네게 족하도다 이는 내 능력이 약한 데서 온전하여짐이라" (고린도후서 12:9)

놓아버림 – 주님의 뜻에 맡기기

마음챙김은 그냥 놓아버리는 것입니다.

지금 이 시간…

내가 붙들고 있는 것이 있다면 떠올려 보십시오.

통제하고, 조절하고 싶은 것

하고 싶은 것, 이루고 싶은 것

놓을 수 없다는 감정, 생각…

이제 주님께 맡깁니다.

어차피 내가 할 수 없습니다.

내 마음대로 할 수 있는 것은 아무것도 없습니다.

내 호흡도, 내 생명도, 나의 모든 것도…

내가 조절하는 것이 아닙니다.

그냥 놓아버립니다.

주님의 뜻대로 이루어질 것입니다.

"아버지, 내 뜻이 아니라,

아버지의 뜻대로 되기를 원하나이다."

그 어떤 것도 그냥 놓아버립니다.

[침묵 2분]

"너희 염려를 다 주께 맡기라. 이는 그가 너희를 돌보심이라"(베드로전서 5:7)

나의 하나님

오늘 마음챙김의 7가지 태도를 따라

주님 안에 머물게 하시니 감사합니다.

판단을 멈추고, 긍휼로…

조급함을 내려놓고, 인내로…

익숙함을 버리고, 처음 하는 마음으로

오직 하나님만 믿으며

내가 애쓰지 않고 은혜로만

있는 그대로 받아들이고

모든 것을 그냥 놓아둡니다.

내 모든 삶을

주님의 손에 온전히 맡기게 하소서.

마무리

이제 서서히 이 자리로 돌아옵니다.
몸도 움직여보고 눈도 살포시 뜹니다.
마음챙김의 자세가 체화된 우리입니다.

내면 성소로의 여정

경험자아 – 지금 여기에 머무르기

지금, 가장 편안한 자세로 앉아 봅니다.

어깨의 긴장을 툭 풀고 내립니다.

너무 가슴을 세우려고는 하지 않아도 됩니다.

양쪽 엉덩이가 의자에 균등하게 잘 닿아서

충분히 체중을 싣고 있다는 것을 느껴봅니다.

가능하신 분들은 등받이에 기대지 않고

엉덩이 속에 있는 좌골에 체중을 모두 싣습니다.

양쪽 발바닥이 균등하게 땅에 잘 닿아 있는지 봅니다.

엉덩이와 발을 통해서 나는 하나님이 만드신 이 지구에

내 몸을 충분히 잘 맡기고 안정되어 앉아 있습니다.

몸이 지금 여기에 있다는 것을 느껴봅니다.

눈을 가볍게 감습니다.

숨을 천천히 들이마시고⋯

천천히 내쉽니다.

한 번 더, 깊게 들이마시고…

내쉽니다.

3초 정도 들이쉬고, 내쉴 때는 길게 6초 정도 내쉽니다.

들이쉴 때는 코로 쉬고 내쉴 때는 입으로 쉬어도 좋습니다.

들숨~ 날숨~ 들숨~ 날숨~

이제는 평상시 자연스러운 자신의 호흡으로 돌아와서 숨을 쉽니다.

들숨~ 날숨~ 들숨~ 날숨~

숨을 조절하지 않습니다.

들숨, 날숨, 길면 긴 대로, 짧으면 짧은 대로 그냥 알아차립니다.

호흡을 알아차리면서 들숨~ 날숨~ 들숨~ 날숨~

마음속으로 옆 사람이 들리지 않을 정도로 조용히 따라 해봅니다.

"하나님, 저 여기에 있습니다"

"주님도 여기 계십니다"

다시 한번,

"하나님, 저 여기에 있습니다"

"주님도 여기 계십니다"

마음에 어떤 감정과 생각이 올라와도 괜찮습니다.

기쁨이든 슬픔이든 두려움이든

혼란이든 평안이든 그 어떤 감정이라도, 그 어떤 생각이라도

지금 이 순간, 그 감정과 생각이 있는 것뿐입니다.

그런 감정이, 생각이 있다는 것을 알아차리기만 하면 됩니다.

어차피 하나님은 이미 다 아십니다.

그러니 애써서 숨기려 하지 말고, 그냥 하나님께 다 내어놓습니다.

이런 감정이 있습니다. 이런 생각이 듭니다. 내가 이렇습니다.

지금 나는 이렇습니다.

지금의 내가 무엇을 경험하고 있는지,

그냥 있는 그대로 경험하면서 그 경험을 알아차리기만 합니다.

[침묵 1분]

기억자아 – 지나온 나의 이야기 바라보기

이제, 천천히

내가 살아왔던 지난 시간에 경험했던 어떤 장면을 떠올려 봅니다.

어린 시절의 어느 날도 좋고…

어제 일도, 며칠 전의 일도 좋고, 몇 년 전의 일도 좋습니다.

기억나는 사람

기억나는 장소

그 장면을 너무 자세히 보려고는 하지 않아도 괜찮습니다.

힘든 일이고, 기억하고 싶지 않은 일도 좋습니다.

행복하고 따뜻한 일도 좋습니다.

꼭 어떤 일을 떠올리려고 하지 말고

그냥 지금 일어나는 기억을 봅니다.

어떤 기억이든지 이미지이든지 그런 것이 올라온다는 것을

알아차리기만 하면 됩니다.

기억을 보기만 하면 됩니다. 그저 바라봅니다.

그저 부드럽게 바라보기만 합니다.

마치 영화를 보는 것처럼

내가 주인공으로 출연했던 영화를 보는 관객처럼 보기만 합니다.

그때의 나를, 지금의 내가 보고 있습니다.

좋은 일이던, 나쁜 일이던

행복한 일이던, 불행한 일이던

끔찍한 일일지라도

그냥 봅니다. 떠오르는 과거의 기억을 보고 있습니다.

지금 하나님이 말씀하십니다.

"그때도 나는 너와 함께 있었다."

나는 잘 몰랐지만

보이지는 않았지만,

나와 함께 그 일을 경험하고 계셨던 하나님이 계셨습니다.

나와 함께 웃고, 나와 함께 우시고 계셨습니다.

내가 너무 아플 때, 그때 당장 끼어들지는 않으셨지만

모든 것을 보고 가슴 아파하시던 하나님이 계십니다.

행복할 때는 같이 좋아하셨고,

불행할 때는 나보다 더 아픔을 느꼈던 하나님이 계십니다.

그 하나님이 말씀하십니다.

"그때 내가 너와 있었다."

내가 그렇게 힘들 때, 뭐 하셨냐는 원망이 나올 수도 있습니다.

그 원망도 다 들으셨고, 그 아픔도 다 아시고 함께 하셨습니다.

그리고 그 모든 것을 다 세고 계십니다.

힘들었던 나를 진심으로 불쌍하게 여기시는 하나님이 계셨습니다.

나의 기억과 그 일이 있을 때도 같이 계셨을 하나님을 기억해 봅니다.

[침묵 1분]

배경자아 – 나를 바라보는 자리로 물러나기

이제는 그 생각에서 한 걸음 물러나

그 생각을 하는 나를 바라보고 있는 나를 알아차려 봅니다.

내가 그런 기억을 가지고 있다는 것을 아는 것은,

지금의 내 의식입니다.

혹시 지금 떠오르는 생각이 있나요?

"이 명상이 어렵다"

"지루하다"

"내가 잘 하고 있는 걸까?"

"뭐하러 이러고 있지?"

그런 생각들이 나오면 그 생각을 바라보고 알아차립니다.

그리고 이렇게 속으로 조용히 말해봅니다.

"나는 지금 떠오르는 생각을 바라보는 사람이다."

지금 어떤 감정을 느끼나요?

기쁨, 슬픔, 즐거움, 분노, 불안, 우울

여러 감정이 일어납니다.

그런데 진정한 나는 그 감정을 알아차리고 있는 존재입니다.

알아차림은 판단하지 않고, 고요합니다.

많은 것을 알아차리지 못하고 지나왔지만

지금은 알아차리고 있습니다.

알아차리는 나, 생각을 보는 나,

기억하는 나, 감정을 느끼는 것을

알아차리는 존재는 늘 그 자리에 있었습니다.

지금도 있습니다.

모든 것을 알아차리는 존재로서의 나를 알아차려 봅니다.

[침묵 1분]

내면 성소 – 하나님과의 고요한 만남

지금, 우리는 내 안의 깊은 자리, 침묵의 내면에 있습니다.

우리 내면에는

누구도 닿을 수 없는

가장 깊고 거룩한 공간이 있습니다.

그곳은 바로, '하나님이 거하시는 성소'입니다.

여기가 진짜 중심입니다.

하나님은 중심을 보신다고 하는 그 곳 입니다.

그 자리에 계신 하나님은

나를 너무 잘 알고 계시고,

무엇보다 나를 사랑하고 계시며,

말없이 나를 품고 계십니다.

지금 그분 앞에 가만히 머물러보세요.

"하나님, 당신은 늘 그 자리에 계셨습니다."

"내가 몰랐을 뿐입니다."

"지금 나는 주님안에서 그냥 가만히 쉬고 있습니다."

이제, 이 문장을 마음속으로 조용히 따라해봅니다.

천천히, 아주 조용히.

"하나님, 당신께서는 내가 숨 쉴 때 같이 계셨습니다."

숨과 함께 계십니다.

들숨~ 날숨~ 들숨~ 날숨~

숨을 쉬고 있는 나를 알아차립니다.

숨을 쉬게 해주시고, 늘 함께 계셔왔던 하나님을 알아차립니다.

"지금도 내 안에 계십니다."

"나는 당신 안에 있고 당신은 내 안에 계십니다."

"내가 사는 것은 내가 아니요,

내 안에 그리스도께서 사시는 것입니다."

[침묵 3분]

그저 아무 말 없이, 혹시 생각이 떠오르면 호흡으로 돌아와서

들숨, 날숨을 알아차리면서

그냥 하나님이 계시는 깊은 그 자리에서

하나님 앞에 잠잠히 머물러봅니다.

[침묵 2분]

통합과 감사 – 자아 전체를 안고 현실로 돌아오기
내가 지금 경험하는 모든 것

내가 기억하는 모든 것

이 모든 것을 알아차리고 있는 것

이것이 모두 나입니다.

그 내가, 내 안에 함께 계신 하나님과 함께 있습니다.

나의 과거, 현재,

생각, 감정, 존재 전체가

하나님 앞에 드러났습니다. 그리고 하나님께 드려졌고

그것을 하나님이 다 품어주셨습니다.

하나님께 조용히 마음으로 감사하면서 말해봅니다.

"하나님, 오늘도 당신 안에서, 하나님과 함께 머무르겠습니다."

[침묵 1분]

마무리
이제 다시 숨을 알아차립니다.

들숨~ 날숨~ 들숨~ 날숨~

내가 아닌 하나님께서 호흡하게 해주십니다.

들숨~ 날숨~ 들숨~ 날숨~

지금 이 자리 몸의 감각으로 다시 돌아옵니다.

손가락을 꿈질거리고 손을 천천히 움직여보고
어깨도 돌려보고 목도 한 바퀴 돌려봅니다.
좌우로 흔들흔들 몸을 흔들어도 좋습니다.
눈을 천천히 떠봅니다.
지금 이 순가에 내가 경험하고 있는 경험자아,
기억하고 있는 기억자아.
그 모든 것을 품고 있는 배경자아가 모두 나입니다.
내가 나를 보는 자리는 하나님이 나를 보고 계시는 자리입니다.
그분은 늘 거기 계셨습니다. 지금도 내 안에 계십니다.
내 안에 계신 하나님이 나를 늘 품어주셨듯이 이번에는 내가 하나님을 품으며 나비 포옹 자세로 품어봅니다.
양손으로 어깨를 감싸고 품습니다. 이제 조용히 마칩니다.

생명의 호흡

도입

지금 이 시간, 하나님의 임재 안에 머무는
영성챙김 중, 생명의 호흡 명상을 시작합니다.
잠시, 모든 일상에서 물러나,
하나님의 숨결 안으로 들어가는 시간입니다.
먼저, 편안한 자세로 앉습니다.
양쪽 엉덩이 속의 좌골로 체중을 골고루 주어서
의자에 엉덩이가 잘 닿게 앉았는지 살펴봅니다.
양쪽 발이 모두 균등하고 충분하게
바닥을 잘 디디고 있는지 살펴봅니다.
가능하신 분들은 등받이에서 허리를 좀 떼어 앉습니다.
마치 내가 우람한 산처럼 머리부터 허리 엉덩이가
곧바로 서 있는지 살펴봅니다.
어깨와 귀의 선이 나란히 있는지 보면 좋습니다.

머리는 가능하면 정수리에 어떤 끈이 달려서 하늘 위로 매달려서 올라가는 느낌으로 위로 당겨지고 있는 것처럼, 발은 땅속 깊은 곳으로 뿌리를 단단하게 내리고 있는 것처럼 느껴봅니다.
양쪽 어깨를 위로, 즉 귀 방향으로 한껏 들었다가 툭 늘어트리면서 온몸의 긴장을 풀어봅니다.

생명의 호흡

눈을 감고,
천천히 숨을 들이쉬어 봅니다. 길게 내쉽니다.
들이쉴 때는 코로, 내쉴 때는 입으로 하는 것이 좋을 수 있지만
각자가 편한 대로 해서도 됩니다.
한 번 더,
천천히 깊게 들이쉬고 부드럽게 내쉬어 봅니다.
숨을 3초 정도 들이쉬고, 6초 정도 내쉽니다.
3초, 6초 다시 해봅니다.
괜찮으신 분은 숨을 가득 들이쉰 상태에서
잠깐 멈추었다 내쉬는 것도 좋습니다.
들이쉬고, 멈추고, 길게 내쉬고
들이쉬고, 멈추고, 길게 내쉬고
이제부터는 그냥 편안하게 자연스럽게 평상시 자신의 호흡을 합니다.
들숨~ 날숨~ 들숨~ 날숨~
호흡을 조절하려고 하지 않습니다.

자연스럽게 들어오는 대로, 나가는 대로 알아차리기만 합니다.

호흡이 들어오고 나가는 것을 지켜봅니다.

호흡이 들어오면서 신선한 공기가 폐를 가득 채우는 걸 느껴봅니다.

이 생명의 호흡이 나의 세포 하나하나를 채웁니다.

호흡은 생명입니다.

이 생명이 호흡을 통해 온몸의 세포에 퍼집니다.

들숨에 하나님의 영, 하나님의 숨결이 들어옵니다.

이 숨이 나를 살게 하고,

나를 움직이게 하고,

나를 살아 있게 합니다.

이제 숨을 내쉴 때,

몸이 천천히 아래로 가라앉는 걸 느껴보세요.

마치 발바닥에서 뿌리를 땅에 내려서 지구 저 안쪽까지 내려갑니다.

내쉴 때 주욱 내려갑니다.

엉덩이도 의자에 완전히 붙어 있습니다.

중력이 나를 땅으로 끌어당기는 느낌 속에서,

하나님께서 나를 이 땅에,

바로 여기 있는 이 몸으로 존재하게 하셨다는 것을 기억합니다.

혹시 마음이 다른 생각으로 흩어지면

그냥 다시 부드럽게 호흡으로 돌아와서 들숨, 날숨에 집중합니다.

들숨~ 날숨~

속으로 말해봅니다.

"하나님은 내 호흡과 함께 계신다."
이제 사도행전 17장의 말씀을 천천히 들어보세요.

"우주와 그 가운데 있는 만물을 지으신 하나님께서는 천지의 주재시니 손으로 지은 전에 계시지 아니하시고 또 무엇이 부족한 것처럼 사람의 손으로 섬김을 받으시는 것이 아니니 이는 만민에게 생명과 호흡과 만물을 친히 주시는 이심이라"(사도행전 17:23-24)

세상과 그 안에 있는 모든 것을 지으신 하나님은
생명과 호흡과 그 밖의 모든 것을 주시는 분이십니다.
하나님은 한 사람에게서 모든 민족을 만들어
온 땅에 살게 하시고, 그들이 살 때와 장소를 정하셨습니다.
이는 사람들이 하나님을 찾고,
더듬어 찾고,
마침내 발견하게 하시려는 것이었습니다.
하나님은 우리 각 사람에게서, 멀리 계시지 않습니다.
우리는 하나님 안에서 살고, 움직이며, 존재합니다.
[침묵 5초]

이제 천천히,
제가 하는 말을 조용히, 마음속으로 따라 해봅니다.
생명과 호흡과 그 모든 것…

[멈춤 3초]

생명과 호흡과 그 모든 것…

[멈춤 3초]

생명과 호흡과 그 모든 것…

[멈춤 3초]

하나님은 멀리 계신 분이 아닙니다.

하나님은 지금, 바로 여기 계십니다.

이 순간,

그분의 사랑이 내 안에서 호흡하고,

그분의 평화가 내 내면에 머무릅니다.

이제 더 이상 아무것도 하지 않아도 괜찮습니다.

그저 하나님 안에 쉬는 것입니다.

[긴 여백 30초]

"너는 잠잠히 가만히 있어 내가 하나님 됨을 알지어다."

마무리

나는 지금,

하나님 안에서 살고 있고,

움직이고 있고,

존재하고 있습니다.

내 안에 그 하나님이 계십니다.

지금 이 자리에 하나님이 계십니다.

이것이 은혜입니다.

이것이 선물입니다.

[잠시 침묵]

이제, 하나님의 큰 사랑 안에서 지금 나의 삶을 시작합니다.

나의 생명과 호흡과 그 모든 것을 주신 하나님께

감사하며,

오늘 하루를 주님과 함께 시작하겠습니다.

이제 지금 이 자리로 돌아옵니다.

서서히 몸을 움직이고 눈을 살며시 떠봅니다.

생명의 호흡이 가득찬 몸으로 지금 이 자리에 옵니다.

○ ## 예수 기도

도입

이 시간은

하나님의 임재 앞에 잠잠히 머물며

영혼을 회복하는 시간입니다.

이 자리에서

하나님을 찬양하고,

감사하고,

고백하고,

하나님의 신비를 묵상하는 기회를 가집니다.

이제 어수선한 세상에서 떠나

복잡한 생각을 내려놓고

하나님과만 함께할 수 있는

조용하고 편안한 시간을 가집니다.

[침묵 5초]

편안히 앉아서

몸이 쉴 수 있는 시간과 공간을 허락합니다.

먼저, 편안한 자세로 앉습니다.

양쪽 엉덩이 속의 좌골로 체중을 골고루 주어서

의자에 엉덩이가 잘 닿게 앉았는지 살펴봅니다.

양쪽 발이 모두 균등하고 충분하게

바닥을 잘 디디고 있는지 살펴봅니다.

가능하신 분들은 등받이에서 등을 좀 떼어 앉습니다.

마치 내가 우람한 산처럼 머리부터 허리 엉덩이가 곧바로 서 있는지 살펴봅니다. 어깨와 귀의 선이 나란히 있는지 보면 좋습니다.

머리는 가능하면 정수리에 어떤 끈이 달려서 하늘 위로 매달려서 올라가는 느낌으로 위로 당겨지고 있는 것처럼, 발은 땅속 깊은 곳으로 뿌리를 단단하게 내리고 있는 것처럼 느껴봅니다.

양쪽 어깨를 위로, 즉 귀 방향으로 한껏 들었다가

툭 늘어트리면서 온몸의 긴장을 뺍니다.

눈을 감고,

천천히 숨을 들이쉬어 봅니다. 길게 내쉽니다.

들이쉴 때는 코로, 내쉴때는 입으로 하는 것이 좋을 수 있지만

각자가 편한 대로 하셔도 됩니다.

한 번 더,

천천히 깊게 들이쉬고 부드럽게 내쉬어 봅니다.

숨을 3초 정도 들이쉬고, 6초 정도 내쉽니다.

3초, 6초 다시 해봅니다.

들이쉴 때는 코로, 나갈 때는 입으로 해봐도 좋습니다

[침묵 5초]

지금부터 우리의 몸과 호흡을 의식하며,

하나님의 임재에 들어갑니다.

들이쉬고

내쉬고

한 번 더 들이쉬고

천천히 내쉽니다

마지막으로, 깊이 들이쉬고

몸의 무게가 가라앉도록 내쉽니다

이제는 평상시대로 자연스러운 호흡을 합니다.

들이쉬고 내쉬고 들숨~ 날숨~

호흡을 조절하려고 하지 않습니다.

그냥 들어오는 대로, 나가는 대로

가장 편안하게 호흡합니다.

그냥 들어오고 나가는 호흡만 알아차립니다.

길면 긴 대로, 짧으면 짧은 대로.

들숨~ 날숨~ 들숨~ 날숨~

[침묵 5초]

이제 이 기도문을 함께 들어봅니다.

하나님께 우리의 마음을 드리는 기도입니다.

은혜롭고 거룩하신 하나님,

당신을 부지런히 찾는 마음을 주소서.

당신을 깨닫는 지혜를 주소서.

당신을 기다리는 인내를 주소서.

하나님,

당신을 묵상할 마음,

당신을 바라볼 눈,

당신의 말씀을 들을 귀,

당신을 사랑할 심장,

그리고 당신을 선포하는 삶을 주소서.

예수기도

이제 기도와 같이

이 시간에 온전히 집중할 수 있는 은혜를 구해봅니다.

[침묵 15초]

우리는 모두 죄지은 사람으로 이 자리에 왔습니다.

이제 고백의 기도를 함께 드립니다.

자비하신 하나님,

우리는 생각과 말과 행동으로 죄를 지었습니다.

해야 할 일을 하지 않았고,

하지 말아야 할 일을 하였습니다.

각자 자신의 죄를 조용히 마음속으로 고백해 봅니다.

[침묵 10초 - 개인적인 고백 시간]

우리는 마음과 뜻과 힘을 다해 당신을 사랑하지 않았고,

이웃을 나 자신처럼 사랑하지 못했습니다.

주여, 자비를 베푸소서.

이런 나를 불쌍히 여겨주소서

주님, 사랑합니다. 이 죄인을 불쌍히 여겨주소서.

지금부터 나눌 명상은

오래된 기도 전통인 예수기도 명상입니다.

이 기도는

"주 예수 그리스도, 하나님의 아들이시여,

저를 불쌍히 여기소서"

라는 아주 간결한 기도로 구성되어 있습니다.

이 기도를 반복하며,

그 의미를 호흡 속에 담아 봅니다.

라틴어로 되어 있는 동방정교회의

예수기도를 들어보겠습니다.

라틴어 기도이고

"Domine Iesu Christe, Fili Dei, miserere mei"

영어로 해석하면

"Lord Jesus Christ, Son of God, have mercy on me"

우리말은 이렇습니다.

"주 예수 그리스도, 하나님의 아들이시여, 저를 불쌍히 여기소서"

가톨릭에서는 "죄인인 저를 불쌍히 여기소서"라고 하기도 합니다.

이제 우리말로 따라 해봅니다.

"주 예수 그리스도, 하나님의 아들이시여, 저를 불쌍히 여기소서"

호흡에 맞추어 따라 하면 더욱 좋습니다.

다 같이 따라 해 봅니다.

숨을 들이쉬며

"주 예수 그리스도, 하나님의 아들이시여…"

내쉬며

"나를 불쌍히 여기소서…"

각자 호흡의 속도에 맞추어 여섯 번 반복해 봅니다.

"주 예수 그리스도, 하나님의 아들이시여, 나를 불쌍히 여기소서"

(6번 반복합니다.)

이제 밖으로 내는 소리는 줄이면서 다섯 번 더 해봅니다.

(낭독자의 톤은 점점 부드럽고 느리게, 5번 반복합니다.)

"주 예수 그리스도, 하나님의 아들이시여, 나를 불쌍히 여기소서"

이제 스스로 기도문을 소리내지 말고 마음속으로 반복하세요.

호흡과 함께, 들숨~ 날숨~

"주 예수 그리스도, 하나님의 아들이시여, 나를 불쌍히 여기소서"

이 기도가 나의 영혼과 하나 되도록…

[침묵 2분]

이제 각자의 시간에서 모두 다시 함께하는 시간으로 오겠습니다.

눈을 감으신 채로 그대로…

하나님의 선물 세기

우리 삶에 이미 주신 하나님의 선물들을 떠올려 보세요.

이 모든 것을 기쁨으로 감사함으로 받아보세요.

호흡이 가능한 내 몸

이곳에 올 수 있게 한 내 마음과 내 몸

하늘과 바다와 땅의 아름다움

사람들 속에 비치는 그리스도의 형상

매일의 음식과 가족과 친구

생각하는 머리, 사랑하는 마음, 섬기는 손

일과 쉼,

고통 가운데서도 견디는 마음

그리고 미처 생각나지 않고 말하지 못한 모든 좋은 것들

이 모든 것을 주신 주님, 감사합니다.

마무리

이제 예수기도 명상 시간을 마무리합니다.

하나님 안에서 살고,

하나님 안에서 호흡하며,

하나님 안에서 존재하는 이 하루를 살아갑니다.

남은 나의 삶 속에서 항상 하나님을 사랑하고,

세상을 섬기며 살아가겠습니다.

이제 서서히 눈을 뜨고 몸을 움직이며 지금 이 자리로 돌아옵니다.

온전한 용서

도입

먼저, 편안한 자세로 앉습니다.

양쪽 엉덩이 속의 좌골로 체중을 골고루 주어서 의자에 엉덩이가 잘 닿게 앉았는지 살펴봅니다.

양쪽 발이 모두 균등하고 충분하게 바닥을 잘 디디고 있는지 살펴봅니다.

가능하신 분들은 등받이에서 허리를 좀 떼어 앉습니다.

마치 내가 우람한 산처럼 머리부터 허리 엉덩이가 곧바로 서 있는지 살펴봅니다. 어깨와 귀의 선이 나란히 있는지 보면 좋습니다.

머리는 가능하면 정수리에 어떤 끈이 달려서 하늘 위로 매달려서 올라가는 느낌으로 위로 당겨지고 있는 것처럼, 발은 땅속 깊은 곳으로 뿌리를 단단하게 내리고 있는 것처럼 느껴봅니다.

양쪽 어깨를 위로, 즉 귀 방향으로 한껏 들었다가 툭 늘어트리면서 온 몸의 긴장을 뺍니다.

눈을 감고,

천천히 숨을 들이쉬어 봅니다.

길게 내쉽니다.

들이쉴 때는 코로, 내쉴 때는 입으로 하는 것이 좋을 수 있지만

각자 편한 대로 하셔도 됩니다.

한 번 더,

천천히 깊게 들이쉬고 부드럽게 내쉬어 봅니다.

숨을 3초 정도 들이쉬고, 6초 정도 내쉽니다.

3초, 6초 다시 해봅니다.

[침묵 5초]

이제부터는 그냥 편안하고 자연스럽게 평상시 자신의 호흡을 합니다.

들숨~ 날숨~ 들숨~ 날숨~

호흡을 억지로 조절하지 않습니다.

그냥 호흡이 들어오고 나가는 것을 지켜봅니다.

그냥 길면 긴 대로 짧으면 짧은 대로 알아차리기만 합니다.

있는 그대로, 들숨~ 날숨~

들이마시며 하나님의 숨결이 내 안에 들어오는 것을 느낍니다.

내쉬면서 내 안의 무거운 짐과 죄책감이 빠져나갑니다.

호흡을 반복하며, 마음을 고요하게 합니다.

자연스럽게 자신의 호흡을 합니다.

들숨~ 날숨~ 들숨~ 날숨~

이제, 하나님 앞에 서 있는 나 자신을 상상합니다.
하나님은 나를 사랑의 눈으로 바라보고 계십니다.
하나님이 부드럽고 사랑스러운 눈으로 보듯이
나도 하나님을 대하면서 인상을 쓰지 말고
입꼬리를 살짝 올리고 평안한 미소를 짓습니다.
혹시 두려움이 있더라도 사랑의 하나님을 믿으며 미소를 지어봅니다.
[침묵 30초]

1단계 – 말씀 속으로 들어가기
하나님의 말씀을 들려드립니다.

"여호와께서 말씀하시되 오라 우리가 서로 변론하자.
너희의 죄가 주홍 같을지라도 눈과 같이 희어질 것이요,
진홍같이 붉을지라도 양털같이 희게 되리라." (이사야 1:18)

이 말씀을 지금 직접 나에게 하시고 계십니다.
"오라!", 하나님이 나를 부르고 계십니다.
그분은 나의 모든 죄를 이미 다 아시지만,
심판으로 해결하지 않으십니다.
심판의 무서운 진노를 우리 예수님이 몸소 다 받아내시고
대신에 나를 살리셨습니다.
한없는 사랑으로 나를 용서해 주셨습니다.

내 안의 어둠, 숨기고 싶은 모습,

누구에게도 말할 수 없는 부끄러운 죄의 기억까지…

그 모든 것을 주님 앞에 내려놓습니다.

주홍같이 붉은 죄가 내 마음을 물들이고 있었다면,

그 죄를 주님의 앞에 그냥 있는 그대로 속이지 않고 올려드립니다.

[침묵 1분]

2단계 — 나의 상태를 인정하기
하나님의 말씀을 들려드립니다.

"만일 우리가 죄 없다 하면 스스로 속이고 또 진리가 우리 속에 있지 아니할 것이요, 만일 우리가 우리 죄를 자백하면 그는 미쁘시고 의로우사 우리 죄를 사하시며 우리를 모든 불의에서 깨끗하게 하실 것이요." (요한일서 1:8-9)

나는 하나님 앞에서 완벽한 사람이 아님을 인정합니다.

죄가 없다고 말하면 스스로 속이는 것입니다.

지금 이 순간, 나는 하나님 앞에 나의 허물과 죄를 고백합니다.

내 능력으로는 이 죄를 어떻게 할 수 없습니다.

이 고백은 나를 정죄하기 위한 것이 아니라,

하나님의 은혜와 용서를 경험하기 위한 유일한 방법입니다.

내 마음 깊은 곳을 살펴봅니다.

나의 말, 행동, 생각 중 하나님과 사람의 마음을 아프게 한 것들…

내가 하지 않아야 할 것을 하였고, 해야 할 것을 하지 않은 것들…

그 모든 것을 모두 주님 앞에 놓습니다.

[침묵 2분, 마음속에서 죄를 떠올리고 내려놓는 시간]

3단계 — 하나님의 용서를 받기

용서하시는 하나님의 빛이 하늘에서 서서히 내려오는 것을 느낍니다.

빛은 뜨겁지는 않고 환하고 따듯합니다.

그 빛은 부드럽고 따듯하면서 강력한 능력이 있습니다.

그 빛이 내 머리 위에 서서히 닿습니다.

아주 서서히 나에게 비춥니다.

빛이 이마를 지나고,

눈과 뺨, 입술을 감쌉니다.

내 안에 있던 모든 죄와 어둠의 그림자가

하나님의 사랑의 빛 앞에서 사라집니다.

빛이 목과 어깨로 흘러내립니다.

내가 짊어지고 있던 죄책감과 무거움이 녹아내립니다.

가슴으로 빛이 내려옵니다.

마음속 깊은 상처와 부끄러움이 사라집니다.

하나님의 평화가 내려와서 자리 잡습니다.

빛이 배로, 다리로, 발끝까지 흘러갑니다.

이제 나는 머리에서 발 끝까지 하나님의 빛으로 덮여 있습니다.

하나님이 말씀하십니다.

"내가 너를 용서하였다.

너의 죄를 기억하지 않겠다."

이제 주홍같이 붉던 내 죄가 눈처럼 하얘지고,

진홍같이 붉던 내 허물이 양털처럼 깨끗해졌습니다.

하나님의 빛에 완전히 잠기어 그냥 그대로 있습니다.

[침묵 2분, 빛에 완전히 잠기는 시간]

4단계 — 회복과 감사

이제 나는 정죄가 아닌 은혜 속에 있습니다.

하나님의 용서는 나를 깨끗하게 하는 것뿐 아니라

새로운 존재로 만듭니다.

어두움에서 "이제는 나오라"는 하나님의 말씀대로 빛으로 나옵니다.

내 마음은 정결하게 되었고 내 영혼은 자유로워졌습니다.

과거의 죄가 더 이상 나를 붙잡지 않습니다.

하나님이 나를 깨끗하게 하시고

예수님께서 무서운 심판에서 나를 막아내셨습니다.

"주님, 죄인인 저를 용서하시고 새롭게 하심을 감사합니다.

이 은혜를 잊지 않고, 이제는 오직 주님 안에서 살겠습니다."

이제 그 은혜와 사랑이 나를 통해 흘러갑니다.

내가 만나는 사람들에게, 하나님의 용서와 사랑이 전해집니다.

나를 용서하신 하나님이, 내가 다른 이들을 용서하게 하십니다.

[침묵 2분, 감사와 결단의 마음을 품기]

5단계 — 새 삶으로 나아가기

하나님은 나에게 새 삶을 주셨습니다.

나는 이제 은혜로 살아가는 사람입니다.

죄의 종이 아닌, 자유로운 하나님의 자녀입니다.

이제 천천히 지금 여기, 현재의 공간으로 돌아옵니다.

손과 발을 천천히 움직여보고 목과 어깨를 가볍게 풀어줍니다.

눈을 뜨고 이 자리로 돌아옵니다.

하나님의 용서와 평화가 여전히 내 안에 있음을 느낍니다.

이 은혜를 마음에 품고,

다른 사람들에게도 용서와 사랑을 나누겠습니다.

주기도문 움직임

도입

지금부터 드릴 주기도문 명상은, 단순히 앉아서 눈을 감고 드리는 명상이나 기도가 아닙니다. 여기에는 수백 년 동안 다듬어진 태극권과 기공 수련의 오랜 정수가 담겨 있습니다. 이 전통적인 움직임들은 단순한 체조가 아니라, 몸과 마음의 에너지를 하나로 모으는 지혜의 산물입니다. 우리가 주기도문을 드릴 때, 입술로만이 아니라 손과 발의 움직임, 방향, 몸의 흐름이 함께 기도에 참여하게 됩니다. 움직임을 통해서 다른 생각이 줄고 마음을 고요할 수 있습니다. 마음이 고요해지면 하나님께 온전히 집중할 수 있습니다. 이렇게 몸·호흡·마음이 하나로 모일 때, 기도는 생각 속에만 머물지 않고, 온몸에 새겨집니다. 마치 말씀이 살과 피가 되어 우리 안에 살아 움직이듯, 주기도문이 몸에 체화되어 삶 속에서 저절로 흘러나오는 살아 있는 기도가 되는 것입니다. 우리의 몸과 마음을 모두 열어 하나님 앞에 나아가봅니다.

서기 명상

이제 모두 일어서 보겠습니다.

허리를 곧게 세우고, 발은 어깨너비로 편안히 벌리세요.

꼬리뼈와 머리가 한 축 선상에 있는 것처럼 합니다.

무릎은 편한 정도로 굽히지만

무릎이 발가락 앞으로까지는 나오지 않게 섭니다.

마치 발에서 뿌리가 나와서 땅속으로 파고 들어가서 저 지구 반대편까지 뿌리를 내린다는 기분으로 단단하게 땅을 지지하고 섭니다.

편안하게 선 상태에서 체중을 미세하게 천천히 왼발로 옮겨봅니다.

다른 사람은 알아차리지 못할 정도로, 즉 몸이 기울어지거나 흔들리지 않게 자신만 알아차릴 정도로 체중을 왼발에 실어봅니다. 몸이 흔들리지 않도록 하면서 체중만 집중해서 옮깁니다.

이번에는 아주 천천히 오른발로 체중을 옮겨봅니다.

다른 사람은 알아차리지 못할 정도로, 즉 몸이 기울어지거나 흔들리지 않게 자신만 알아차릴 정도로 체중을 오른발에 실어봅니다. 몸이 흔들리지 않도록 하면서 체중만 집중해서 옮깁니다.

이번에는 다시 왼발

다시 오른발

왼발로 체중을 옮겨보고 최대한 발의 바깥쪽에 체중을 실어봅니다.

역시 몸이 움직이지는 않게 합니다.

이번에는 최대한 왼발의 안쪽에 체중을 실어봅니다.

몸이 흔들리지 않게 본인만 알게 해봅니다.

왼발의 바깥쪽, 안쪽, 바깥쪽, 안쪽 이렇게 체중을 옮겨봅니다.

이번에는 서서히 오른발로 체중을 옮겨보고 최대한 발의 바깥쪽에 체중을 실어봅니다.

역시 몸이 움직이지는 않게 합니다.

가능하면 무릎도 흔들리거나 움직이지 않도록 합니다.

이번에는 최대한 오른발의 안쪽에 체중을 실어봅니다.

몸이 흔들리지 않게 본인만 알게 해봅니다.

오른발의 바깥쪽, 안쪽, 바깥쪽, 안쪽 이렇게 체중을 옮겨봅니다.

역시 몸이 움직이지는 않게 합니다.

가능하면 무릎도 흔들리거나 움직이지 않도록 합니다.

이제는 천천히 체중을 양발에 균등하게 놓고 섭니다.

꼬리뼈와 머리가 일치되는지 무릎이 발가락 끝보다 앞으로 나오지는 않았는지 정렬을 맞추어봅니다.

머리 꼭대기 끝부터 발바닥까지 하나의 축이 수직으로 똑바로 섭니다.

머리는 하늘에 닿고 발은 땅에 닿는 입신중정(立身中正)으로 태극권에 서는 하늘과 땅의 기운이 내 안에서 통하는 상태로 봅니다.

이목평시(二目平視)라고 두 눈을 뜨고 앞을 가볍게 보는 것입니다.

코로 깊게 숨을 들이쉬고 부드럽게 내쉽니다.

다시, 깊게 들이마시고, 내쉽니다.

이제는 평상시 처럼 자연스럽게 자기 호흡을 합니다.

들숨~ 날숨~ 들숨~ 날숨~

이제 주기도문 움직임 명상을 하겠습니다.

동영상을 참고하시면 됩니다.
이처럼 기도문에 맞추어 동작을 하는 것입니다.

하늘에 계신 우리 아버지여

양손 손바닥을 허벅지에 댑니다.
서서히 손바닥은 하늘을 향하고 손끝은 앞을 향하고 손날이 서로 닿게 하여서 아주 귀한 하나님의 이름을 소중하게 담듯이 해서 양손을 들어 올립니다. 손바닥이 얼굴을 향하게 하며 양손 날이 서로 닿도록 하여 하늘로 들어 올립니다. 최대한 양팔이 굽어지지 않게 최대한 펴고 동시에 고개도 들어 하늘에 계신 하나님을 바라보고 손을 들어 추앙합니다. 손을 돌려 양손 엄지와 검지가 서로 닿게 하여 삼각형을 이루게 합니다.

이름이 거룩히 여김을 받으시오며

손바닥이 하늘을 향하게 하며 거룩한 하나님의 이름을 높입니다. 그 상태에서 양손을 떼어 둥그렇게 팔을 돌려 손바닥이 옆을 보게 하늘 방향으로 하고 하늘에 한 바퀴 원을 그리며 돌려서 손날을 서로 가까이 모으고 거룩한 하나님의 이름을 높이고 손바닥은 뒤를 향하게 합니다.

나라가 임하시오며

거기서 수직으로 팔을 천천히 내립니다.

가슴 높이에서 손을 돌려 손바닥을 서로 마주 보게 하였다가 배 위치 정도를 지나면서 손끝을 서로 보게 하며 손바닥이 바닥을 향하도록 하여 허리 높이까지 천천히 내려옵니다. 손목의 각도는 90도 가깝게 유지합니다. 하나님의 나라가 임합니다.

뜻이 하늘에서 이루어진 것 같이 땅에서도 이루어지이다

손을 앞으로 내밀었다가 양팔을 밖으로 벌려 크게 앞으로 온 땅을 휘감아 돌린 후에 손목의 각도를 유지한 채로 손끝을 앞을 보게 합니다. 땅에서도 이루어지이다.

오늘 우리에게 일용할 양식을 주시옵고

고관절을 접어 약간 앉으며 손을 마주 보며 아래로 내리고 양 손바닥은 앞을 향하게 하였다가 양 손날을 서로 닿게 하고 천천히 손바닥을 위로 향하게 하여 들어 올립니다. 눈은 손의 위치를 바라보며 손이 올라가면서 고개도 젖히고 눈도 따라 올라갑니다. 하늘까지 들어 올리며 고개를 뒤로 젖힙니다.

들어올린 팔을 천천히 내리다가 손에 담긴 주님이 주신 오늘 일용할 양식을 꿀꺽 먹는 시늉을 하며 실제로 침을 삼켜 식도와 위장에 자극을 주고 고개를 똑바로 했다가 숙입니다. 손끝이 서로 닿게 하고 손바닥을 아래로 향하게 하고 허리까지 손을 내립니다. 손바닥이 허벅지

위까지 닿을 때까지 내립니다.

우리가 우리에게 죄 지은 자를 사하여 준 것 같이 우리 죄를 사하여 주시옵고

양팔을 옆으로 활짝 펴며 손바닥은 앞을 보게 하고 팔을 크게 벌려 어깨높이까지 올립니다. 양팔을 앞으로 나란히 자세로 폈다가 양손이 교차하면서 손목을 꺾어 손바닥이 자신을 보게 하고 천천히 나비 포옹 자세로 자신을 포옹하고 안아주며 고개를 숙이고 회개하며 우리 죄를 사하여 주시기를 기도합니다.

우리를 시험에 들게 하지 마시옵고 다만 악에서 구하시옵소서

고개를 펴고 팔이 엑스자로 교차한 상태에서 그대로 앞으로 뻗어 단호하게 시험과 죄를 거절하는 자세를 취하고 손목을 꺾어 똑바로 세우고 손바닥은 밖을 보게 하고 팔을 크게 활짝 폅니다.
꺾인 손목을 펴서 손바닥을 바닥으로 향하게 하고 고관절을 숙이며 앉으며 손바닥이 몸쪽을 향한 상태에서 무릎 위치까지 내린 상태에서 양팔을 서로 교차하여 다시 들어 올립니다. 가슴높이까지 들어 올려 양팔이 서로 교차된 상태가 되면서 접힌 고관절을 폅니다.

나라와 권세와 영광이 아버지께 영원히 있사옵나이다. 아멘.

교차된 손을 펴면서 손바닥을 하늘로 향하고 팔을 들어 하나님의 나라와 권세와 영광을 들어 올리면서 시선은 하늘을 향합니다. 양팔을

펴서 최대한 올리고 시선은 손을 바라보며 양손을 합장하고 아멘의 자세로 서서히 내리며 시선은 손 위치를 봅니다. 가슴 앞에서 합장한 상태에서 손목을 밖으로 돌려 손끝이 땅을 찌르듯이 하고 고개를 숙이고 고관절을 접어 내리며 양손을 떼고 마칩니다.

앞서 설명한 내용과 QR코드의 영상을 참고해 똑같이 진행해 보고, 익숙해질 때 까지 반복해 봅니다.

수공

손바닥을 위로 하고 천천히 손을 들어 수공을 하는 자세로 손바닥이 얼굴을 향하도록 했다가 온몸 앞을 쓸어서 내리면서 원래의 자세로 돌아옵니다.

마무리

방금 드린 기도가 내 몸과 마음, 호흡에 스며드는 것을 느낍니다.
고요 속에 하나님이 계심을 느끼며, 1분간 침묵합니다.

감사, 기쁨, 사랑, 평화로
지경을 넓히는 걷기

서기 명상

이제 모두 일어서 보겠습니다.

허리를 곧게 세우고, 발은 어깨너비로 편안히 벌리세요.

꼬리뼈와 머리가 한 축선에 있는 것처럼 합니다.

무릎은 편한 정도로 굽히지만 무릎이 발가락 앞으로까지는 나오지 않게 섭니다.

마치 발에서 뿌리가 나와서 땅속으로 파고 들어가 저 지구 반대편까지 뿌리를 내린다는 기분으로 단단하게 땅을 지지하고 섭니다.

편안히 선 상태에서 체중을 미세하고 천천히 왼발로 옮겨봅니다.

다른 사람은 알아차리지 못할 정도로, 즉 몸이 기울어지거나 옮겨지지 않게 자신만 알아차릴 정도로 체중을 왼발에 실어봅니다. 몸이 흔들리지 않도록 하면서 체중만 집중해서 옮깁니다.

이번에는 아주 천천히 오른발로 체중을 옮겨봅니다.

다른 사람은 알아차리지 못할 정도로, 즉 몸이 기울어지거나 옮겨지지 않게 자신만 알아차릴 정도로 체중을 오른발에 실어봅니다. 몸이 흔들리지 않도록 하면서 체중만 집중해서 옮깁니다.

이번에는 다시 왼발

다시 오른발

왼발로 체중을 옮겨보고 최대한 발의 바깥쪽에 체중을 실어봅니다.

역시 몸이 움직이지는 않게 합니다.

이번에는 최대한 왼발의 안쪽에 체중을 실어봅니다.

몸이 흔들리지 않게 본인만 알게 해봅니다.

왼발의 바깥쪽, 안쪽, 바깥쪽, 안쪽 이렇게 체중을 옮겨봅니다.

이번에는 서서히 오른발로 체중을 옮겨보고 최대한 발의 바깥쪽에 체중을 실어봅니다.

역시 몸이 움직이지는 않게 합니다.

가능하면 무릎도 흔들리거나 움직이지 않도록 합니다.

이번에는 최대한 오른발의 안쪽에 체중을 실어봅니다.

몸이 흔들리지 않게 본인만 알게 해봅니다.

오른발의 바깥쪽, 안쪽, 바깥쪽, 안쪽 이렇게 체중을 옮겨봅니다.

역시 몸이 움직이지는 않게 합니다.

가능하면 무릎도 흔들리거나 움직이지 않도록 합니다.

이제는 천천히 체중을 양발에 균등하게 놓고 섭니다.

꼬리뼈와 머리가 일치되는지 무릎이 발가락 끝보다 앞으로 나오지는 않았는지 정렬을 맞추어봅니다.

머리는 하늘로, 발은 땅으로

하나로 선 입신중정입니다.

어깨를 위로 들었다가 툭 떨어뜨리면서 힘을 풀고, 턱은 살짝 당기며, 눈에 힘을 빼고 앞을 바라봅니다.

코로 깊게 숨을 들이쉬고 부드럽게 내쉽니다.

다시, 깊게 들이마시고, 내쉽니다.

이제는 평상시처럼 자연스럽게 자기 호흡을 합니다.

들숨~ 날숨~ 들숨~ 날숨~

이제 자연스럽게 자신의 호흡을 하며 서 있습니다.

내가 지금 이 땅 위에 서 있습니다.

이 땅은 하나님께서 창조하시고 내게 주신 거룩한 공간입니다.

숨을 들이마실 때, 하나님의 생명이 내 안에 들어옵니다.

숨을 내쉴 때, 모든 긴장과 걱정이 흘러 나갑니다.

이제 이목평시로 앞을 보다가 내 앞의 공간을 찬찬히 바라봅니다.

오늘, 우리는 감사와 기쁨으로 하나님의 나라를 넓히는 걸음을 시작합니다.

첫걸음 — 감사의 발걸음

양 발을 붙이고 똑바로 섭니다.

체중을 오른발에 둡니다.

왼발을 천천히 들어 올립니다. 높이들 필요는 없습니다. 아주 조금만 들어도 됩니다.

자기 발 크기만큼만 앞으로 내보냅니다. 발을 내미는 동안, 발목과 무륲, 엉덩이 관절이 움직이는 감각을 느껴봅니다.

발을 오른발 발가락이 있는 선상에 내려놓습니다.

서서히 체중을 왼발로 두면서 땅을 디딥니다.

땅에 닿는 순간, 뒤꿈치부터 닿도록 하며 발바닥이 '툭'하고 대지를 만나는 느낌을 온전히 느껴봅니다.

이번에는 가벼워진 오른발을 듭니다.

천천히 들어 올립니다. 높이들 필요는 없습니다.

아주 조금만 들어도 됩니다.

자기 발 크기만큼만 앞으로 내보냅니다. 발을 내미는 동안, 발목과 무릎, 엉덩이 관절이 움직이는 감각을 느껴봅니다.

발을 왼발 발가락이 있는 선상에 내려놓습니다.

서서히 체중을 오른발로 두면서 땅을 디딥니다.

아주 천천히 해봅니다.

체중은 오른발에 실려있습니다.

가벼워진 왼발을 들어 올립니다.

천천히 가벼워진 발을 들어 올리고, 발을 조금 앞으로 내밀고 내리면서 체중을 실어 디딥니다.

발이 닿을 때마다 속으로 조용히 말합니다.

'감사합니다, 감사합니다.'

양 발을 붙이고 똑바로 섭니다. 땅을 주신 하나님께 감사합니다.

숨을 들이쉴 때, 하나님이 주신 생명을 느끼고,

숨을 내쉴 때, 그분께 깊이 감사드립니다.

감사하는 마음이 발끝에서 온몸으로 퍼져갑니다.

내가 걸을 수 있는 건강, 숨 쉴 수 있는 공기,

이 땅 위에 서 있는 것 자체가 은혜임을 느껴봅니다.

한 걸음, 또 한 걸음…

발이 닿는 자리마다 감사의 씨앗이 심겨갑니다.

발걸음과 감사의 감각에만 집중하고 걸어봅니다.

왼발, 오른발, 왼발, 오른발

발걸음하며 발이 닿는 느낌과 감사의 느낌에 집중하며 걸어봅니다. 속도를 내지 않고 아주 천천히 들고 내리고 디디는 것에 집중하며 걸어봅니다.

[침묵 30초]

다음 걸음 — 기쁨의 발걸음

이제 다른 발을 내디디며 속으로 말합니다.

똑같이 걷기 명상을 하면서

디디고, 들어 올리고, 나가고, 디디면서 기쁨을 느낍니다.

'기쁨', '기쁨'

하나님이 창조하신 세상 속에 내가 살아 있다는 기쁨,

그분의 손길 안에 보호받고 있다는 기쁨,

그분이 나를 통해 일하신다는 기쁨,

발걸음마다 기쁨이 솟아납니다.

내 안에서 기쁨이 자라나, 얼굴에도 미소가 번집니다.

미소가 내 마음을 더 밝게 합니다.

이제는 왼발을 디딜 때는 감사로

오른발을 디딜 때는 기쁨으로 합니다.

감사와 기쁨이 교차하는 발걸음…

왼발에 감사~

오른발에 기쁨~

이 리듬으로 천천히 걸어봅니다.

내 발이 가는 곳마다 감사와 기쁨이 남겨집니다.

그 길이 곧 하나님과 함께 걷는 길이 됩니다.

왼발(감사), 오른발(기쁨), 왼발(감사), 오른발(기쁨)

감사, 기쁨, 감사, 기쁨,

감사와 기쁨을 누리면서 각자의 리듬으로 걷습니다. 속도를 내지 않고 아주 천천히 들고 내리고 디디는 것에 집중하며 걸어봅니다.

[침묵 1분]

지경 넓히기 — 하나님의 나라 확장

이제 한 걸음을 내디딜 때마다,

그 땅이 하나님 나라의 영역이 되어가는 모습을 상상해 봅니다.

발이 닿는 곳에 빛이 퍼지고,

그 빛이 주변으로 번져갑니다.

그 빛은 하나님의 사랑과 평화입니다.

내가 걷는 이 길이, 가정과 이웃, 직장과 공동체로 이어집니다.

발이 닿는 곳마다 분쟁이 평화로,

두려움이 희망으로,

미움이 사랑으로 바뀌어 갑니다.

하나님이 내 걸음을 통해 이 땅을 새롭게 하고 계십니다.

나의 지경이 넓어질 뿐 아니라,

하나님의 뜻이 이 땅 위에 넓혀지고 있습니다.

왼발, 오른발, 왼발, 오른발

각자 걸으면서 발걸음에서 빛이 퍼져나가는 이미지를 묵상하면서 걷습니다.

디딜 때마다 빛이 퍼집니다.

[침묵 2분]

사랑 흘려보내기 — 나로부터 세상으로

이제 감사와 기쁨에 사랑을 더합니다.

발걸음을 옮길 때마다 마음속으로 이렇게 기도합니다.

"하나님의 사랑이 이곳에 임하길 원합니다."

가족을 향해, 친구를 향해, 공동체를 향해…

내 발걸음이 그들을 향해 사랑을 보내고 있습니다.

혹시 떠오르는 누군가가 있다면,

그 사람의 평안과 치유를 위해 걸음을 옮겨봅니다.

발이 닿는 곳에 하나님의 사랑과 자비가 스며듭니다.

이제 그 사랑이 도시를 넘어, 이 나라와 온 세상으로 흘러갑니다.

발걸음마다 하나님의 사랑이 세상 끝까지 번져갑니다.

왼발, 오른발, 왼발, 오른발

걸을 때마다 사랑이 확장됩니다.

발을 디디면서 사랑이 퍼진다는 이미지를 가져봅니다.

왼발(사랑), 오른발(사랑), 왼발(사랑), 오른발(사랑)

이제는 발을 디딜 때마다 평화가 퍼집니다.

발이 닿는 땅마다 평화가 가득 찹니다.

왼발(평화), 오른발(평화), 왼발(평화), 오른발(평화)

이번에는 왼발을 디딜 때는 사랑이

오른발을 디딜 때는 평화가 퍼집니다.

왼발(사랑), 오른발(평화), 왼발(사랑), 오른발(평화)

내가 걸을 때마다 사랑과 평화가 확장됩니다.

[침묵 1분]

마무리 — 멈춤과 감사

이제 천천히 걸음을 멈춥니다.

편안히 서서 눈을 감습니다.

내가 걸어온 길을 마음속에 그려봅니다.

그 길 위에는 감사와 기쁨, 사랑과 평화가 남겨져 있습니다.

하나님이 내 걸음을 통해 일하셨음을 믿습니다.

숨을 깊이 들이마시며 오늘 걸음을 주신 주님께 감사드립니다.

숨을 내쉬며, 이 은혜를 마음속에 새깁니다.

들이쉬며 감사, 내쉬며 은혜

들숨(감사), 날숨(은혜)

들숨(감사), 날숨(은혜)

이제는 편안한 자기 호흡을 합니다.

들숨~ 날숨~ 들숨~ 날숨~

천천히 눈을 뜨고, 지금 이 자리로 돌아오면서 경험한 것을 마음에 새깁니다.

이제, 오늘의 발걸음이 내 삶 속에서 계속 이어질 것입니다.

하나님의 소리

이 시간에는 하나님 안에서 고요와 평화를 경험하는
소리 명상을 진행하겠습니다.
편안한 자세로 앉아 주세요.
척추를 곧게 세우고 어깨 힘을 풉니다.
마치 어깨가 땅 아래로 끌려 내려가듯이 아래로 툭 떨어뜨립니다.
머리는 우리 하나님을 향하여 위로 솟구치듯 올라가고
발은 하나님이 창조하신 땅에 굳게 디딥니다.
눈을 감고, 모든 생각과 염려를 내려놓습니다.

1단계 — 호흡 가다듬기
호흡에 집중을 해봅니다.
숨을 깊게 들이쉬고 내쉽니다.
내쉬는 숨을 좀 길게 가져갑니다.
들숨~ 날숨~ 들숨~ 날숨~

들숨을 3초 날숨을 6초 해봅니다.

코로 깊이 숨을 들이쉽니다. [3초]

그리고 부드럽게 내쉽니다. [6초]

다시, 깊게 들이쉬고 [3초]

내쉽니다. [6초]

들이쉴 때 하나님의 숨결이 내 안에 들어오는 것을 느낍니다.

내쉴 때마다 모든 근심과 긴장이 빠져나갑니다.

이렇게 되풀이합니다.

들이쉬고, 내쉬고

조금 편안해지셨으면 평상시 호흡대로 자연스럽게 호흡합니다.

호흡을 조절하지 않습니다.

그냥 자연스럽게 호흡합니다.

다만 호흡을 알아차립니다.

들숨에 하나님의 영이 들어옵니다.

날숨은 마음 쓰지 않고 들숨에만 집중합니다.

하나님의 영, 하나님의 영

들숨~ 들숨~

이제 날숨에 나의 고집이 나갑니다.

들숨은 마음 쓰지 않고 날숨에만 집중합니다.

고집이 나갑니다.

날숨~ 날숨~

자연스럽게 호흡을 알아차립니다.

들어오고

나가고…

들숨~ 날숨~ 들숨~ 날숨~

2단계 — 혀 명상

이제 혀의 움직임을 통해 몸과 마음을 이완하고,

소리 명상을 위해 준비를 하겠습니다.

입을 가볍게 다물고, 혀끝을 왼쪽 뺨 안쪽에 천천히 닿게 합니다.

그 감각을 느낍니다.

[침묵 3초]

이제 혀를 오른쪽 뺨 안쪽으로 이동시킵니다.

좌, 우, 좌, 우

혀가 움직일 때마다, 얼굴과 턱 근육이 풀어지는 것을 느껴봅니다.

이제 혀끝을 위 잇몸 안쪽에 닿게 합니다. [2초]

그 감각을 느낍니다.

천천히 혀를 아랫잇몸 안쪽으로 내립니다.

위, 아래, 위, 아래

혀가 부드럽게 움직이며, 목과 턱이 풀어집니다.

이제 혀끝으로 입안을 천천히 둥글게 그리며 돌려봅니다.

시계방향으로 크게 원을 그리듯 돌립니다.

왼쪽 뺨 안쪽에서 시작해서

윗니, 잇몸, 뺨 안쪽을 따라 천천히 회전합니다.

인중을 지나 오른쪽으로

혀가 지나가는 감각을 따라가며, 턱과 입술, 목이 함께 이완됩니다.

오른뺨을 지나 아랫니 잇몸 안쪽을 따라 천천히 한 바퀴 돕니다.

같은 방향으로 천천히 한 바퀴 원을 그립니다.

이제 반대 방향으로 돌려봅니다.

반시계 방향으로 천천히, 크게

왼뺨 안쪽에서 시작해서

아랫니, 잇몸, 뺨 안쪽을 따라 천천히 회전합니다.

혀가 지나가는 감각을 따라가며, 턱과 입술, 목이 함께 이완됩니다.

오른뺨을 지나 윗니, 잇몸, 인중 안쪽을 따라 천천히 한 바퀴 돕니다.

같은 방향으로 천천히 한 바퀴 원을 그립니다.

혀의 움직임이 머리와 목, 가슴까지 부드러운 파동처럼 퍼집니다.

(시간이 있으면 혀를 왼쪽 어금니에 닿게 하고 하나하나 느껴볼 수도 있습니다.
나중에 하실 때 충분한 시간이 있으면 하나하나를 느끼면서 해보세요. 이빨 하나에 두고 들숨~ 날숨~, 들숨~ 날숨~ 두번 정도 하고 다른 이로 넘어가는 식으로 이빨 전체를 느껴보면 좋습니다)

이제 혀를 입안에서 편안히 둡니다.

입술은 가볍게 닫은 채로 내쉽니다.

혀는 입안에서 편안히 놓여 있으며,

혀끝이 가볍게 입천장 뒤쪽에 닿아 있습니다.

혀가 제자리를 찾으며, 몸과 마음이 더 깊은 안정으로 들어갑니다.

이제 혀의 긴장은 풀리고, 얼굴 전체가 부드럽게 이완되었습니다.
양쪽 입꼬리를 올리고 미소를 지어봅니다.
목과 어깨, 가슴까지 편안함이 퍼져갑니다.
이 혀를 통하여 우리는 맛보고 먹고 말해왔습니다.
혀의 모든 움직임을 하나님께 온전히 주관하시기를 잠시 기도합니다.
지금까지 나를 먹여오신 하나님, 그 은혜에 감사합니다.
나의 혀를 주관하시어 사랑의 언어만 나올 수 있도록 주관하소서
이제 우리는 소리 명상으로 들어갈 준비가 되었습니다.

3단계 — 모음 소리 명상

이제 소리를 내기 시작합니다.
숨을 깊이 들이쉬어서 하나님의 영이 가득 나를 채우듯이 채우고
끝에 있는 숨까지 다 내쉬면서 소리를 내봅니다. '아~~~~' [4~5초]
이 소리가 아까 경험했던 마음의 중심까지 울리도록 해봅니다.
다시 '아~~~' 소리가 마음 중심에 울리며 그 중심의 하나님께 닿도록 합니다.
'아~~~' 소리를 길게 냅니다.
소리가 점점 사라질 때, 그 끝을 바라봅니다. [고요 5초]
아무 소리도 들리지 않는 그 끝에, 아무것도 없는 것 같은 곳에 무엇이 있는지 집중하고 알아차려 봅니다.
그 빈공간에 계신 아무것도 없는 곳에 계신 하나님을 느껴봅니다.
다시 숨을 가득 들이쉬고

끝에 있는 숨까지 다 내쉬면서 소리를 냅니다. '아~~~~' [4~5초]

소리가 점점 사라질 때, 그 끝을 바라봅니다. [고요 5초]

다시 숨을 가득 들이쉬고

끝에 있는 숨까지 다 내쉬면서 소리를 냅니다. '아~~~~' [4~5초]

소리가 점점 사라질 때, 그 끝을 바라봅니다. [고요 5초]

아, 에, 이, 오, 우 모음 전체를 한 번씩 해보겠습니다.

다시 숨을 가득 들이쉬고

끝에 있는 숨까지 다 내쉬면서 소리를 냅니다. '에~~~~' [4~5초]

소리가 점점 사라지고 멈추는 순간 그 고요를 느껴봅니다. [고요 5초]

다시 숨을 가득 들이쉬고

끝에 있는 숨까지 다 내쉬면서 소리를 냅니다. '이~~~~' [4~5초]

소리가 점점 사라지고 멈추는 순간 그 고요를 느낍니다. [고요 5초]

다시 숨을 가득 들이쉬고

끝에 있는 숨까지 다 내쉬면서 소리를 냅니다. '오~~~~' [4~5초]

소리가 점점 사라지고 멈추는 순간 그 고요를 느낍니다. [고요 5초]

다시 숨을 가득 들이쉬고

끝에 있는 숨까지 다 내쉬면서 소리를 냅니다. '우~~~~' [4~5초]

소리가 점점 사라지고 멈추는 순간 그 고요를 느낍니다. [고요 5초]

이제 아를 다시 해보겠습니다.

다시 숨을 가득 들이쉬고

끝에 있는 숨까지 다 내쉬면서 소리를 냅니다. '아~~~~' [4~5초]

소리가 점점 사라질 때, 그 끝을 바라봅니다. [고요 5초]

4단계 — 주님의 이름 소리 명상

이제 거룩한 주님의 이름을 부르겠습니다.

우선 '주여'로 부르겠습니다.

숨을 가득 들이쉬고…

끝에 있는 숨까지 다 내쉬면서 소리를 냅니다. '주여~~~~' [4~5초]

소리가 점점 사라지고 멈추는 순간 주님의 품에 안기듯 고요 속에 머물러봅니다. [고요 6초]

다시, 숨을 가득 들이쉬고…

끝에 있는 숨까지 다 내쉬면서 소리를 냅니다. '주여~~~~' [4~5초]

소리가 점점 사라지고 멈추는 순간 주님의 품에 안기듯 고요 속에 머물러봅니다. [고요 6초]

한 번 더, 숨을 가득 들이쉬고…

끝에 있는 숨까지 다 내쉬면서 소리를 냅니다. '주여~~~~' [4~5초]

소리가 점점 사라지고 멈추는 순간 주님의 품에 안기듯 고요 속에 머물러봅니다. [고요 6초]

소리의 끝에서 하나님의 임재를 느껴봅니다.

점점 소리를 부드럽게, 길게, 그리고 고요를 깊게 가져갑니다.

각자 소리를 밖으로 내지는 말고 속삭이듯 소리를 내봅니다.

각자의 페이스에 맞추면서

점점 소리를 부드럽게, 길게, 그리고 고요를 깊게 가져갑니다.

[침묵 2분]

이제 주님을 부르겠습니다. 주님이라고 직접 부르겠습니다.

주님의 "님" 소리를 길게 내면서

미음(ㅁ) 발음을 낼 때 "음~" 하는 식으로 입술이 서로 닿아 진동만 있게 하고 그 끝을 바라봅니다.

숨을 가득 들이쉬고…

끝에 있는 숨까지 다 내쉬면서 소리를 냅니다. '주님~~~~' [4~5초]

소리가 점점 사라지고 멈추는 순간

주님의 품에 안기듯 고요 속에 머물러봅니다. [고요 6초]

다시, 숨을 가득 들이쉬고…

끝에 있는 숨까지 다 내쉬면서 소리를 냅니다. '주님~~~~' [4~5초]

소리가 점점 사라지고 멈추는 순간

주님의 품에 안기듯 고요 속에 머물러봅니다. [고요 6초]

한 번 더, 숨을 가득 들이쉬고…

끝에 있는 숨까지 다 내쉬면서 소리를 냅니다. '주님~~~~' [4~5초]

소리가 점점 사라지고 멈추는 순간

주님의 품에 안기듯 고요 속에 머물러봅니다. [고요 6초]

소리의 끝에서 하나님의 임재를 느껴봅니다.

각자 소리를 밖으로 내지는 말고 속삭이듯 소리를 내봅니다.

각자 페이스에 맞추어 점점 소리를 부드럽게, 길게,

그리고 고요를 깊게 가져갑니다.

[침묵 2분]

5단계 — 고요 명상

이제 소리를 내고 난 뒤, 그 끝과 고요를 더욱 주의 깊게 바라봅니다.

소리가 희미해지고, 더 이상 들리지 않는 순간

그 자리에 평화가 있습니다.

그 순간이 하나님이 머무시는 자리입니다.

숨을 들이쉬고, '주님~~~~' [4초]

소리가 멈춥니다. [고요 8초]

그 고요 속에 머무릅니다.

다시, '예수님~~~~' [4초]

소리가 멈춥니다. [고요 8초]

그 고요 속에 머무릅니다.

고요가 마음 깊이 스며듭니다.

소리보다 고요의 시간이 더 길어집니다.

이제는 각자가 소리를 밖으로 내지 말고 해봅니다.

대신 소리를 짧게, 고요를 길게 가져갑니다.

소리는 문을 열고, 고요는 하나님께 들어가는 길입니다.

주여, 주님, 예수님 다 좋습니다.

집중이 잘 안될 때

"주", "여"

이런 식으로 한 음절씩 해도 좋습니다.

자기가 원하는 소리를 조용히 속삭이듯 소리를 내고 그 이후의 고요를 느껴봅니다.

다른 사람 귀에 들리지 않게

이제 자기만 들을 수 있는 소리로 주님을 부르고

그 이후에 주님이 주신 고요를 느낍니다.

각자 해봅니다.

[침묵 2분]

6단계 — 고요 속 머무름

이제 소리를 멈추고, 고요 속에만 머물러봅니다.

주님의 이름을 부르고 난 후

조금 전 소리가 남긴 여운을 느껴봅니다.

내 안의 울림이 사라지지 않고 계속 이어지고 있음을 느낍니다.

그 고요와 평화가 바로 하나님의 숨결입니다.

이 방안에 여러 물건과 가구가 있지만 그 배경에는 공간이 있습니다.

이 공간은 이 방뿐만 아니라 이 건물의 배경, 이 동네의 배경, 이 지구의 배경입니다.

모든 공간은 하나입니다.

여러 소리가 있을 수 있지만 그 배경에는 고요함이 있습니다.

소리가 잠시 고요함을 깨고 일어나지만 그 소리가 없어지는 곳에 고요함이 있습니다.

공간이 모두 하나이듯이 고요함도 하나입니다.

그 고요함 속에 하나님이 계십니다.

하나님은 바로 그 자리에 태초부터 계셨고 나의 탄생 이후 내내 함께 계셨습니다.

이제 아무것도 하지 않고, 고요함 속에 계시는 하나님 안에 머뭅니다.

각자 속으로 소리를 내고 그 이후의 고요를 느껴도 됩니다.

[침묵 4분]

마무리

하나님, 오늘 이 시간을 통해 우리 마음과 몸을 고요하게 하시고,

당신의 평화를 느끼게 해주셔서 감사합니다.

이 고요와 평화를 제 일상에서도 간직하게 하소서.

이제 천천히 몸을 풀고, 좌우로 움직여보고 앞뒤로도 움직여보고

손과 발도 움직여봅니다. 눈을 뜹니다.

평화롭게 지금 이 자리로 돌아옵니다.

양 손을 비벼 눈두덩이를 부드럽게 비벼봅니다.

지금 이 자리 현재의 자리로 돌아옵니다.

고요하고 평화롭게 돌아옵니다.

하나님의 빛

편안하게 앉습니다. 척추를 곧게 세우고 허리를 등받이로부터 떼어 머리가 하늘로 번쩍 들려 올라가는 것 같은 느낌이 들도록 합니다.

엉덩이는 양쪽 좌골에 균등하게 무게가 실리고 발바닥은 땅을 견고하게 디디고 마치 뿌리가 내리는 느낌이 들게 합니다.

어깨는 툭 늘어뜨려 부드럽게 풀어줍니다. 눈을 감아봅니다.

호흡에 집중합니다.

코로 깊게 숨을 들이마시고 [호흡 3초]

천천히 내쉽니다. [호흡 6초]

다시 들이쉬고 [3초] 내쉽니다. [6초]

모든 근심과 긴장이 호흡과 함께 빠져나갑니다.

들숨~ 날숨~ 들숨~ 날숨~

이제 편안하게 자기 방식대로 자연스럽게 호흡합니다.

호흡을 조절하지 않습니다.

다만 숨이 들어오고 나가는 것만 알아차려 봅니다.

들숨~ 날숨~ 들숨~ 날숨~

내가 숨을 쉬는 것이 아닙니다.

하나님이 숨을 쉬게 해 주십니다.

그 자연 자체로 숨을 쉬고 있는 것을 알아차리기만 합니다.

하나님의 말씀을 듣습니다.

"일어나라 빛을 발하라 이는 네 빛이 이르렀고 여호와의 영광이 네 위에 임하였음이니라. 보라 어둠이 땅을 덮을 것이며 캄캄함이 만민을 가리우려니와 오직 여호와께서 네 위에 임하실 것이며 그의 영광이 네 위에 나타나리니 나라들은 네 빛으로, 왕들은 비치는 네 광명으로 나아오리라." (이사야 60:1-3)

하늘에서 부드럽고 따뜻한 빛이 서서히 내려옵니다.

그 빛은 하나님의 사랑과 영광이 가득 담긴 빛입니다.

빛이 머리 위에 닿습니다.

정수리로부터 들어와 이마와 눈, 뺨, 입가로 스며듭니다.

숨을 들이쉴 때 빛이 더 깊이 들어오고,

내쉴 때 두려움과 어둠이 사라집니다.

빛은 목과 어깨로 흘러 내려갑니다.

가슴으로, 복부로, 다리와 발끝까지 흐릅니다.

나는 머리에서 발 끝까지 하나님의 빛으로 덮여 있습니다.

나는 하나님의 빛 안에 있습니다.

그 빛은 나를 치유하고, 회복시키며, 새롭게 합니다.
"어둠이 땅을 덮을지라도, 여호와께서 네 위에 임하실 것이며,
그의 영광이 네 위에 나타나리니"
[침묵 3분]

다시 한번, 빛이 머리 위에서부터 내려옵니다.
이번에는 더 부드럽고 깊게 스며듭니다.
머리에서 발 끝까지, 온몸의 세포 하나하나에 빛이 머뭅니다.
이제 빛이 내 영혼 깊숙이 채워집니다.
[침묵 2분, 음악만]

나는 하나님의 빛 그 자체로 서 있습니다.
빛은 내 생각과 감정을 정결하게 하고,
내 안의 모든 불안과 어둠을 몰아냅니다.
[침묵 1분, 음악만]

이제 하나님의 빛이 나를 넘어 흘러갑니다.
내 가족과 친구들, 내가 속한 공동체에, 이 땅의 모든 이들에게.
그 빛을 받은 이들이 다시 빛을 발합니다.

"나라들은 네 빛으로, 왕들은 비치는 네 광명으로 나아오리라"
[침묵 2분, 음악만]

천천히 지금 여기 현재의 공간으로 돌아옵니다.

손끝과 발끝을 움직이며 몸을 깨웁니다.

몸을 좌우로 흔들어서 이 자리로 돌아옵니다.

다만 하나님의 빛이 여전히 내 안에 있음을 느낍니다.

이제로부터는 그동안의 내가 아닌 나를 가득 채운 하나님의 빛으로,

나는 죽고 내 안에 사신 예수 그리스도로 살아갑니다.

준비되신 분들은 서서히 눈을 뜹니다.

하나님의 긍휼과 나눔의 사랑

편안하게 앉습니다. 척추를 곧게 세우고 허리를 등받이로부터 떼어 머리가 하늘로 번쩍 들려 올라가는 것 같은 느낌으로 앉습니다. 엉덩이는 양쪽 좌골에 균등하게 무게가 실리고 발바닥은 땅을 견고하게 디디고 마치 뿌리가 내리는 느낌이 듭니다.

어깨는 툭 늘어뜨려 부드럽게 풀어줍니다.

눈을 감습니다.

이제 호흡에 집중합니다.

코로 깊게 숨을 들이마시고 [호흡 3초]

천천히 내쉽니다. [6초]

다시 들이쉬고 [3초] 내쉽니다. [6초]

모든 근심과 긴장이 호흡과 함께 빠져나갑니다.

들숨~ 날숨~ 들숨~ 날숨~

이제 편안하게 자기 방식대로 자연스럽게 호흡합니다.

호흡을 조절하지 않습니다.

다만 숨이 들어오고 나가는 것을 알아차립니다.

들숨~ 날숨~ 들숨~ 날숨~

이제, 하나님의 긍휼과 사랑을 깊이 느끼고,

그 사랑을 나 자신과 이웃에게 흘려보내는 시간을 갖겠습니다.

1단계 — 하나님의 긍휼을 묵상하기

하나님의 말씀을 듣습니다.

"아버지가 자식을 긍휼히 여김 같이 여호와께서는 자기를 경외하는 자를 긍휼히 여기시나니"(시편 103:13)

하나님은 나를 보실 때, 나의 약함과 상처를 다 아시고, 나를 불쌍히 여기십니다.

나를 정죄하려 하지 않으시고 돌보시고 회복시키려 하십니다.

하나님의 긍휼함이 머무는 나 자신을 상상해 봅니다.

마치 어린아이를 품에 안듯, 하나님이 나를 안고 계십니다.

나를 보고 너무 환하게 웃고 계십니다.

그 품 안에서 나는 안전합니다.

나도 웃는 아이처럼 입꼬리를 올리고 환한 미소로 하나님을 만납니다.

숨을 들이쉴 때, 하나님의 사랑이 나를 채웁니다.

숨을 내쉴 때, 내 안의 수치심과 자기 비난이 사라집니다.

[침묵 1분 — 사랑을 느끼기]

2단계 — 자기 자비(Self-compassion)*

하나님의 말씀을 듣습니다.

"우리가 사랑함은 그가 먼저 우리를 사랑하셨음이라" (요한일서 4:19)

하나님이 먼저 나를 사랑하셨습니다.

나는 그 사랑을 받을 자격이 없는 것처럼 느낄 때가 있지만,

그분은 조건 없이 나를 사랑하십니다.

이제 그 사랑을 나 자신에게 흘려보냅니다.

마음속으로 이렇게 말합니다.

나는 하나님의 사랑받는 자녀다.

나는 하나님의 긍휼 속에 있다.

나를 정죄하지 않고

나를 사랑하시는 하나님의 눈으로 나를 바라본다.

숨을 들이쉴 때마다 하나님의 온유와 자비가 나를 감쌉니다.

내쉴 때마다 나를 괴롭히던 자기 비난과 두려움이 사라집니다.

들숨~ 날숨~ 들숨~ 날숨~

---

* '자비'를 일부 기독교인들은 불교 전통에서 자주 사용되는 개념으로 인식하지만, 영어 "Compassion"을 의미한다. 이 단어는 라틴어 "compati"에서 유래하였으며, '함께 고통을 느끼다'라는 뜻이다. 이 단어는 신약성경에서 예수님의 마음을 설명할 때 자주 사용된다(예: 마 9:36, 눅 7:13). 하나님께서 인간의 고통에 깊이 공감하시고 함께하시는 속성을 표현하는 의미로 이 책에서의 '하나님의 자비'는 하나님의 사랑이 고통받는 자를 향해 구체적으로 흘러나오는 마음을 지칭한다.

숨이 들어올 때마다 사랑과 자비를 채웁니다.

들숨에만 집중합니다.

날숨에는 마음 쓰지 않습니다.

들숨에 사랑과 자비가 채워집니다.

들숨~ 들숨~ 들숨~

[침묵 1분 ― 자기 자비를 마음에 채움]

3단계 ― 이웃 사랑과 자비

하나님이 나를 사랑하신 것처럼, 그 사랑을 이웃에게 흘려보냅니다.

하나님의 말씀을 듣습니다.

"네 이웃을 네 자신 같이 사랑하라" (마태복음 22:39)

마음속에 아는 사람 누군가를 떠올려 봅니다.

사랑하는 사람도 좋습니다.

미워하는 사람도 좋습니다.

그냥 지금 떠오르는 사람 누구라도 좋습니다.

누가 되어도 좋습니다.

그 사람이 지금 평안하길 바랍니다.

그의 아픔이 치유되길 바랍니다.

그 사람이 너무 싫어서 그렇게 되기 싫을 수도 있습니다.

그러면 마음에 거리낌이 없는 다른 사람을 먼저 떠올려도 됩니다.

사랑하는 사람, 좋아하는 사람, 별 감정이 없는 사람도 좋습니다.

그의 삶에 하나님의 빛이 임하길 바랍니다.

숨을 들이쉴 때, 하나님의 사랑이 내 안에 채워지고,

내쉴 때, 그 사랑이 그 사람에게 흘러갑니다.

비록 내가 그 사람을 사랑할 수 없을지라도

하나님은 그 사람을 사랑하십니다.

또 다른 떠오르는 사람에게도 똑같이 합니다.

그 사람이 지금 평안하길 바랍니다.

그의 아픔이 치유되길 바랍니다.

그의 삶에 하나님의 빛이 임하길 바랍니다.

숨을 들이쉴 때, 하나님의 사랑이 내 안에 채워지고,

내쉴 때, 그 사랑이 그 사람에게 흘러갑니다.

너무 싫고 미운 사람이 떠오른다면

그냥 하나님께 올려드립니다.

이런 마음도 올려드립니다.

밉고 싫은 내 마음에도 하나님의 빛이 오십니다.

그 사람은 하나님이 다루실 것입니다.

그저 나를 하나님의 빛이 채우십니다.

이제 그 빛과 사랑을 더 넓혀, 나의 공동체, 이 나라,

온 세상으로 보냅니다.

하나님의 자비가 온 땅을 덮습니다.

들숨~ 날숨~ 들숨~ 날숨~

날숨과 함께 사랑이 흘러 나갑니다. 날숨~ 날숨~

사랑이 확장되는 것을 느낍니다.

[침묵 2분 — 사랑을 확장시키기]

4단계 — 사랑과 자비의 순환

하나님의 사랑이 나를 채우고,

그 사랑이 나를 통해 흘러가고,

다시 하나님께로 돌아옵니다.

사랑과 자비가 멈추지 않는 순환이 됩니다.

이 순환 속에서 나는 자유롭고 평화롭습니다.

이제 마음속으로 이렇게 고백합니다.

주님, 주님의 사랑으로 나를 채우소서.

그 사랑으로 나 자신을 품게 하소서.

그 사랑으로 이웃을 품게 하소서.

이 기도가 내 호흡과 함께 이어집니다.

들숨~ 날숨~ 들숨~ 날숨~

사랑이 순환하는 것을 느껴봅니다.

[침묵 2분 — 사랑의 순환을 느끼기]

마무리

이제 천천히 지금 이 자리 현재의 공간으로 돌아옵니다.

손끝과 발끝을 부드럽게 움직입니다.

몸을 좌우로 흔들어 봅니다.

하나님의 사랑과 자비가 여전히 내 안에 흐르고 있음을 느낍니다.

오늘 하루, 나는 나 자신에게 자비롭고,

만나는 사람들에게 하나님의 사랑을 전하겠습니다.

천천히 눈을 뜹니다.

사랑과 자비가 가득찬 몸과 마음으로 오늘 하루를 보냅니다.

긍휼의 사람으로 살아가기

도입 – 마음을 가다듬고 주님을 맞이하기

편안한 자세로 앉습니다. 양측 좌골로 아주 편안하게 앉습니다. 양발이 균등하게 체중을 지탱하고 마치 발에서 뿌리를 내려 땅으로 깊게 박히는 것처럼 편안하게 내려놓습니다.

가능하신 분들은 등받이에서 등을 떼어 등을 바르게 세우지만

너무 가슴을 들려고 할 필요는 없습니다. 그저 엉덩이부터 하나하나 척추뼈가 잘 세워져서 차곡차곡 쌓여 올라간 것만 느낍니다. 그 위에 머리가 가볍게 얹혀 있으면 됩니다. 머리는 가벼운 풍선처럼 두둥실 위로 올라가고 어깨는 툭 떨구어 내려놓습니다.

두 눈을 감고, 지금 이 순간, 이 자리로 마음을 모읍니다.

자연스럽게 숨을 들이쉬고 내쉬어 봅니다.

깊게 숨을 들이쉬고 좀 더 길게 내쉽니다.

들숨~ 날숨~ 3초 들이쉬고 6초 내쉽니다.

숨을 들이쉴 때마다, 하나님의 숨결이 내 안으로 들어옵니다.

숨을 내쉴 때마다, 나의 걱정, 긴장, 판단을 주님께 내어놓습니다.

말씀이 내게 내려앉습니다.

"주께서 너희를 불쌍히 여기사 그들을 고치시니라" (마태복음 14:14)

지금, 주님께서 나와 함께 계십니다.

나를 불쌍히 여기십니다.

나를 고치십니다.

[침묵 10초]

자기 연민 명상 – 비판 대신 긍휼로 자신을 바라보기

이제, 나 자신에게 마음을 돌려봅니다.

그동안 나 자신에게 실망하였던 것이 있었나요?

뭔가 부족하다고, 못났다고, 잘못하고 있다고

비난하지는 않았나요?

하나님께서 나를 만드셨습니다.

그분은 나를 있는 그대로 사랑하십니다.

그 하나님의 시선으로 나를 바라봅니다.

하나님은 나를 사랑하십니다.

너무도 환한 미소로 나를 대하십니다.

나도 입꼬리를 올리고 미소로 대합니다.

[침묵 5초]

나 자신을 정죄해 왔습니다.

나의 실수와 부족함을, 못마땅하다고 비난했었습니다.

다음 말을 마음으로 천천히 따라 해봅니다.

주님, 저를 긍휼히 여기소서

저를 불쌍히 여기소서.

저를 불쌍히 여기소서

이제 기도합니다.

"더 이상 내가 내 자신에게 거칠게 말하지 않게 하소서.

하나님이 나를 품어주시듯이 나도 나를 품게 하소서."

이제 나를 친절하게 대할 것입니다.

따뜻하게 대할 것입니다.

[10초 침묵]

지금 자신을 함부로 대하고 있다면,

이 자리에서 하나님을 떠올립니다.

하나님은 내가 부족해도, 상한 마음 가운데 있을 때도, 주님을 떠나있을 때도, 결코 외면하지 않으셨습니다.

주님, 힘든 나, 어려운 나를 마음에 들어 하지 않는 저를 주님의 긍휼로 감싸주소서.

제가 실패했을 때도, 주님은 저를 포기하지 않으셨음을 믿습니다.

당신의 사랑 안에서, 제 마음을 회복하게 하소서.

[침묵 15초, 배경음악]

이제, 하나님의 사랑의 빛이 나를 감쌉니다.

내 안에 계신 하나님의 부드러운 빛이 내 가슴 가운데에서 시작되어

나의 마음과 몸 전체를 감쌉니다.

그 빛이 따듯하게 내 안에 머물고 있음을 느낍니다.

[침묵 10초]

아픈자를 위한 연민 – 진료실에서 긍휼의 사람으로

(임상가가 아닌 사람들은 그 어떤 사람을 떠올려도 됩니다)

이제, 내 앞에 있는 아픈자, 내담자, 또는 누군가를 떠올려 봅니다.

고통 중에 찾아온 이들,

상처받고 무너진 마음으로 나를 의지하는 이들.

그들의 삶의 무게와 말하지 못한 고통을

내 마음의 공간 안에 초대해 봅니다.

[침묵 5초]

주님, 제가 만나는 이들을 긍휼히 여기소서.

말을 나눌 때 그들의 아픔을 알아차릴 수 있게 하소서.

저의 피로와 분주함이 그들의 고통을 가리지 않게 하소서.

제가 주님의 손과 발이 되어,

이들에게 자비의 통로가 되게 하소서.

[침묵 10초]

또한, 내가 진료나 대화를 하면서

속으로 판단하거나 거부감이 든 적 있는 아픈자가 있다면

그들 역시 하나님의 긍휼함이 필요한 존재임을 인정해 봅니다.

주님, 제가 어려워하는 그 아픈자들도,

당신께서 사랑하시는 자녀들입니다.

그들의 말과 행동 너머에 있는 상처를 보게 하소서.

제 안의 분노, 좌절, 냉소를 녹여주소서.

그들에게 진심으로 자비를 품을 수 있도록,

제 마음을 정결하게 하소서.

[침묵 20초]

지금도 제 몸과 마음이 지친 부분이 있지만

그 지친 곳마저도 주님의 사랑과 긍휼함이 덮고 계십니다.

긍휼은 내가 짜내는 것이 아니라,

주님으로부터 흘러오는 것입니다.

[침묵 20초]

세상을 향한 연민 – 멀고도 가까운 고통을 향하여

이제, 더 넓은 세상을 바라봅니다.

가난한 이들, 외로운 사람들,

전쟁과 재난 가운데 있는 이들,

정신적 고통으로 희망을 잃은 사람들…

주님, 이 세상의 눈물과 상처를 긍휼히 여기소서.

특히 아무도 그들을 위해 기도하지 않는 이들을 기억하소서

주님의 위로와 회복이

모든 사람의 삶에 임하게 하소서.

[침묵 5초]

나와 생각이 다르거나,

나를 불편하게 하는 사람들까지

긍휼의 마음을 보냅니다.

주님, 제가 판단하던 이들도 하나님의 형상입니다.

제가 미워했던 사람들에게도

하나님의 긍휼을 구합니다.

주님, 제 마음의 경계를 허물고

진정한 사랑으로 나아가게 하소서.

[침묵 30초]

마무리 – 긍휼의 통로로 살아가기

이제 다시 호흡으로 주의를 기울입니다.

들숨~ 날숨~ 들숨~ 날숨~

숨이 들어올 때 하나님의 사랑과 자비가 내 안에 가득 차오릅니다.

너무 싫고 미운 사람이 떠오른다면

그냥 하나님께 올려드립니다.

이런 마음도 올려드립니다.

밉고 싫은 내 마음에도 하나님의 빛이 오십니다.

그 사람은 하나님이 다루실 것입니다.

그저 나를 하나님의 빛이 채우십니다.

들숨~ 날숨~ 들숨~ 날숨~

오늘 내가 만나는 사람,

가족, 동료, 낯선 이에게까지

하나님의 긍휼을 전하는 사랑의 사람으로 살아가겠습니다.

주님, 오늘도 긍휼의 마음으로 살게 하소서.

내가 받은 사랑을 누군가의 생명으로 나누게 하소서.

내 존재가, 누군가에겐 하나님의 위로가 되게 하소서.

[침묵 30초]

이제 하나님의 사랑과 긍휼로 가득찬 내 몸을 서서히 깨워봅니다.

손과 발을 조금씩 움직여봅니다.

몸을 좌우로 흔들어 보며

지금 이 자리로 돌아옵니다.

손을 비벼서 눈두덩이를 덮어 따듯하게 해 줍니다.

준비되신 분들은 서서히 눈을 뜹니다.

긍휼과 사랑으로 오늘 하루를 마무리하겠습니다.

초월적 타자를 만나는
누미노제의 여정

교회사에서 만나는 영성챙김

기독교 신비주의와 영성

기독교 신비주의는 하나님과의 깊은 내적 일치를 추구하는 전통으로서, 단순한 교리적 지식을 넘어서 하나님의 임재를 인격적으로 체험하고 그 체험을 통해 존재 전체가 변화되는 것을 목표로 한다. 이 전통은 초기 교회의 수도원 운동, 중세의 신비 신학, 그리고 근대 이후의 내면적 영성 운동에 이르기까지, 기독교 신앙의 핵심적인 영적 자원으로 이어져 왔다.

기독교 신앙의 영적 자원

금송아지 사건으로 지도자 모세는 절체절명의 순간을 맞는다. 그때 하나님은 모세에게 임재하신다. 그러자 모세는 하나님께 이렇게 간구한다.

"모세가 이르되 원하건데 주의 영광을 내게 보이소서" (출애굽기 33:18)

모세에게 임한 하나님의 임재로 모세는 광야의 떨기나무에 임했던 하나님의 임재를 다시 한번, 더욱 강렬하게 체험한다. 나보다 초월적인 거룩한 존재와 연결되며 그 앞에서 한 존재로서 감정적, 미학적, 직관적 체험인 루미노제를 체험한 것이다. 이에 대해 묵시문학의 권위자인 장로회신학대학교 배정훈 박사는 『거룩의 여정』에서 "모세는 이스라엘 역사에서 신비주의의 기원이 되었다."고 했다. 또한 영남신학대학교 유재경 박사는 "기독교 신비주의는 주로 초월적인 하나님의 개념에서 출발하여, 성경 해석을 중심으로 발전하였으며, 성례전의 맥락에서 사용되고, 예수 그리스도 안에서 발견된 숨겨진 의미와 변화를 강조한다."고도 했다.

기독교 초기에는 "신비주의"라는 용어보다는 "관상(Contemplatio)" 또는 "신적 응시(Theoria)"라는 용어를 사용했다고 한다. 이는 하나님을 바라보며 인식하고 응답하는 깊은 내면의 기도 상태를 의미했다. 기독교 신비주의는 이러한 내면의 시선을 통해 하나님을 인지하며, 그 인식은 단순한 감각이나 지식이 아니라 사랑과 믿음을 통한 '존재의 변화'로 이어지는 것이다. 버나드 맥긴(Bernard McGinn)은 이를 "하나님의 직접적이고 변화시키는 임재에 대한 준비와 의식, 그리고 그 효과"로 정의하면서, '합일(Union)'보다는 '임재(Presence)'라는 개념이 더 적절하다고 강조한다. 이는 모든 신비 체험이 반드시 합일을 수반하지 않으며, 때로는 하나님의 강렬한 임재 경험만으로도 인간의 삶이 근본적으로 뒤바뀌기 때문이다.

기독교 신비주의 전통은 동방정교회의 헤시카즘(Hesychasm)과 서방교회의 아빌라의 성녀 테레사나 십자가의 성 요한과 같은 영성가들의 삶과 글 속에 강하게 표현되고 되었다. 이들은 기도와 묵상, 금욕과 사랑, 내면적 침묵을 통해 인간의 자아가 하나님 앞에 무너지고, 그 빈 마음 안에 하나님의 빛이 거하는 체험을 일관되게 묘사하였다. 이러한 신비 체험은 감정적 고양이나 신비한 환상만을 의미하는 것이 아니라, 철저한 자기 비움과 순종, 윤리적 변화를 수반하는 전인격적 사건으로 간주되었다.

기독교 신비주의와 명상

기독교 신비주의는 본질적으로 명상과 깊은 연관이 있다. 기독교 명상은 단순한 인지적 반추가 아니라, 말씀을 반복하여 음미하며 마음속에 새기고, 침묵 속에서 하나님의 임재에 머무는 기도이다. 동서고금을 막론하고 신비주의자들은 이러한 명상적 기도를 통해 하나님과의 친밀함을 체험하였으며, 이를 통해 사랑의 내적 응시(Contemplative Gaze)를 실천해 왔다. 이처럼 기독교 명상은 이성이나 지식으로는 다가갈 수 없는 하나님을 마음의 눈으로 바라보며 그분 안에 거하려는 영적 실천이자 신비주의적 체험의 기반이 된다.

그러나 이러한 신비주의는 개신교 전통에서는 배척되거나 의심의 눈초리를 받았다. 이는 종교개혁기의 신학적 전환과 관련이 깊다. 루터(Martin Luther)와 칼빈(Jean Calvin)을 비롯한 종교 개혁자들은 중세 말기의 신비주의가 성경보다는 개인 체험에 의존하거나, 인간의 공로에 기반한 구원관으로 오용될 수 있다는 우려를 했다. 또한 그들은 로마 가톨릭의 성례 중심성과 고행적 신앙 실천이 본질적인 신앙의 자유를 훼손한다고 보았으며, 이에 따라 신비주의에 내재된 인간의 내면적 경험을 경계하였다. 이와 함께, 개신교는 성경 말씀과 설교 중심의 신앙을 강조하면서, 직접적 체험이나 초월적 직관보다는 객관적인 진리와 교리를 중심에 두는 경향을 강화하였고 이것이 현대까지 이어졌다.

그렇지만 근대 이후의 신학적 변화와 함께 개신교 내부에서도 기독교 신비주의가 점차 재조명되고 있다. 많은 신학자들과 영성가들은 인간 존재의 근원적인 갈망을 채우는 방식으로 신비주의적 기도와 명상의 가치를 새롭게 인식하고 있고, 명상과 관상을 통해 회복되는 전인적 신앙의 필요성을 강조하게 되었다. 특히 정신건강, 내면 치유, 정체성의 회복과 같은 문제에 대한 영적 응답으로 신비주의를 바라보게 하였으며, 토머스 머튼(Thomas Merton), 리처드 포스터(Richard Foster), 달라스 윌라드(Dallas Albert Willard) 등의 인물들은 이러한 흐름을 이끌며, 신비주의를 현대적 언어로 풀어내고 교회 공동체의 실천 속으로 다시금 불러들이는 작업을 해왔다.

이처럼 기독교 신비주의는 과거의 전통에 머무는 것이 아니라, 오늘날에도 여전히 살아 있는 영적 유산이다. 그래서 명상과 관상, 침묵과 기도를 통해 하나님과의 깊은 친밀함에 이르고자 하는 모든 이들을 위한 보편적인 여정으로 작동하고 있다. 신비주의는 더 이상 소수 수도자의 길이 아니라, 바쁜 현대인의 내면을 비추는 빛이자, 기도와 신앙을 더욱 깊고 진실하게 만드는 성숙의 길이라고 할 수 있다.

이단과 이교도들

기독교 신비주의를 다룰 때 반드시 유념해야 하는 것은 이단과의 구분일 것이다. 기독교 신비주의가 하나님과의 직접적인 만남을 통한 영성의 심화와 내면의 변화를 지향하다 보니 때로는 그러한 신비 체험이 순수하게 정통 신앙 안에서만 이뤄지는 것은 아니다. 때로는 이단적 요소와 혼동되거나 실제로 이단적 흐름과 맞닿을 위험도 내포하고 있다. 따라서 기독교 신비주의는 풍성한 영적 자원이 될 수 있는 동시에, 일정한 분별력과 공동체적 검증이 요구되는 섬세한 영역이기도 하다. 이단과 신비주의를 구분하는 핵심 기준은 '하나님 계시에 대한 태도', '교회의 전통과 성경 해석의 일치성', 그리고 '체험 이후의 열매'이다. 정통 기독교 신비주의는 철저히 성경에 기반을 두며, 교회의 전통과 신학 안에서 자신을 규율하고 평가받기를 자처한다. 반면 이단은 대개 자신만의 독자적 계시나 체험을 절대화하며, 기존의 성경 해석이나 교회 공동체와의 관계를 끊거나 무시하는 특징을 보인다. 이는 특히 '특별 계시'를 주장하거나, 자신이 하나님으로부터 직접 받은 지시나 가르침이 기존 교회의 가르침보다 우월하다고 여기는 태도에서 두드러진다.

기독교 신비주의는 하나님의 임재에 대한 체험을 강조하지만, 이러한 체험은 언제나 겸손과 순종 속에서 이뤄진다. 아빌라의 성녀 테레사나 십자가의 성 요한과 같은 고전적 신비가들은 모두 '환상'이나 '계시'보다 '사랑의 실천'과 '교회에 대한 순종'을 신비 체험의 진정성 기준으로 삼았다. 신비 체험의 참됨은 결국 그 사람의 겸손한 태도, 내적 순결, 타인을 향한 사랑, 그리고 공동체에 대한 헌신을 통해 검증되어야 하며, 이를 통해 정통과 이단이 구분된다. 이단적 신비주의는 종종 자아의 고양, 권위에 대한 도전, 독단적 계시 주장, 그리고 공동체로부터의 분리를 동반한다. 특히 현대에는 뉴에이지적 자기중심 영성, 영적 엘리트주의, 영적 혼합주의(Syncretism)가 이단적 신비주의로 나타나며, 이는 전통 기독교 신앙과는 본질적으로 다른 길을 제시한다. 반면 정통 기독교 신비주의는 인간의 자아가 하나님 앞에서 깨어지고, 오직 은혜로 하나님의 사랑 안에 머무는 것을 추구한다. 그것은 스스로 계시를 만들어내려는 시도가 아니라, 이미 주어진 계시 앞에서 침묵하고 귀 기울이며 순종하는 자세로 나아가는 것이다. 따라서 신비주의적 체험이 정통 안에서 건강하게 유지되기 위해서는 반드시 다음의 기준들이 필요하다.

첫째, 성경과의 일치성, 둘째, 교회의 신앙 고백과 역사적 전통 안에서의 해석, 셋째, 공동체적 분별 과정, 넷째, 체험 이후 삶의 변화와 성화, 다섯째, 겸손하고 검증받으려는 태도 등이다. 이러한 기준을 바탕으로 신비주의는 참된 영성의 길이 될 수 있으며, 이단과의 경계를 분명히 할 수 있다. 기독교 신비주의는 하나님과의 만남이라는 가장 고귀한 목표를 향하는 길이지만, 언제나 자신을 속이지 않고, 자기 체험을 절대화하지 않으며, 겸손하게 진리를 따르려는 분별의 영을 갖출 때에만 교회를 살리고 하나님을 영화롭게 하는 길이 될 수 있다. 이러한 경계와 분별이 없다면, 아무리 뜨거운 체험이라도 오히려 교회를 혼란에 빠뜨리고 개인을 왜곡된 길로 이끌 수 있다는 사실을 신중히 기억해야 한다.

무분별한 융합, 상대주의적 통합

이렇게 기독교 신비주의는 하나님의 임재를 인격적으로 경험하고, 그분과의 내적 일치를 지향하지만 철저히 성경에 기반하며, 성령의 인도 안에서 예수 그리스도를 통한 구원의 진리를 깊이 체험하고 내면화하는 실천으로 이해되어야 한다. 그러나 이러한 신비적 경향이 잘못 해석되거나 오용될 경우, 다른 종교와의 무분별한 융합이나 종교 간의 상대주의적 통합으로 흐를 수 있는 위험 또한 존재한다. 보수적 개신교가 타종교와의 교리적 일치나 영적 연합을 강하게 경계하는 이유는, 성경 자체가 진리의 분별을 명확히 요구하기 때문이다. 고린도후서는 이런 혼합이 영적 타락으로 이어질 수 있음을 강력히 경고한다.

> "너희는 믿지 않는 자와 멍에를 함께 메지 말라 의와 불법이 어찌 함께 하며 빛과 어둠이 어찌 사귀며 그리스도와 벨리알이 어찌 조화되며 믿는 자와 믿지 않는 자가 어찌 상관하며 하나님의 성전과 우상이 어찌 일치가 되리요 우리는 살아 계신 하나님의 성전이라 이와 같이 하나님께서 이르시되 내가 그들 가운데 거하며 두루 행하여 나는 그들의 하나님이 되고 그들은 나의 백성이 되리라"(고린도후서 6:14-16)

이 경고는 단순한 종교적 배타성을 의미하는 것이 아니라, 복음의 본질이 세상의 철학이나 타종교의 신에 대한 개념과는 근본적으로 다르기에, 그것과의 연합은 복음 자체를 훼손할 수 있다는 인식에서 비롯된다. 이러한 시각에서 보면, 예수께서 요한복음 17장에서 "하나 되게 하소서"라고 기도하신 내용 역시 모든 인류의 형식적 통합이나 종교 간 일치운동을 의미하는 것이 아니라고 본다. 성경이 말하는 하나됨은, 예수 그리스도를 주로 고백하고 복음 진리 안에 사는 자들 사이의 신앙 공동체적 연합이며, 이는 교리의 일치를 바탕으로 한 공동체적 사랑과 복음 사명의 협력을 뜻한다. 단순한 외적 연합이 아니라, 진리에 기초한 영적 연합이다. 역사적으로도 구약의 이스라엘은 이방 신들과의 혼합을 통해 영적으로 무너졌으며, 하나님은 그러한 혼합주의에 대해 거듭된 심판을 내리셨다. 신약에서도 발람과 이세벨의 교훈, 즉 교회 안으로 들어온 이교적 요소와 영적 부패에 대해 주님은 단호하게 회개를 명령하신다. 따라서, 복음 외에 다른 종교나 철학과의 '연합'은 단순히 다양한 사상을 포용하는 것이 아니라, 기독교 신앙의 본질을 희석시키는 결과를 초래할 수 있다.

기독교 신비주의는 이런 흐름과는 분명히 구분되어야 한다. 참된 신비주의는 결코 교리적 혼합주의를 지향하지 않는다. 오히려 하나님 말씀에 뿌리를 두고, 오랜 교회 전통과 신학 안에서 분별된 삶의 실천이다. 아빌라의 성녀 테레사, 십자가의 성 요한, 동방교회의 성 그레고리 팔라마스 등 정통 신비가들은 모두 '체험'보다 '진리 안의 변화된 삶'을 기준으로 삼았으며, 개인의 내면 체험이 교회와 진리로부터 분리되지 않도록 철저히 경계하였다.

결론적으로, 기독교 신비주의는 하나님과의 깊은 관계를 위한 영적 여정이지만, 복음의 본질을 벗어난 혼합주의와는 본질적으로 다르다. 참된 신비주의는 성경 중심의 신학 위에 세워진 '내면의 변혁'이며, 타종교와의 일치나 상대주의적 종교관과는 단호히 구별된다. 믿음의 여정에서 우리는 하나님과 하나됨을 갈망하되, 그것이 결코 진리와 분리된 상태에서 이뤄지는 일이 아님을 깊이 자각해야 한다. 이러한 분별이야말로 신비주의를 건강하게 수용하고, 동시에 이단적 혼합주의를 경계하는 가장 중요한 기준이 될 것이다.

구약성경

구약성경에는 명상과 유사한 개념과 실천이 다양한 형태로 등장한다. 이는 단순히 현대 명상의 개념을 구약에 투영하려는 것은 아니다. 오히려 이스라엘의 신앙 전통과 문학 구조 속의 내면 성찰, 말씀 묵상, 침묵과 기다림, 창조의 경이로움에 대한 감탄 등이 체계적으로 표현되어 있음을 밝히는 것이다. 이러한 요소들은 오늘날 우리가 이해하는 명상적 태도와 매우 유사하며, 기독교 명상 및 관상기도의 뿌리를 성경 속에서 찾을 수 있는 근거가 된다.

시편의 명상

"오직 여호와의 율법을 즐거워하여 그의 율법을 주야로 묵상하는 자로다"
(시편 1:2)

시편의 이 구절은 구약의 명상이 무엇보다 하나님의 말씀을 깊이 마음에 새기고 반복적으로 되새기는 행위임을 잘 보여준다. 여기서 사용된

히브리어 단어 '하가(hagah)'는 '작게 중얼거리다', '되뇌다', '되새김질하다'는 의미이며, 단순한 읽기를 넘어선 내면화된 음미, 즉 명상에 가까운 활동을 의미한다고 볼 수 있다. 이는 말씀을 단지 정보로 습득하는 것이 아니라, 존재 전체로 받아들이고 그 안에서 살아가는 태도를 뜻한다. 이러한 시편의 명상은 단지 앉아서 조용히 생각하는 활동을 넘어서, 하나님의 뜻과 하나님의 성품을 존재 전체로 품는 신앙적 자세로 이해되어야 한다.

"내가 주의 법도를 작은 소리로 읊조리며 주의 길에 주의하며" (시편 119:15)

"주의 말씀을 밤낮으로 읊조립니다" (시편 119:97)

시편 119편은 말씀으로 묵상하고 명상하는 것에 대한 구체적인 예를 풍부하게 보여주고 있다. 이는 율법(토라)을 단지 규율이 아닌 하나님의 살아 있는 음성으로 받아들이고 그 말씀을 삶의 중심에 두는 명상적 태도를 지속적으로 보여준다. 이런 태도는 고요함 속에서 하나님의 말씀을 묵상하고 되새기며, 자기 삶과 연결하게 하는 심층적 영성 훈련의 방식이다. 이러한 구조는 현대 기독교 명상, 특히 렉시오 디비나와 깊은 유사성을 보여준다. 그래서 구약시대부터 말씀을 읽고, 묵상하며, 기도하고, 관상하는 순환적 흐름 속에서 하나님과 교제하는 방식을 실천해 왔음을 보여준다.

시편에는 하나님의 창조 세계 앞에서 경이와 침묵을 하는 명상의 모습도 발견된다.

"주의 손가락으로 만드신 하늘과 주께서 베풀어 두신 달과 별들을 내가 보오니 사람이 무엇이관대 주께서 저를 생각하시나이까"(시편 8:3-4)

시편 8편의 말씀은 하나님이 창조하신 우주의 질서와 아름다움을 관조하는 묵상적 태도를 보여준다. 이때의 명상은 우주를 통해 하나님의 존재와 위대하심을 직관적으로 체험하는 감각적·존재론적 명상이다. 자연을 단지 아름답다고만 여기는 데 그치지 않고, 자연을 하나님과의 연결을 체험하는 영적 통로로 삼는다. 이는 현대의 자연 명상이나 호흡 명상과도 기능적으로는 유사하나, 기독교적 해석에서는 언제나 하나님을 창조주로 인식하고 그분의 임재 속에 존재한다는 인격적 관계성에서 확실히 차별된다.

예언자들의 명상

예언서에서도 명상적 요소가 간접적으로 나타난다. 예언자들은 종종 하나님의 말씀을 깊이 받아들이고, 침묵과 내적 투쟁 속에서 그 뜻을 분별하려 했다.

"내가 다시는 여호와를 선포하지 아니하리라 하면 주의 말씀이 내 마음에 불같이 사무쳐서 뼈 속에 사무치니 내가 참기 어려워 견딜 수 없나이다"

(예레미야 20:9)

예레미야의 이 말씀은 외부로 드러나는 행위보다, 내면의 갈등과 성령의 불이 마음 안에서 작동하고 있다는 명상적 체험을 상징적으로 표현하고 있다. 즉, 예언자들의 침묵과 묵상, 말씀 안에서의 기다림은 단순한 준비 단계가 아니라, 하나님의 말씀을 통과하여 내면에서 태어나는 영적 깊이의 시간이었다.

"이 율법책을 네 입에서 떠나지 말게 하며 주야로 그것을 묵상하라" (여호수아 1:8)

여호수아의 이 말씀은 삶의 리듬과 연결된 명상으로 이해할 수 있다. 이는 명상이 단지 특별한 영적 체험을 위한 순간이 아니라, 일상에서 지속적으로 말씀을 가까이하고 그 말씀대로 살아가는 훈련임을 보여준다. 이는 현대 명상에서 강조하는 '매일 실천'의 원칙과 유사하며, 영적 생활이 일상의 리듬 속에 뿌리내려야 한다는 고백과 연결된다.

전반적으로 구약성경이 말하는 명상은 하나님의 말씀을 내면화하고, 창조 세계를 통해 하나님을 관조하며, 침묵 속에서 하나님의 뜻을 분별하고자 하는 모든 행위를 포괄한다. 이는 기독교 명상이 갖추어야 할 성경적 근거를 제공할 뿐 아니라, 기도와 묵상, 관상적 침묵, 내면의 자각을 통해 하나님과 더욱 깊이 교제하는 영성 훈련의 토대로 기능할 수 있다. 그러므로 기독교 영성을 따르는 이들이 명상을 실천하는 데 있어 그 근거를 성경 외부에서 찾는 것이 아니라, 이미 성경 안에 뿌리내려 있는 구약의 전통과 구조 속에서부터 출발해야 한다는 것을 잊지 말아야 한다.

사복음서의 예수님

앞서 살펴봤듯이 기독교의 본질적 영성 속에 명상적 요소는 깊이 뿌리내리고 있다. 특히 신약성경은 기독교 명상의 영적 구조와 방향성을 분명히 보여준다. 신약에서 명상은 특정한 용어로 정의되기보다, 하나님과의 친밀한 교제, 말씀의 내면화, 침묵과 집중, 존재의 변화라는 실천적·영적 차원에서 구현되며, 예수님의 삶과 가르침, 초기 교회 공동체의 영성, 사도들의 서신 속에 다양하게 표현되어 있다. 이러한 명상적 요소들은 현대 기독교 명상 실천의 신학적 정당성과 실천적 전통을 풍부하게 뒷받침하는 자료로 기능할 수 있다.

예수님의 광야 기도와 명상

마태복음 4장과 누가복음 4장에 자세하게 기록되어 있듯이 예수 그리스도께서는 공생애를 시작하시기 전, 성령에 이끌려 40일 동안 광야에서 금식하며 기도하셨다. 이는 기독교 영성의 역사에서 가장 깊고 상징적인 기도 수련의 장면일 것이다. 이 광야 기도는 단순히 금식과 기도를 수행했다는 외형적 사실을 넘어, 내면의 정화, 영적 전쟁, 하나님과 깊은 연합이라는 복합적 의미를 지닌다. 흥미로운 점은, 이러한 예수님의 광야 체험이 오늘날 현대 명상의 핵심 원리들과도 놀랍도록 유사한 구조를 갖는다는 것이다. 이를 통해 우리는 기독교의 관점에서도 명상을 신학적으로 재조명할 가능성을 발견하게 된다.

예수님의 광야 기도는 침묵과 고요함의 영성을 상징적으로 보여준다. 첫째로 광야는 물리적으로 외딴 공간이지만, 신학적으로는 세상의 소음을 떠나 하나님께만 집중할 수 있는 거룩한 장소로 여겨진다. 예수님께서 광야로 나아가신 것은 인간적인 관계나 일상의 활동에서 벗어나 하나님의 음성에만 귀 기울이기 위한 깊은 침묵의 실천이었다. 현대 명상 역시 외부 자극을 차단하고 내면의 고요함을 통해 존재의 중심으로 들어가는 것을 추구한다. 마음챙김 명상, 침묵기도, 관상기도 등은 모두 침묵의 힘과 내면 집중을 통해 고요한 자리에서 하나님의 임재를 경험하고자 하는 방식이다. 이런 점에서 예수님의 광야 기도는 단지 역사적 사건이 아니라, 오늘날 기독교 명상이 지향하는 '침묵 속의 만남'이라는 차원을 선명히 드러낸다.

둘째로 광야에서 예수님은 사탄의 세 가지 유혹을 받으셨는데, 이는 내면적 싸움과 영적 자기 통제의 실현을 보여준다. 물질적 유혹(돌을 떡으로 만들라), 자아의 과시(성전 꼭대기에서 뛰어내리라), 권력과 영광(세상의 모든 권세를 주리라)이라는 세 가지 시험은 인간 욕망의 본질적 측면들을 상징한다. 예수님은 이 모든 유혹을 성경 말씀으로 이겨내시며, 당신의 내면을 하나님의 뜻에 복종시키는 길을 택하셨다. 현대 명상에서도 이와 유사하게 "자기 마음 다스림(Self-Regulation)"이라는 주제를 강조한다. 명상의 과정은 단지 평온함을 유지하는 것이 아니라, 감정, 욕망, 충동, 집착을 인식하고 초월하는 과정이다. 이는 예수님의 유혹 극복과 본질적으로 유사한 내면 작업이며, 기독교 명상의 실천에서도 '죄성의 자각'과 '하나님의 뜻에 순복하는 의지'를 통합적으로 요구하는 방식으로 나타난다.

셋째로 예수님의 광야 기도는 절제와 비움, 단순함의 삶을 보여준다. 40일 동안의 금식은 생물학적인 고통을 넘어서, 물질의 의존에서 벗어나, 하나님과의 관계에만 집중하려는 의지의 표현이다. 이는 오늘날 명상이 강조하는 "본질로 돌아가기" 혹은 "비움의 미학"과 깊이 연결된다. 불필요한 외부 자극, 욕망, 소유에서 벗어나 단순한 삶을 추구하는 태도는 명상의 핵심 정신이기도 하다. 예수님은 광야에서 절제의 훈련을 통해 자신의 사명과 정체성을 더욱 분명히 확인하셨으며, 이는 기독교 명상 실천에서도 반복적으로 강조되는 미니멀한 삶과 자발적 절제의 영성과 맥을 같이한다.

넷째로 광야에서의 기도는 단순한 침묵과 금식을 넘어서, 하나님과 깊은 연합을 경험하는 영적 일치의 순간이기도 했다. 예수님은 이 시기를 통해 자신의 정체성, 사명, 그리고 공생애의 방향성을 하나님 앞에서 확증 받으셨다. 이는 현대 명상에서 말하는 초월적 경험(Transcendental Experience), 즉 자기중심성을 넘어서 더 크고 높은 존재와의 연결을 경험하는 순간과 유사하다. 물론 그 내용과 방식은 다르지만, '내가 누구인가', '무엇을 위해 사는가', '어디로 가야 하는가'에 대한 본질적 물음을 하나님과의 만남 속에서 정립한다는 점에서, 예수님의 광야 체험은 기독교적 명상이 지향하는 궁극의 영적 여정과 같은 궤를 이룬다.

이상 네 가지 측면을 종합하면 예수님의 광야 기도는 오늘날 명상 실천에서 중요하게 여겨지는 모든 핵심 원리인 침묵, 자기 통제, 단순함, 초월적 체험 등과 일치하는 접점을 보인다. 이는 기독교 신앙과 명상이 본질적으로 상충하는 것이 아니라, 오히려 명상의 본질을 기독교적으로 재정의하고 수용할 수 있는 가능성을 보여주는 상징적인 본보기라 할 수 있다. 예수님의 광야 기도는 단순한 고대의 종교적 사건이 아니라, 오늘날 신자들이 깊이 실천할 수 있는 명상적 기도의 모형이라고 할 수 있다. 외부의 소음을 멀리하고 내면의 정결함을 되찾으며, 욕망과 두려움을 초월하고, 하나님 앞에서 참된 존재로 서는 영적 훈련의 원형이 바로 이것이다. 예수님은 단지 기도하신 것이 아니라, 하나님과의 깊은 일치를 추구하셨고, 이를 통해 세상의 시험을 이길 수 있는 내면의 힘을 획득하셨다. 현대의 그리스도인들 역시 이 광야 기도의 길을 따라, 명상의 도구를 활용하여 하나님과의 관계를 더 깊이 회복하고, 성숙한 영성으로 나아갈 수 있을 것이다. 이는 기독교 명상의 신학적 정당성을 확보하는 동시에, 그 실천적 가능성을 열어주는 영적 자산으로 이해될 수 있다.

주기도문

예수님의 기도는 하나님께 무언가를 요청하는 간구의 기도(Prayer of Petition)를 넘어서, 하나님의 임재 안에서 침묵과 관조, 자기 비움과 내적 일치를 실현하는 깊은 영적 체험이었다. 예수님의 기도는 하나님의 뜻을 구하고 자신의 삶을 온전히 내어 맡기는 전인적 헌신이자, 자신을 비우고 하나님의 임재로 채워지는 관계 중심의 명상적 기도였다. 이러한 기도의 방식은 내면 훈련을 강조하는 현대 명상과 공통점을 보이며 이 책에서 강조하는 영성챙김과 밀접한 연관이 있다.

예수님께서 가르치신 주기도문(마 6:9-13)은 하나님과의 관계를 명확히 하며, 그분의 이름을 높이고 그 뜻에 순종하며 살아가는 존재의 방식 자체를 명상적으로 제시한다. "하늘에 계신 우리 아버지여, 이름이 거룩히 여김을 받으시오며"라는 구절은 하나님과의 친밀한 관계를 내면화 하고 하나님에 대한 경배와 감사의 마음을 불러일으키는 명상적 문장으로, 내면을 하나님께로 집중시키는 데 도움을 준다. "일용할 양식을 주옵시고"는 현재 순간의 감사와 수용을, 또 현재 순간을 받아들이는 마음챙김의 태도와 연결되며, "우리 죄를 사하여 주옵시고"는 욕망과 유혹을 초월하는 의지를 담아 자기 비움과 내적 치유의 의미를 담고 있다. 이처럼 주기도문은 그 자체가 기도이자 명상이 될 수 있으며, 문장 하나하나를 천천히 되새기며 내면화할 때 더욱 깊은 관상적 체험으로 이어진다. 영성챙김에서는 이것을 체화하여 동작과 함께 내면화하기 위한 움직임 명상으로서의 주기도문을 활용하여 영상과 유도문으로 제시하였다. 주기도문은 간구만을 위한 기도문이 아니라, 존재의 방향성과 하나님과의 관계 정립, 현재 순간의 수용, 내면의 치유, 용서와 사랑의 실천을 담고 있다.

혼자 계시더니

마태복음 14장 23절은 예수님이 무리를 보내신 후 따로 산에 올라가 혼자 기도하신 장면으로 예수님의 기도가 수많은 무리 가운데서가 아닌 내면적 침묵의 자리에서 실현되었음을 보여준다. "혼자 계시더니"라는 표현은 외부 활동과 감각적 자극에서 벗어나 하나님과 고요한 교제를 추구하시는 예수님의 모습을 잘 나타낸다. 이는 현대 명상 실천에서 강조되는 "고요한 공간 찾기"로 자신만의 내면적 공간으로 들어가 침묵 가운데 머무는 태도와 매우 유사하다. 기도는 말이 아니라 존재로 하나님 앞에 서는 일이다. 예수님께서는 산이라는 물리적 고요함 속에서 하나님과의 관계적 중심을 더욱 깊이 체험하셨다. 이와 같은 기도는 관상기도 또는 침묵 기도로 이해될 수 있다.

외딴 곳으로

누가복음 5장 16절에서는 예수님께서 "자주 외딴 곳으로 물러가 기도하셨다"고 하며 '반복해서' 외딴 곳으로 기도하러 가셨다고 증언한다. 이는 예수님에게 있어서 기도가 일회적 감정 표현이 아니라, 지속적이고 습관화된 내면 훈련이었음을 보여준다. 명상 역시 매일 특정한 정해진 시간에 반복적으로 실천함으로써 마음을 조율하고 내면을 정화하는 훈련이며, 영성챙김에서도 '하나님의 임재 앞에 자주 머무는 훈련'이 강조된다. 예수님의 이러한 기도 습관은 단지 의무적인 형식이 아니라, 삶의 리듬 속에 하나님을 중심에 두고 내면의 균형을 유지하는 신앙의 리듬이었다.

나의 원대로 마옵시고

마태복음 26장 39절의 겟세마네 동산에서 드린 기도는 예수님의 기도가 단지 침묵과 고요함의 시간만이 아닌, 깊은 고뇌와 두려움 속에서도 하나님과 하나됨을 향해 나아가는 존재적 기도였음을 잘 보여준다. "이

잔을 내게서 지나가게 하옵소서"라는 표현은 예수님의 내면 깊은 곳의 고통과 감정을 솔직하게 드러내는 것으로, 이는 명상이 감정을 억누르는 것이 아니라 있는 그대로 인정하고 수용하는 과정이라는 사실과 연결된다. 이어지는 "그러나 나의 원대로 마시옵고 아버지의 원대로 하옵소서"는 기독교 영성의 핵심인 자기 비움(Kenosis)과 현실 수용(Acceptance)을 상징하는 고백이라 할 수 있다. 현대 명상에서도 고통과 두려움을 회피하지 않고 온전히 수용하는 태도가 강조되며, 이러한 태도는 영성챙김에서 '고통 속에서의 하나님 인식'을 하는 것으로 나타난다.

아버지와 내가 하나인 것 같이

요한복음 17장에 나타나는 대제사장적 기도는 예수님의 기도가 단순한 요청을 넘어 하나님과 하나됨을 지향하는 깊은 관상적 기도였음을 보여주는 대표적인 본문이다. "아버지와 내가 하나인 것 같이 그들도 하나 되게 하소서"라는 구절은 단지 공동체적 화목을 넘어서, 신성과 인성, 창조주와 피조물 사이의 친밀한 연합을 지향하는 기도이며, 이는 기독교 명상의 가장 깊은 차원과 맞닿아 있다.

관상기도의 핵심은 하나님의 임재 안에 머무름이며, 하나님과의 '존재적 일치'를 체험하는 것이며, 이러한 방향성은 마음챙김 명상에서 말하는 '자기중심성의 해체'와도 어느 정도 기능적으로 연결된다. 영성챙김도 자기 부인을 통해 하나님과 하나됨을 경험하는 것을 목표로 하며, 이는 곧 예수님의 기도 방식을 차용한 것이다.

마음에 새기어 생각하니라

예수님의 기도는 단지 간구나 중보의 형태를 넘어서, 내면의 침묵, 자기 성찰, 자아 비움, 하나님과의 연합이라는 기독교 명상의 본질적 요소들을 모두 포함하고 있다. 그러기에 예수님의 기도는 영적 습관이나 제자도의 본보기를 넘어서, 현대 기독교 명상이 뿌리를 내릴 수 있는 영적 자산이며, 신학적으로 풍부하고 실천적으로도 효과적인 내면 수련의 모델이다. 오늘날 그리스도인들은 예수님의 기도 안에서 침묵, 고요, 자기 부인, 고통의 수용, 하나님과 하나됨을 명상적으로 실천하며, 자신 안에 머무시는 하나님의 영을 더 깊이 경험하고 살아낼 수 있다. 이러한 실천은 단순히 기도의 확장이 아니라, 기독교 영성의 심화이자 하나님과 하나됨을 향한 여정이 될 것이다.

예수님의 기도와 말씀은 듣고 암송하는 것을 넘어, 마음 깊이 받아들이고 되새기는 묵상적 실천을 강조한다. 누가복음 2장 19절에서 "마리아는 이 모든 말을 마음에 새기어 생각하니라"고 기록되어 있는데, 이는 단순한 회상이 아니라 신적 사건을 깊이 내면화하고 삶으로 통합하는 관상적 자세를 보여주는 장면이다. 이처럼 말씀에 대한 묵상은 지적 사고가 아니라, 존재 깊숙한 곳에서 하나님의 뜻을 음미하고 기다리는 내적 정지(Inner Stillness)를 포함한다.

서신서의 사도들

신약성경의 서신서는 기독교 신앙의 교리와 삶의 원리를 설명하는 동시에, 신자들의 내면적 성장과 하나님과의 지속적인 교제를 강조하는 내용을 담고 있다. 사도들이 쓴 서신서에서도 명상의 정신과 실천적 핵심이 곳곳에서 확인된다. 사도들은 신자들에게 외적인 의무뿐 아니라, 삶의 내면을 성찰하고, 하나님의 말씀을 깊이 묵상하며, 내면의 존재가 변화되어 가는 여정을 가르쳤으며, 이러한 구조는 기독교 명상의 본질과 깊이 닿아 있다.

바울서신

사도 바울은 그의 여러 서신을 통해 존재의 중심이 변화되는 영적 내면화의 과정을 반복적으로 강조하였다.

"너희는 이 세대를 본받지 말고 오직 마음을 새롭게 함으로 변화를 받아"
(로마서 12:2)

이 구절은 단순한 행동의 변화가 아니라, 사고방식과 존재의 방향성이 바뀌는 깊은 내적 전환을 요구한다. 여기서 "마음을 새롭게 한다"는 것은 의식의 구조를 하나님 중심으로 재조정하는 행위이며, 이는 명상이 지향하는 자아 성찰 그리고 영적 방향 전환과 본질적으로 연결된다. 바울은 이러한 변화를 통해 "하나님의 선하시고 기뻐하시고 온전하신 뜻이 무엇인지 분별하도록" 하라고 권면하는데, 이는 하나님과의 침묵 속의 교제를 통해 삶의 의미를 깨달아가는 명상적 분별의 과정으로 해석될 수 있다. 바울은 또 이렇게 말한다.

또 바울은 고린도후서 3장 18절에서 다음과 같이 말한다.

"우리가 다 수건을 벗은 얼굴로 거울을 보는 것 같이 주의 영광을 보며 그와 같은 형상으로 변화하여" (고린도후서 3:18)

이 말씀은 영적 관조의 본질을 상징적으로 표현한다. 수건을 벗은 얼굴, 즉 가림 없는 정직한 내면으로 하나님의 영광을 바라보며, 그분을 닮아간다는 이 표현은 단순한 시각적 이미지가 아니라 깊은 내적 관찰과 존재의 동화를 의미한다. 바울이 여기서 언급하는 변화는 단지 행동의 교정이 아니라, 하나님의 영광을 "보는" 그 자체가 인간 존재를 변화시키는 힘이라는 관상적 사고에 기반한 것이다. 이는 오늘날 관상기도가 지향하는 방향, 곧 하나님을 조용히 바라보며 그분 안에 머무는 것 자체가 변화를 낳는다는 영성의 핵심과 직결된다.

이어 바울은 다음과 같이 권면한다.

"무엇이든지 참되며, 경건하며, 옳으며, 정결하며, 사랑받을 만하며, 칭찬받을 만한 것들… 이것들을 생각하라." (빌립보서 4:8)

이 구절은 명상의 기본 원리 중 하나인 의도적인 집중과 내면의 질서 정돈을 잘 보여준다. 바울은 신자들이 세상의 소란과 혼란 속에서 머물 것이 아니라, 참된 것, 아름다운 것, 선한 것에 주의를 집중함으로써 마음과 의식의 방향을 정화하도록 초대한다. 이는 현대 명상에서 말하는 '의식적 주의 훈련'과 매우 유사하며, 기독교 명상에서 하나님의 진리와 선하심에 마음을 머물게 하는 연습으로 이어질 수 있다.

이처럼 사도 바울은 명상의 실천을 직접적으로 언급하지는 않더라도 그의 서신서 전반에 걸쳐 나타나는 "그리스도 안에 있음(in Christ)"이라는 표현은 존재의 변화와 인식의 전환, 내면적 일치를 강조하는 명상의 근본적 정신과 맞닿아 있다. 갈라디아서 2장 20절에서 바울은 "이제는 내가 사는 것이 아니요 오직 내 안에 그리스도께서 사시는 것이라"고 고백하며, 자기 부인(자아의 해체)과 그리스도와의 연합이라는 존재론적 명상의 핵심을 제시한다. 이와 같이 바울의 신학은 신체적 실천, 감정의 절제, 사고의 갱신, 하나님과의 영적 연합을 지향하는 전인격적 명상 영성을 내포하고 있다.

야고보서

다른 여러 서신서에서도 침묵과 기다림의 영성도 반복적으로 강조되고 있다. 야고보서 1장 19절에서는 "듣기는 속히 하고 말하기는 더디 하며"라고 하며, 경청의 침묵을 신앙인의 기본 태도로 제시한다. 이는 단지 대인 관계에서의 조심성이 아니라, 하나님의 말씀과 뜻을 듣기 위한 내적 침묵의 중요성을 나타낸다. 침묵은 단지 말이 없는 상태가 아니라, 영적으로 민감해지고 하나님의 음성에 귀 기울이기 위한 정서적·존재적 준비 상태이며, 이는 모든 명상의 출발점이기도 하다.

"자유롭게 하는 온전한 율법을 들여다보고 있는 자는 듣고 잊어버리는 자가 아니요 실천하는 자니 이 사람은 그 행하는 일에 복을 받으리라" (야고보서 1:25)

이 구절에서 "들여다보고"의 헬라어 동사는 '파라큅토(parakypto)'로 '~곁에', '~보다더'라는 전치사 '파라'와 '몸을 굽히다', '주의 깊게 들여다보다'라는 '큅토'가 결합한 단어다. 그러니 '주의 깊게 들여다 보다', '자세히 숙고하다'라는 의미로 이해할 수 있다. 그래서 새번역 성경은 이를 "완전한 율법 곧 자유를 주는 율법을 잘 살피고"라고 번역하고 새한글 성경은 "완전한 율법, 곧 자유를 가져다주는 율법을 자세히 들여다보고"라고 번역한다.

즉, 야고보는 하나님의 말씀을 단지 듣고 지나치는 것이 아니라, 그 뜻을 깊이 관찰하고 내면에 새기는 행위, 곧 묵상의 중요성을 강조한다. 이

'응시'는 오늘날 말하는 명상의 한 방식-말씀에 시선을 고정시키고 조용히 머무르는 자세-과 연결될 수 있으며, 명상적 묵상이 행동의 실천으로 이어질 수 있다는 점을 분명히 한다.

베드로서

베드로 사도의 "정신을 차리고"라는 표현은 의식을 깨워내고 마음을 분별하며 하나님의 뜻에 주의를 집중하는 태도를 의미한다.

> "만물의 마지막이 가까이 왔으니 그러므로 너희는 정신을 차리고 근신하여 기도하라" (베드로전서 4:7)

이는 단순한 신중함이 아니라, 내면을 정돈하고 하나님 앞에 깨어 있는 영적 긴장 상태로, 명상에서 말하는 '깨어있음' 혹은 '알아차림'의 개념과 유사하다. 이 구절은 명상이 신비주의적 감정 몰입이 아니라, 정신적 근신과 영적 주의의 실천임을 신학적으로 뒷받침하는 구절로 이해될 수 있다.

히브리서

히브리서는 말씀 묵상이 단순한 읽기나 기억의 차원을 넘어서, 존재 깊숙한 곳에까지 영향을 미치는 영적 명상의 실재성을 확인해 준다.

> "하나님의 말씀은 살아 있고 활력이 있어 좌우에 날선 어떤 검보다도 예리

하여 혼과 영과 및 관절과 골수를 찔러 쪼개기까지 하며 또 마음의 생각과 뜻을 판단하나니" (히브리서 4:12)

이 말씀은 외부로부터 내면으로 스며들어 인간의 존재를 가르고 비추며, 이는 성령의 조명 속에서 말씀을 깊이 묵상하는 관상적 독서의 핵심 원리와 연결된다.

요한서신

"하나님이 우리를 사랑하시는 사랑을 우리가 알고 믿었노니 하나님은 사랑이시라 사랑 안에 거하는 자는 하나님 안에 거하고 하나님도 그의 안에 거하시느니라" (요한일서 4:16)

요한일서는 사랑과 내면의 일치, 하나님과의 연합에 대한 주제를 명상적으로 발전시킨다. 여기 "거하는"은 지속적이고 의식적인 임재 속 머무름을 의미 한다고 볼 수 있으며, 이는 현대 기독교 명상에서 말하는 하나님 안에 '머무는 기도' 또는 관상기도의 핵심과 직결된다. 사랑 안에 거한다는 것은 하나님과의 영적 연합을 상징하며, 이는 기도 이상의 존재 전체의 깊은 내적 침묵과 순종을 요구하는 명상적 삶의 표현이다.

요한계시록

요한계시록에서도 사도 요한이 밧모섬에서 본 환상들은 단순한 상상이 아니라, 깊은 침묵과 고독 속에서 하나님의 영에 몰입하여 보는 관상적 체험이었다. 요한계시록 1장 10절의 말씀은 외적인 행위 없이도 하나님과의 영적 일치 속에서 비전을 받아들이는 수동적 열림(Passive Receptivity)의 상태를 묘사한다. 이러한 구조는 고대 교부들이 강조한 명상의 영적 차원, 즉 '하나님이 나를 보시는 자리에 머무는 것'과 같은 개념과 긴밀하게 연결된다.

"주의 날에 내가 성령에 감동되어 내 뒤에서 나는 나팔 소리 같은 큰 음성을 들으니"(요한계시록 1:10)

이렇게 사도들의 서신서는 단지 신학적 교리를 전달하거나 도덕적 훈계를 제공하는 텍스트에 머무르지 않는다. 오히려 그 안에는 깊이 있는 내면의 성찰과 존재의 변화, 하나님의 임재로 들어가는 관상적 초대가 풍성하게 내재되어 있다. 바울, 야고보, 베드로, 요한 등 사도들은 신자들이 외적인 행위뿐 아니라 삶의 중심에서 하나님을 응시하고, 말씀을 깊이 새기며, 자아를 비우고 사랑 안에 거하는 존재적 기도자로 성장하기를 바랐다. 이러한 구조는 현대 기독교 명상이 단순한 동양적 실천의 차용이 아닌, 신약성경 전체에 뿌리를 둔 정통 영성의 연장선임을 보여준다.

신약성경의 명상과 영성

신약성경에서 명상의 요소는 아주 다양한 방식으로 나타나고 있다. 예수님의 기도 속에 구현된 침묵, 자기 비움, 하나님과의 연합이라는 존재적 차원의 기도 실천, 말씀을 마음에 새기고 삶으로 통합하는 묵상적 수용의 자세, 서신서에 반복적으로 나타나는 존재의 변화, 의식의 갱신, 내적 통합을 지향하는 실천, 초대교회의 영성 속에서 반복적으로 등장하는 침묵과 기다림, 하나님과의 연합 속에서 비전을 수용하는 관상적 체험 등의 형태로 기술되어 있다. 이러한 신약의 명상적 요소들은 오늘날 기독교 명상 실천의 신학적 정당성을 뒷받침할 뿐 아니라, 관상기도, 렉시오 디비나, 그리고 영성챙김과 같은 현대적 영성 훈련의 토대가 된다. 이는 기독교 신앙이 명상을 단지 이교적 실천으로 배척할 것이 아니라, 그리스도 중심, 말씀 중심, 하나님과의 인격적 관계에 뿌리내린 명상 실천으로 통합하여 발전시켜 나갈 수 있는 충분한 가능성과 전통을 지니고 있음을 보여주는 증거라 할 수 있다. 현대의 그리스도인들은 신약의 사도 서신들을 통해 기도와 명상, 말씀 묵상과 침묵, 내적 일치와 관상의 균형을 배워갈 수 있으며, 영성챙김과 같은 기독교적 명상 훈련은 이러한 성경적 근거 위에서 더욱 건강하게 자리잡고 실천될 수 있다.

초기 기독교

사막의 교부들

사막의 교부들(Desert Fathers)은 기독교 명상의 원형을 만든 인물들이라고 할 수 있다. 이들은 3-5세기경 이집트, 시리아, 팔레스타인 등지와 그 이후에는 아나톨리아 반도 일대의 사막이나 외진 지역으로 들어가 세속으로부터 철저히 분리된 삶을 추구하였다. 이들은 광야에서 금욕적 생활을 하며 깊은 명상과 기도를 실천했던 수도사들로 그들의 삶과 가르침은 기독교 명상의 가장 원초적인 형태를 보여준다. 이들은 단순한 은둔자가 아니라 기도와 금욕, 묵상과 침묵을 통해 하나님과 깊은 일치를 추구한 '영적 실천가'였다. 또한 외부의 자극과 세속적 욕망으로부터 자신을 철저히 분리하고, 침묵과 단순한 기도를 통해 하나님의 임재에 집중하는 삶을 살았다. 이들은 끊임없는 마음의 소란 속에서 침묵을 훈련함으로써 진정한 기도의 상태에 이르렀다고 보았다.

사막의 교부들에게 명상이란 단지 사고를 멈추고 휴식하는 행위가 아니라, 하나님을 향해 자신을 철저히 비우고 내적 침묵 속에서 하나님의 현존을 체험하는 영적 실천이었다. 그들은 일상의 소음과 외부의 자극,

세속적 욕망으로부터 철저히 자신을 분리하고, 고요한 내면을 통해 하나님의 음성을 듣고자 하였다. 이는 후대의 기독교 관상 전통(Contemplative Tradition)의 핵심적 토대를 이루었으며 베네딕트 수도회, 시토회, 가르멜회, 예수회 등 서방 수도 공동체를 통해 이어졌다.

대표적인 교부들의 특성은 다음과 같고 이들의 특징과 맥락은 이 책의 영성챙김이 강조하는 '하나님의 임재에 깨어 있기', '침묵과 고요 속의 영적 감수성', '삶 전체를 통한 지속적 기도'와 밀접한 연관성을 지닌다.

안토니우스 대수도사(Anthony the Great, 251 – 356)

사막 수도원 운동의 선구자인 안토니우스는 부유한 집안의 유산을 포기하고 광야로 들어가 철저한 금욕과 침묵, 기도를 실천하였다. 그는 도시의 소음과 유혹에서 벗어난 광야에서만이 진정한 내적 평화를 얻을 수 있다고 믿었으며, 명상을 단순한 기법이 아닌 '자기 정화와 신적 합일을 향한 삶의 여정'으로 보았다. 안토니우스는 마음을 침묵시켜 하나님의 음성을 들으려는 노력을 강조했으며, 침묵을 통해 존재 자체가 하나님 앞에 머무는 상태를 지향하였다.

그의 "마음을 침묵하게 하라. 그러면 하나님이 말씀하실 것이다."라는 명언은 '내면의 침묵을 통한 하나님과의 만남'이라는 개념을 확실하게 해 영성챙김의 핵심 출발점이 된다.

마카리우스 대수도사(Macarius the Great, 300 – 391)

마카리우스는 '마음의 기도(Prayer of the Heart)'를 통해 하나님과의 영적 결혼(Spiritual Marriage)을 이루는 것을 강조하였다. 그는 기도란 단지 입술의 행위가 아닌, 마음 깊은 곳에서 하나님을 향해 나아가는 존재의 전인적 열림이라고 보았다. 마카리우스에게 명상은 지적인 사색이 아니라 감각을 넘어 마음의 심연에서 이루어지는 사랑의 연합이었다. 그의 "신앙이란 이성을 초월하여, 가슴속에서 이루어지는 것이다."라는 말은 영성챙김의 '가슴에서 드리는 기도'나 '존재 전체로 하나님을 느끼는 체험'을 강조하는 것과 연결된다.

에바그리우스 폰티쿠스(Evagrius Ponticus, 345-399)
에바그리우스는 사막 교부들 가운데서도 명상을 가장 체계적으로 정리한 신학자로 평가받는다. 그는 명상을 실천적 명상(Praktikē), 숙고적 명상(Physikē), 관상적 명상(Theologikē)의 3단계로 표현했다. 그는 명상이 단순한 마음의 안정이 아니라, 죄와 유혹에서 자유하고, 순수한 마음으로 하나님을 직면하며, 궁극적으로 하나님의 본질에 참여하는 길이라고 보았다. 그의 저작은 이후 동방정교회의 관상 전통과 서방의 신비 신학에 지대한 영향을 미쳤다.

"깨끗한 마음은 거울처럼 하나님을 반영한다."는 명언과 명상의 단계에 대한 정리는 영성챙김이 인간 영혼의 성숙과 하나님과 하나됨을 지향하는 여정임을 설명하는 데 유용하다.

암모니우스 에르미트(Ammonius Hermit, 4세기경)
암모니우스는 '지속적인 기도(Unceasing Prayer)'의 삶을 강조하며, 기도가 특정 시간에만 드려지는 것이 아니라 삶 전체가 하나님과의 대화로 채워져야 함을 가르쳤다. 그는 일상생활 속에서 늘 하나님의 임재를 의식하며 사는 것이 참된 명상이라고 보았으며, 이러한 삶이야말로 영적 성숙의 궁극적 형태라고 여겼다.

그의 "언제 어디서나 하나님을 의식하며 살아라."는 명언은 명상이 특정한 시간이나 장소에 국한되지 않고, 삶 전체에 스며드는 하나님 중심의 의식임을 밝혀준다.

시리아의 이삭(Isaac of Nineveh, 613-700)

이삭은 '거룩한 침묵(Holy Silence)'과 '내면의 평화(Inner Peace)'를 강조하면서, 하나님과의 하나됨은 외적인 수행보다 침묵 속에서 이루어진다고 주장하였다. 그는 진정한 영적 삶은 경건한 형식이나 행위보다 하나님 앞에서 잠잠히 존재하는 능력에 있다고 믿었다. 그의 "침묵할 때, 신의 음성은 더욱 분명해진다."라는 통찰은 영성챙김의 '하나님 앞에 잠잠히 머무는 실천'과 연결되며 침묵이 곧 하나님과의 직접적인 대화임을 강조하는 기반이 된다.

여러 사막의 교부들이 남긴 기도와 명상의 유산은 이후 베네딕트 수도회와 가르멜회, 예수회 등의 수도 공동체를 통해 풍성히 전승되었다. 성 베네딕트는 그의 규칙서(Regula Benedicti)에서 "기도하고 일하라(Ora et Labora)"고 한 것은 이상을 중심으로, 하루의 삶 전체를 하나님께 집중하도록 하는 삶의 지향점을 보여준다. 이러한 수도 전통은 단절되지 않고 기독교 명상과 관상의 핵심 골조가 되었고 훗날 16세기의 십자가의 성 요한이나 아빌라의 성녀 테레사 시대에 이르러 다시 꽃피우게 된다.

렉시오 디비나

렉시오 디비나(Lectio Divina)는 '거룩한 독서' 또는 '신성한 읽기'라는 뜻의 라틴어 표현으로, 단순히 성경을 읽는 행위가 아니라, 하나님의 말씀을 마음 깊이 듣고, 묵상하며, 기도로 응답하고, 그분의 임재 안에 머무는 체험적 영성 훈련으로 말씀 안에 깊이 침잠하여 그분의 음성을 듣고, 삶으로 응답하려는 영적 실천의 길을 의미한다.

렉시오 디비나는 단지 지적인 성경 공부나 정보 수집이 아니라, 성경을 통한 하나님과의 살아 있는 관계를 체험하는 기도의 형태이다. 이 전통은 6세기경 성 베네딕토(St. Benedict)에 의해 수도원 내에서 체계화되었으며, 이후 많은 기독교 영성가들에 의해 깊이 실천되고 발전되었다. 특히 12세기에 프랑스의 카르투시오회의 수도자 귀고 2세(Guigo II)에 의해 현재까지 전승되었고, 우리가 알고 있는 렉시오 디비나의 4단계 구조로 정립되었다. 이는 가톨릭 영성의 핵심 기도법으로 자리 잡았고, 제2차 바티칸 공의회 이후에 평신도들의 기도 생활에도 널리 확산되었으며, 개신교에서도 활용되는 성경 말씀을 통한 개인적 영적 성숙의 길이라고 할 수 있다.

렉시오 디비나는 성경 말씀을 단지 문자로 읽는 것이 아니라, 하나님의 음성으로 받아들이고, 그분과 내면의 대화를 나누며, 삶으로 그 뜻을 살아내는 것을 목적으로 한다. 기도자는 말씀 앞에서 수동적으로 정보를 얻으려 하지 않고, 적극적으로 말씀에 귀 기울이고, 그 안에 내 삶을 비추며, 하나님과 인격적으로 만나는 공간을 연다. 그래서 렉시오 디비나는 인간의 영혼 깊은 곳에서 하나님과 조우하는 명상적 여정이다. 이는 단순한 묵상이 아니라, 말씀을 통해 마음이 변화되고, 하나님의 사랑과 뜻 안에 삶을 새롭게 정향하도록 한다. 렉시오 디비나는 보통 다음의 네 단계로 이루어진다. 이 구조는 고정된 틀이 아니라, 유기적으로 흘러가는 과정이며, 각 단계는 서로를 자연스럽게 이어준다.

렉시오(Lectio) · 읽기

성경 구절을 천천히, 반복해서 읽는다. 이 단계에서는 이해나 분석보다는 말씀이 마음에 들어오도록 허락하는 주의 깊은 독서가 중요하다. 때로는 한 단어나 문장이 마음에 머무를 수도 있다. 구절 하나하나를 음미하며, 어떤 단어나 문장이 마음에 와닿는지를 유의하며 읽는다. 눈으로만 읽지 않고 소리 내어 읽는 것도 추천된다. 중요한 것은 정보를 얻기 위한 독서가 아니라, 하나님의 음성을 듣기 위한 '경청하는 독서'라는 점이다.

메디타시오(Meditatio) · 묵상하기

읽은 말씀을 되새기며 자신의 삶과 연결해 깊이 사유한다. "이 말씀은 나에게 무엇을 말하는가?", "하나님은 이 말씀을 통해 어떤 변화를 요청하시는가?" 등을 물으며, 말씀의 의미를 삶 안으로 끌어들인다. 예를 들어 "여호와는 나의 목자"라는 구절에서 하나님이 나를 어떻게 인도하고 돌보시는지를 떠올리며 성찰한다. 이 과정은 내 삶과 말씀 사이의 접점을 찾는 시간이다. 이 말씀이 지금 나에게 어떤 뜻으로 다가오는지를 묻는 것이 핵심이다. 이 말씀은 지금 내 삶에 어떤 의미가 있는가? 나는 하나님을 정말 '목자'로 신뢰하고 있는가? 등을 확인한다.

오라시오(Oratio) · 기도하기

묵상 중 떠오른 마음의 울림이나 질문, 감사를 바탕으로 하나님께 마음을 열고 솔직한 대화를 나눈다. 이는 형식적인 기도가 아니라, 말씀을 통한 인격적 기도, 삶의 응답이다. 마음에서 우러나오는 정직한 대화이면 된다. 자신의 두려움, 감사, 바람을 솔직하게 하나님께 드리며, 묵상한 말씀을 삶에 어떻게 적용할지 간구하는 시간이다. 예를 들어 앞의 구절을 두고 "주님, 당신이 저의 목자이심을 믿습니다. 그러나 저는 여전히 걱정하고 두려워합니다. 저를 인도하시는 당신을 신뢰하며 살아가도록 도와주세요."로 기도한다.

콘템플라시오(Contemplatio) · 관상하기

모든 생각과 언어, 감정조차 내려놓고, 하나님의 현존 앞에 머무는 상태이다. 이는 말씀이 더 이상 사고의 대상이 아니라, 존재를 적시는 빛으로 바뀌는 관상의 자리이다. 이 단계는 머무름, 사랑의 침묵, 순전한 현존의 기도이다. 말씀을 분석하거나 기도하지 않고, 하나님과 함께 있는 그 자체를 누리는 시간이다. 영혼이 쉼을 얻는 깊은 침묵이며, 신자는 고요 속에서 하나님의 사랑과 평안을 느낀다. 예를 들어 눈을 감고, 천천히 호흡하면서 "여호와는 나의 목자"같은 짧은 문구를 마음에 되뇌며 하나님의 임재에 자신을 맡긴다. 5-10분간 머물며 하나님의 사랑을 느끼고 쉬는 시간을 갖는다.

렉시오 디비나는 기도의 한 방식이라기보다는 말씀을 삶에 통합하는 영적 리듬이라고 할 수 있다. 기도자는 반복적으로 성경 말씀 앞에 서고, 그 안에서 하나님이 오늘 나에게 무엇을 말씀하시는지 듣고자 하며, 말씀에 비추어 자신의 마음을 성찰하고, 변화의 길로 나아간다. 이는 말씀을 살아 있는 하나님의 음성으로 듣고, 그분과의 인격적 만남을 추구하는 여정이다. 그래서 기도와 명상이 결합된 훈련으로, 지적인 이해를 넘어서 하나님의 임재를 '체험'하고 그분 안에서 머무는 깊은 침묵의 경지로 인도한다. 매일 반복되는 일상에서 성경 말씀을 통해 하나님과 교제하는 이 경건한 습관은, 신자의 삶을 더욱 풍요롭고 깊은 믿음으로 인도할 것이다. 이러한 과정은 일종의 영적 회복과 영혼의 정렬(Discernment)으로도 기능한다. 세상의 소리에 익숙해진 영혼이 다시 말씀의 음성에 귀를 기울이고, 그 안에서 하나님의 시선으로 자신과 세상을 바라보는 법을 배운다.

현대의 많은 그리스도인들은 바쁜 일상에서 깊은 침묵과 성찰의 기도를 잃어가고 있다. 이러한 시대에 렉시오 디비나는 말씀과 기도와 명상을 통합한 전인적 영성의 회복 방법으로 다시 주목받고 있다. 제2차 바티칸 공의회 이후 가톨릭교회는 평신도들도 성경을 일상적으로 읽고 기도할 수 있도록 격려하였으며, 교황 베네딕토 16세 역시 렉시오 디비나가 교회 전통의 심장부에 있는 기도 방식임을 재확인하였다.

이는 개신교에서도 활용하며 렉시오 디비나를 기도적 성경 묵상 또는 말씀 묵상 훈련으로 받아들이며 사용하고 있다. 렉시오 디비나는 하나님의 말씀이 기록된 과거의 문서가 아니라, 지금 이 순간 살아 계신 하나님의 음성임을 믿는 믿음의 실천이다. 성경은 단지 종교적 지식의 보고가 아니라, 하나님과의 인격적 만남의 통로이며, 렉시오 디비나는 그 만남의 형식을 제공한다. 렉시오 디비나를 통해서 반복적으로 말씀 앞에 머물고, 말씀을 자기 삶에 비추며, 하나님과 대화하고, 그분의 사랑 안에 조용히 머무는 가운데, 점차 '말씀 안에서 살아가는 삶'으로 변화되어 갈 수 있다. 말씀을 듣는다는 것은 결국 하나님을 듣는 것이며, 하나님을 듣는다는 것은 그분과 동행하는 삶을 의미한다.

예수 기도

기독교 명상 전통 가운데, 예수 기도(Jesus Prayer)는 동방정교회가 전승해 온 가장 단순하면서도 가장 깊이 있는 관상적 기도이다. 이는 짧은 문구를 반복함으로써 하나님과 끊임없는 내적 대화를 나누고, 하나님의 임재 가운데 잠잠히 머무는 영적 실천이다. "주 예수 그리스도시여, 하나님의 아들이시여, 죄인인 저를 불쌍히 여기소서(Lord Jesus Christ, Son of God, have mercy on me.)"라는 문장은 겉보기에는 단순한 간구처럼 보이지만, 그 안에는 삼위일체 신학, 인간의 죄의식, 은총에 대한 신뢰, 그리고 하나님의 자비에 대한 전적 의탁이 응축되어 있다. 예수 기도는 불교의 만트라나 힌두교의 자파(Japa)와 같은 반복 기도 형식과 외형상 유사하지만, 그 목적과 중심은 철저히 인격적 하나님과의 관계에 있다. 이 기도는 단순한 집중 훈련이나 자아의 해체가 아니라, 그리스도의 이름을 통해 하나님과의 깊은 연합에 이르는 길이다.

예수 기도의 기원은 사막 교부들의 영적 실천에서 찾을 수 있다. 이들은 "쉬지 말고 기도하라"(살전 5:17)는 사도 바울의 권면에 따라, 짧은 기도문을 반복함으로써 마음을 늘 하나님께 머물도록 훈련하였다. 이 기도는 처음에는 단순한 시편 문구나 복음서의 짧은 구절에서 출발하였고, 점차 예수의 이름을 부르는 형태로 발전하였다.

특히 10세기 이후 헤시카즘으로 알려진 동방정교회의 신비주의 전통 안에서 예수 기도는 더욱 정제되고 구조화되었다. "헤시키아"란 헬라어로 '고요함', '침묵'을 뜻하며, 외적 침묵과 내적 고요를 통해 하나님과 깊은 연합에 이르려는 영적 길을 의미한다. 이 전통 안에서 예수 기도는 호흡과 함께 결합되며, 단순한 언어적 기도를 넘어 마음과 몸, 영혼 전체가 하나님 안에 잠기도록 이끄는 명상 기법으로 발전하였다.

14세기에 활동한 동방정교회의 신학자 성 그레고리 팔라마스(Gregory Palamas)는 예수 기도의 영적 체험을 신학적으로 정당화하였다. 그는 하나님과 인간 사이의 직접적인 연합은 본질적으로 불가능하지만, 하나님의 '에너지(Energeia)', 즉 그분의 신적 작용에 참여함으로써 인간은 신의 빛에 들어갈 수 있다고 보았다. 이러한 신적 에너지는 기도와 고요함 속에서 체험될 수 있으며, 예수의 이름을 반복하는 기도는 곧 이 에너지에 참여하는 수단이라고 하였다. 팔라마스는 예수 기도가 단지 심리적 안정이나 집중 훈련을 위한 기도가 아니라, 인간이 실재로 하나님과 만나는 방식이라는 것을 강조했다. 예수 기도는 실천 면에서 극히 단순하면서도 체계적인 명상적 구조를 지니며 전통적인 실천 방법은 이 책 149페이지의 '예수기도'를 참고하면 된다.

앞서도 언급했지만, 예수 기도와 동양의 명상 전통은 외형상 몇 가지 유사성이 있음에도 불구하고, 그 근본 목적과 신학적 기반, 존재론적 전제에서 명확한 차이를 보인다. 이는 예수 기도를 단순한 집중 훈련이나 자기 조절 기법으로 이해하는 것을 넘어, 기독교 영성 고유의 정체성을 지닌 관상적 기도로 인식하게 해준다.

무엇보다도 예수 기도는 인격적 하나님을 향한 반복 기도라는 점에서 동양 명상과 구별된다. 불교와 힌두교에서 수행되는 명상은 흔히 만트라 등의 특정 대상에 형태로, 반복을 통해 마음을 안정시키고 무아(無我)의 상태로 진입하거나 해탈에 이르는 것을 목표로 한다. 그러나 예수 기도에서의 반복은 단순한 집중이 아닌, 예수 그리스도의 이름을 통한 신앙 고백과 인격적 호소이다. "주 예수 그리스도시여, 하나님의 아들이시여, 죄인인 저를 불쌍히 여기소서"라는 기도문은 단지 정신의 고요함을 유도하는 주문이 아니라, 하나님의 이름을 부르며 자비를 간청하는 전인격적 고백이며, 이는 기도의 출발점이자 그 자체로 완성이다.

호흡과의 결합 면에서도 두 전통은 다른 목적을 지닌다. 동양 명상에서 호흡은 마음을 현재에 머무르게 하거나 자아를 관찰하고 해체하는 수단으로 쓰인다. 이와 달리 예수 기도에서 호흡은 하나님의 현존 안에 머무는 내면의 리듬으로 기능한다. 기도문을 호흡과 함께 반복함으로써, 신체적 리듬과 영적 의식을 하나로 통합시키며, 결국 존재 전체가 하나님께 응답하는 상태로 나아가게 된다. 이처럼 예수 기도는 단순한 호흡 조절이 아니라, 하나님의 임재 안에서 숨 쉬는 기도, 곧 하나님과 함께 호흡하는 기도이다.

목적에도 분명한 차이가 있다. 동양 명상의 궁극적 지향점은 해탈(解脫), 열반(涅槃), 혹은 자아의 초월에 있다. 이는 고통과 집착, 환상의 세계에서 벗어나 무상의 진리를 체험하는 상태로 이해된다. 반면 예수 기도는 자아를 소멸시키려는 것이 아니라, 자기중심적인 의지를 내려놓고 하나님과의 친밀한 연합으로 들어가는 것을 목표로 한다. 기도자는 자아를 해체하려는 것이 아니라, 자신을 하나님의 자비에 온전히 내맡기고, 그분의 뜻에 일치하는 존재로 변화되기를 바란다. 즉, 기도의 방향이 자기완성이 아니라, 하나님께 순복하는 사랑의 관계로 향한다.

중심성에 있어서도 큰 차이가 있다. 동양 명상은 주로 비인격적 초월 원리(브라흐만, 법, 공 등)를 중심으로 하여, 특정 신과의 인격적 관계보다는 궁극 실재의 체험을 추구한다. 이에 비해 예수 기도는 철저히 인격적 하나님-곧 예수 그리스도-을 중심으로 한 명상이다. 이 기도는 '주님', '하나님의 아들'이라는 고백을 통해, 하나님을 인격적으로 부르고 응답하는 대화적 관계 안에서 이루어진다. 따라서 명상의 목표도 자아의 무아가 아닌, 하나님과의 인격적 일치와 친교이다.

'비움'이라는 개념조차 양자 간에는 서로 다른 영적 해석을 지닌다. 동양 전통에서의 비움은 욕망과 자아로부터의 분리를 의미하며, 무상과 공(空)의 체험을 통해 고통을 초월하는 것을 목표로 한다. 그러나 예수 기도에서의 비움은 자기 존재 자체를 제거하려는 것이 아니라, 자기 의지를 비우고 하나님의 뜻으로 채워지기를 바라는 행위이다. 이는 나를 비워서 내가 사는 것이 아니라, 내 안에 그리스도께서 사시게 하려는 것(갈 2:20)과 같은 사도적 고백과 일맥상통한다. 즉, 기독교적 비움은 단순한 무의 상태가 아닌, 하나님으로 채워지는 충만한 공존의 상태를 지향한다.

이와 같이 예수 기도는 명상의 형식 안에 하나님의 자비, 그리스도의 이름, 죄인의 겸손, 그리고 성령의 은총을 모두 품은, 기독교적 영성의 총체적 기도이다. 외형상 동양 명상의 기법과 유사해 보일지라도, 그 안에 흐르는 영적 방향성과 존재론적 전제는 본질적으로 다르다. 예수 기도는 단지 마음의 고요함을 위한 도구가 아니라, 하나님과의 만남과 연합, 사랑의 내적 일치를 향한 여정이라고 할 수 있다.

오늘날 예수 기도는 동방정교회에 국한되지 않고, 가톨릭과 개신교까지 확산되고 있다. 가톨릭 내에서 토머스 키팅(Thomas Keating)이 제시한 센터링 프레이어(Centering Prayer)는 예수 기도에서 영감을 받은 현대적 기도 방식으로, 하나님의 임재 안에 '존재로 머무는 상태'를 추구하는 점에서 연결성을 가지고 있다. 개신교에서도 리처드 포스터(Richard Foster), 달라스 윌라드(Dallas Willard) 등의 영성가들은 예수 기도를 기도와 명상, 영적 훈련의 중간 형태로 인정하며, 이를 통해 하나님과의 지속적인 교제를 회복하려고 한다. 이렇게 예수 기도는 단지 단어의 반복이 아니라, 존재 깊은 곳에서 하나님을 부르고, 하나님의 응답 안에 머무는 기도이다. 이 기도는 마음을 비우기 위해서가 아니라, 하나님의 이름으로 가득 채우기 위한 기도이며, 언어와 사고를 넘어 '하나님의 현존에 머무는 상태'로 나아가는 관상의 여정이다.

그 외의 초기 기독교 영성가들

기독교 신비주의는 단순한 마음의 고요나 이완을 넘어, 하나님의 현존을 인식하고 그분과 인격적 관계를 맺는 데 목적이 있다. 이 전통은 동양 종교의 명상처럼 자아를 비우는 수단으로만 머무는 것이 아니라, 하나님의 임재로 마음을 채우고 변화된 존재로 살아가도록 이끄는 깊은 영적 여정이다. 이를 따르는 기독교 명상의 전통은 매우 오래된 역사와 풍부한 사상적 기반이 있으며 여러 신비주의자를 통해 구체적으로 체계화되어 왔다.

가장 이른 시기의 인물 중 한 사람인 요하네스 카시아누스(John Cassian, 360-435)는 이집트 사막의 수도사들로부터 받은 영적 전통을 서방교회에 전파한 인물로, 기독교 명상에 있어 '거룩한 침묵(Holy Silence)'의 중요성을 강조했다. 그는 기도를 단순히 바람을 표현하는 행위가 아니라, 하나님과 함께 존재하는 시간으로 보았다. 카시안에게 있어 침묵은 하나님께 집중하는 수단이며, 고요함 속에서 더 분명히 하나님의 음성을 듣는 자리였다. 기독교 명상의 원형을 설명할 때 그의 사상은 내면의 침묵과 하나님의 임재를 연결하는 중요한 기반이 된다.

위 디오니시우스(Psuedo Dionysius, 5세기경)는 '부정신학(Negative Theology)'의 기초를 세운 인물이다. 그는 하나님은 인간의 언어와 개념으로 규정할 수 없는 존재이며, 그렇기에 하나님을 가장 깊이 만나는 방법은 침묵과 무지의 상태 속에서 직접 체험하는 것이라고 보았다. 이러한 사고는 명상이 개념적 설명이나 분석이 아니라, '직접적 체험'임을 강조하는 현대 영성의 방향과도 깊은 관련이 있다. 그가 말한 '거룩한 어둠

(The Divine Darkness)'은 신비 속에서 더욱 하나님을 느끼게 된다는 점에서 침묵 명상과 깊은 연관을 맺고 있다.

중세 기독교

마이스터 에크하르트의 하나님과의 합일

마이스터 에크하르트(Meister Eckhart, 약 1260 - 1328)는 중세 독일의 도미니코회 수도자이자 탁월한 신비주의 신학자로, 기독교 명상과 내면 영성의 전통에 깊은 영향을 미친 인물이다. 그는 단지 영적 체험을 강조하는 수준을 넘어서, 인간 존재 전체가 하나님과 본질적으로 연결되어 있다는 사상을 체계화하였다.

에크하르트의 핵심 사상은 '하나님과의 합일(Union with God)'에 있다. 그는 인간의 내면 깊은 곳, 곧 "영혼의 근원(Seelengrund)" 안에 "신성의 불꽃(Divine Spark)"이 있다고 주장하였다. 이 신성한 근원은 하나님이 거하시는 자리이며, 인간은 외부 세계에서가 아니라 바로 자기 안에서 하나님을 발견할 수 있다고 강조했다. 그는 하나님이 인간 영혼 안에서 탄생하신다고 표현하며, 이를 통해 하나님과의 특별한 신비 체험을 넘어 인간 본성의 궁극적 방향성이라고 설명하였다.

에크하르트는 이 내면의 신성에 접근하기 위해 '비움(Gelassenheit)' 또는 '내적 무집착'을 강조했다. 이는 자아, 소유, 생각, 감정 등 모든 동일시의 대상을 내려놓고 하나님 앞에서 완전히 열린 상태로 존재하는 것을 의미한다. 그는 "너 자신을 버려라. 그러면 하느님을 발견할 것이다"라고 말하며, 하나님과의 합일은 더 많이 갖는 것이 아니라, 더 많이 버리는 데서 시작된다고 강조했다. 이러한 '비움'의 사상은 오늘날 수용 중심 치료나 마음챙김에서 말하는 "있는 그대로 받아들이는 태도"와 유사한 구조를 가지며, 영적 실천의 내면화에 대한 깊은 통찰을 제공한다.

그의 사상 중 주목할 만한 또 하나의 특징은 하나님에 대한 신학적 이해였다. 에크하르트는 하나님을 단순한 '존재자'가 아닌, '존재 그 자체(Being Itself)'로 이해하였다. 이는 하나님은 개별적 존재들처럼 구분되어 있거나 제한된 실체가 아니라, 모든 존재를 가능하게 하는 근원적 실재라는 의미다. 그는 이 하나님은 어떤 개념이나 언어로도 설명할 수 없기에, 가장 깊은 침묵 속에서만 진정으로 만날 수 있다고 주장하였다. 이러한 인식은 위 디오니시우스의 부정신학과 연결되며, 신비주의 전통 안에서 '말 너머의 하나님'을 경험하려는 실천적 영성을 뒷받침한다.

에크하르트는 또한 인간 존재가 사고나 감정을 초월한 '순수한 의식(Pure Awareness)'의 차원에 이를 수 있다고 보았다. 그는 이 상태에서 하나님과의 하나됨이 가능하며, 이 하나됨은 특별한 경건의 순간이지만 감정적 고양 없이도 매 순간 열려 있는 현실이라고 강조하였다. 여기에서 그는 "하느님은 지금 이 순간에 있다"고 말하며, 신과 연결되는 유일한 시간은 과거나 미래가 아닌 '현재'임을 역설하였다. 이는 현대 명상가 에크하르트 톨레가 강조하는 "지금 이 순간(The Power of Now)"과도 유사하며, 시간과 감정, 조건을 초월한 영적 실재에 대한 자각을 촉구한다.

그는 인간의 고통 역시 하나님과 하나됨으로 향하는 길로 해석하였다. 고통은 단지 피하거나 제거해야 할 대상이 아니라, 자기중심성을 초월하고 하나님을 향해 나아가는 기회라는 것이다. 그는 "모든 것이 없어지는 곳에서 신이 태어난다"고 말하며, 고통 속에서 자아가 사라질 때 하나님의 임재가 탄생한다고 보았다. 이는 고통을 통한 영적 성숙이라는 기독교적 관점을 심화시킨 통찰로, 현대의 트라우마 회복, 영적 성장과도 깊은 관련을 맺는다.

이러한 에크하르트의 가르침은 단지 중세의 신비적 사변에 머물지 않고, 현대 심리학과 명상 실천에서도 유용한 지혜를 제공한다. 그의 '비움'은 수용 중심 치료에서 말하는 집착 내려놓기, 감정 초월, 수용의 태도와 직결되며, '하나님은 존재 자체'라는 인식은 변화 중심의 인식 전환과 연결된다. 또한 '내면에서 하나님을 발견하는 체험'은 영성 중심 치료의 핵심 주제이며, '지금 여기서 하나님과 만나는 태도'는 몸과 감각을 통한 영적 실천과 통합될 수 있다.

결론적으로 마이스터 에크하르트는 기독교 명상의 전통 속에서 '존재의 내면화', '비움', '지금 이 순간의 임재', '고통의 초월'을 통합한 신비주의의 대표자이다. 당시에는 급진적이라고 할 수 있는 표현과 외적 행위의 무가치성을 강조하는 등으로 이단 시비에 몰리기도 하였지만 그의 통찰은 영적 감각 훈련을 넘어서, 인간 존재 전체가 하나님의 현존 속에서 변화되는 여정이라고 할 수 있는 영성챙김의 철학적 기반의 하나가 될 수 있다.

이냐시오의 영신수련

이냐시오 데 로욜라(Ignatius of Loyola, 1491 – 1556)가 쓴 『영신수련』은 16세기 스페인에서 탄생한 기독교 영성의 대표적인 훈련 체계로, 단순한 기도나 묵상의 방법을 넘어 인간의 삶 전체를 하나님의 뜻에 따라 새롭게 조직하고 정렬하는 것을 목적으로 한다. 이 수련은 일회성 영적 체험이나 감정적 고양에 머무는 것이 아니라, 인간의 의지와 내면 전체가 지속적인 회심 속에서 하나님의 부르심에 응답하게 하는 깊이 있는 실존적 영적 여정이다.

이냐시오는 원래 스페인의 귀족이자 군인이었으며, 전쟁 중 부상으로 병상에 누워 있는 동안 우연히 접한 성인전과 복음서를 통해 급격한 내적 변화, 곧 회심을 경험하였다. 그는 그 체험을 통해 삶의 방향을 전면적으로 바꾸기로 결단하고, 내면에서 역사하시는 하나님의 뜻을 분별하는 체계를 점차 정리하였다. 이 과정에서 집필한 수련 지침서가 바로 『영신수련』이며, 이는 훗날 그가 창립한 예수회의 영적 기초가 되었다.

이냐시오는 『영신수련』 서문에서 이 수련의 목적을 "사람의 영혼을 정돈하고, 하느님의 뜻을 식별하여 그 뜻에 따라 삶을 재조직하는 것"이라 설명한다. 이는 개인의 내면적 평안을 위한 도구가 아니라, 삶 전체를 성화하고 하나님께 드리는 것을 목적으로 하는 실천적 훈련임을 의미한다. 수련자는 자신의 내면을 구성하는 욕망, 기억, 판단, 감정, 자유의지를 차례로 돌아보며, 그것들을 점차 하나님의 뜻과 일치시키는 여정을 걸어간다. 따라서 이 수련은 단순한 정신 집중이나 평화 추구가 아니라, 인간 존재 전체를 하나님께 정렬시키는데 목적이 있다.

『영신수련』은 전통적으로 약 30일간에 걸쳐 수행되며, 네 단계('4주'라 불림)로 구성되어 있다. 첫 번째 단계는 죄와 자비에 대한 묵상으로 시작한다. 인간의 유한성과 죄성을 직면하며 하나님의 자비를 체험하고, 자기중심적인 삶에서 하나님 중심의 삶으로 전환하는 회심의 계기를 제공한다. 두 번째 단계는 예수 그리스도의 삶을 묵상하는 시기로, 예수님의 탄생과 공생활, 가르침과 사명을 상상(이냐시오의 독특한 방식)과 기도를 통해 깊이 체험하게 한다. 이 과정에서 수련자는 세상의 가치(명예, 부, 권력)와 예수님의 길(가난, 겸손, 섬김) 사이에서 스스로 선택하도록 초대받는다. 세 번째 단계에서는 예수님의 수난과 죽음을 묵상하며, 인간의 고통과 실패를 신앙 안에서 받아들이고, 그리스도의 고난에 동참하는 영적 연합을 경험하게 된다. 마지막 네 번째 단계는 부활의 기쁨과 희망을 묵상하며, 하나님의 사랑을 삶 속에서 살아내는 새로운 결단으로 이어진다. 이 모든 과정은 내용상의 구분이 아니라, 기도자의 존재적 구조가 '자기중심'에서 '하나님 중심'으로 바뀌는 변혁의 과정이다.

『영신수련』의 중심 원리는 '영적 식별(Discernment of Spirits)'에 있다. 이는 하나님의 뜻을 알아차리고, 그 뜻에 따라 삶을 선택하고 살아가는 능력을 의미한다. 수련자는 자신의 내면에서 떠오르는 생각, 감정, 충동, 열망이 하나님께로부터 온 것인지, 아니면 자기 욕망이나 외적 유혹에서 비롯된 것인지를 분별하는 법을 배운다. 이 과정에서 중요한 태도가 바로 '무집착(Indifference)'이다. 이는 모든 상황-건강과 질병, 부와 가난, 명예와 무명-에 대해 특정 감정에 치우치지 않고, 오직 하나님의 뜻을 따라 더 큰 사랑으로 응답할 수 있는 내면의 자유 상태를 말한다. 단순한 무관심이 아니라, 하나님께 완전히 열려 있는 적극적 영적 자유이다.

이 수련에서는 전통적인 묵상 기도, 즉 성경 본문을 이성적으로 분석하고 중심 메시지를 추출하는 것과 더불어, 이냐시오 특유의 상상 관상기도가 사용된다. 이는 기도자가 복음의 한 장면을 상상력과 감각을 총동원하여 '현장에 참여하듯' 체험하고, 그 상황 속에서 예수님과 인격적으로 마주하는 방식이다. 단순히 말씀을 이해하는 것이 아니라, 말씀을 살아내고 그 안에 거하는 기도를 지향한다. 이러한 기도는 수련자의 전 존재인 사고, 감정, 기억, 상상, 의지, 모두를 하나님께 드리는 통합적 영적 활동이다.

현대 『영신수련』은 수도자뿐 아니라 평신도, 성직자, 신학생 등 다양한 이들이 참여할 수 있는 훈련으로 확장되었다. 30일의 전통적인 피정 방식 외에도, 8일간의 단축 수련, 일상에서 6개월 이상에 걸쳐 매일 실천하는 19주 수련 등 다양한 형식으로 현대인의 삶 속에 적용되고 있다. 이는 단지 묵상의 기술을 배우는 것이 아니라, 기도하는 삶을 통하여 하나님의 뜻을 실현하는 삶으로 이끄는 깊은 실천적 영성이다.

이냐시오의 "모든 것을 하느님의 더 큰 영광을 위하여."라는 말은 이냐시오가 삶과 기도를 관통하여 지향했던 중심 고백이며, 영신수련이 단순한 영적 방법을 넘어, 존재 전체가 하나님께 조율되는 신비롭고도 실천적인 여정임을 드러낸다.

성녀 테레사와 완덕의 영성

완덕(Perfection)은 기독교 전통에서 인간이 하나님의 은총 속에서 도달할 수 있는 최고도의 영적 성숙과 사랑의 상태를 의미한다. 이는 단순히 윤리적 무결점이나 도덕적 흠 없음을 말하는 것이 아니라, 하나님을 전 존재로 사랑하며, 그분의 뜻에 완전히 일치된 삶을 사는 상태를 가리킨다. 완덕은 교리적으로는 성화의 궁극적 단계이며, 신비주의 전통에서는 하나님과의 내적 일치를 통해 도달하는 가장 고결한 상태이다.

이러한 완덕의 개념은 16세기 스페인의 카르멜회 수녀이자 신비 신학자였던 아빌라의 성녀 테레사(Teresa of Ávila, 1515 – 1582)를 통해 구체적으로 표현되었다. 그녀는 16세기 스페인의 가톨릭 신비주의자이자 개혁 수도자, 신학자이며, 가톨릭 최초의 여성 "교회 박사"로 선포된 인물로 깊은 관상기도와 영혼의 내면 여정을 통해 하나님과 하나됨을 추구하여 교회의 신비주의 전통에 지대한 영향을 미쳤다. 그녀는 스페인 아빌라의 귀족 가문에서 성장했고, 십대 후반에 카르멜 수녀회에 입회하여 수도 생활을 시작하였다. 입회 초기에는 병약함과 영적 침체를 겪었지만, 30대 중반 무렵 깊은 회심을 경험하며, 하나님과의 친밀한 관상적 기도에 몰입하기 시작하였다. 그녀는 세속화되어 가던 수도원의 현실을 안타까워하며, 보다 엄격하고 내적인 기도 중심의 수도 생활로 돌아가야 한다고 주장했다. 1562년 성 요셉 수녀원을 설립하며, '맨발의 카르멜회'라는 개혁 수도 운동을 시작하였다. 그녀는 수도자로서의 깊은 내적 체험을 『영혼의 성』, 『완덕의 길』, 『자서전』 등을 통해 표현했고 이 내용은 관상기도, 영적 성장, 완덕에 이르는 구체적 여정을 담고 있다. 자신의 깊은 신비 체험과 기도 생활을 바탕으로, 인간 영혼이 하나님과 점차적으로 일치해 가는 여정을 치밀하게 분석하고, 그것을 '완덕에 이르는 길'로 표현하였다.

대표적 저작인『영혼의 성』은 완덕에 이르는 영적 여정을 비유적으로 설명하고 있다. 그녀는 인간의 영혼을 "크리스탈로 된 성"에 비유하였으며, 그 중심에 하나님께서 현존하신다고 보았다. 이 성은 일곱 개의 방(일곱 저택, Moradas)으로 구성되어 있으며, 기도와 수덕(修德), 회개와 은총의 도움을 통해 한 방씩 깊은 내면으로 나아가야만 하나님과의 신비로운 일치를 경험할 수 있다고 가르쳤다.

초기 방에서는 인간의 죄성과 욕망, 세속적 애착이 여전히 강하게 작용하므로, 회개와 자기 절제가 요구된다. 중간 단계로 갈수록 기도는 단순한 언어적 행위에서 침묵과 관상으로 변화되며, 영혼은 점점 자신의 힘을 내려놓고 하나님의 역사에 내어 맡기게 된다. 마지막 일곱 번째 방에서는 '혼인의 상태(Mystical Marriage)', 즉 완덕에 해당하는 영적 일치 상태가 이루어진다. 이 상태는 인간이 자기 의지와 애착을 완전히 버리고, 오직 하나님의 뜻과 사랑 안에 머무르는 경지로, 완덕에 도달한 상태라 할 수 있다.

성녀 테레사는『완덕의 길』에서 기도를 통한 완덕의 길을 세심하게 설명한다. 그녀는 기도와 명상의 발전을 네 단계로 구분하여 설명하였다. 첫째, 구술 기도는 언어를 통해 하나님께 나아가는 가장 기초적인 형태, 둘째, 묵상 기도는 말씀과 진리를 깊이 사유하며 마음을 하나님께 열어가는 단계, 셋째, 안식 기도는 인간의 노력보다는 하나님의 은총에 의해 이끄심을 받는 내면의 고요함의 단계, 넷째, 일치의 기도는 의식적으로 하나님과 하나가 되는 신비로운 하나됨의 단계이다. 이런 기도의 단계적 발전은 영혼의 정화와 일치를 이루는 과정이며, 점진적으로 하나님의 뜻에 전적으로 순응하는 상태에 도달하게 한다. 테레사는 이러한 기도의 삶이 단지 수도자의 특권이 아니라, 모든 그리스도인에게 열려 있는 보편적 부르심이라고 하였다.

성녀 테레사는 완덕이란 인간의 의지와 자기 수련만으로 성취할 수 있는 경지가 아니며, 하나님의 주권적 은총과의 깊은 협력을 통해 가능하다고 보았다. 그러나 동시에, 인간의 자발적 참여, 즉 자기 인식, 겸손, 자기 부정, 십자가의 수용, 공동체 안에서의 봉사 등이 필수적임도 강조하였다. 그녀는 완덕을 향한 여정이 반드시 고통과 오해, 영적 어두움을 포함한다고 보았으며, 그 모든 과정을 견디는 내적 용기와 사랑이 진정한 완덕의 징표라고 했다.

십자가의 성 요한과 영혼의 어두운 밤

십자가의 성 요한(St. John of the Cross, 1542 - 1591)은 16세기 스페인의 가톨릭 신비주의자이자 카르멜회 수도사로, 깊은 내적 기도와 고통의 영성을 통해 하나님과 하나됨을 추구했다. 본명은 후안 데 예페스(Juan de Yepes)이며, 스페인의 퐁티베르토에서 가난한 직조공의 아들로 태어나, 어린 시절부터 가난과 고난 속에서 자랐고 예수회 계열의 학교에서 공부했고, 이후 카르멜회에 입회하여 수도 생활을 시작하였다. 그러나 당시 카르멜회가 세속화되어 있음을 안타까워한 그는 보다 엄격하고 깊은 관상 중심의 수도 생활을 갈망하였고, 아빌라의 성녀 테레사를 만나 그녀가 추진하던 카르멜회 개혁 운동에 동참하였다. 그는 1568년, 테레사와 함께 남성 지부 개혁을 담당하며 '맨발의 카르멜회'를 세웠고, 스페인 전역에 개혁 수도원을 설립하며 왕성한 활동을 하였다. 그러나 개혁에 반대하는 세력으로부터 심한 저항을 받아, 1577년에는 톨레도에서 감금당하고 육체적 고문을 받기도 했다. 석방 이후 깊은 명상적 저작들을 집필하며, 가르치고 설교하는 삶을 살았으며, 말년에는 갈등과 오해 속에서도 침묵과 사랑으로 일관된 영적 자세를 유지하다가, 1591년 우베다에서 선종하였다. 그는 『영혼의 어두운 밤』, 『등불 아래의 영적 노래』, 『영혼의 산길(영성의 산길)』, 『사랑의 살아 있는 불꽃』 등 여러 귀한 기독교 신비주의 저술을 남겼다.

그는 특히 고통과 내적 어둠의 체험을 통해 하나님과 완전한 하나됨에 이르는 영적 여정을 탁월하게 묘사하였다. 그는 『영혼의 어두운 밤』에서 하나님과 하나됨을 향한 영혼의 여정을 정화의 통, 내적 침묵, 자아의 해체, 그리고 신적 사랑의 체험을 통해 묘사한다. 십자가의 성 요한의 영성은 오늘날의 심리적 고통과 존재론적 불안 속에서도 신적 현존을 갈망하는 현대인에게 깊은 통찰을 제공하며, 영성챙김의 이론적 기반을 형성하는 데 중요한 기여를 한다.

십자가의 성 요한이 말하는 "영혼의 어두운 밤"은 단순한 우울이나 감정적 고통을 의미하지 않는다. 그것은 인간의 내면에서 하나님을 향한 갈망이 깊어질수록 경험하는 영적 공허, 정체성의 해체, 하나님의 부재처럼 느껴지는 깊은 침묵을 뜻한다. 이 어두운 밤은 신이 인간을 멀리한 것이 아니라, 오히려 하나님께로 가까이 가는 전환의 문이다. 이 과정을 통해 인간은 자신이 의지하던 감각적 신앙, 인식, 정서적 보상을 잃고, 오직 하나님의 존재 자체만을 의탁하는 순수한 신뢰의 상태로 나아가게 된다.

이러한 '어둠'은 실은 신의 빛이 너무 강렬하여 인간의 감각이 인식하지 못하는 상태이기도 하다. 성 요한은 "어둠은 빛의 밀도가 너무 높을 때 생기는 것"이라고 표현하며, 하나님의 부재처럼 보이는 시간조차도 하나님의 은총 속에 감싸여 있는 신비임을 강조한다. 이는 고통을 삶에서 제거해야 할 장애가 아니라, 신과의 일치로 가는 정화의 통로로 바라보는 기독교 신비주의의 정수라고 하겠다.

십자가의 성 요한이 제시하는 하나님과의 하나됨은 단순히 정서적 친밀감이나 지성적 이해를 넘어서, 존재의 전면적 변화를 요구하는 길이다. 하나님과 하나됨은 단계적으로 이루어진다. 처음에는 감각과 정서에 의존하던 신앙이 내면적 침묵과 자기 부인을 통해 정화되며, 점차 자기 의지의 포기(Self-Abandonment)와 하나님께 대한 전적 신뢰(Total Surrender)로 나아가야 한다.

이 과정은 자기중심성(Ego)의 해체를 전제로 한다. 인간은 자기 생각, 감정, 기도 방식, 심지어는 하나님에 대한 관념까지도 내려놓고, 하나님이 스스로 드러내시기를 기다리는 수동적이고 수용적인 상태에 들어가야 한다. 그때 비로소, 하나님은 영혼 안에 당신을 심고, 존재 전체를 당신의 사랑으로 감싸주신다. 성 요한은 이 체험을 "영혼의 신비로운 결혼(Mystical Marriage)"이라고 불렀다. 이는 인간과 하나님의 경계를 넘는 사랑의 일치로, 단순한 신학 개념이 아니라 실제로 체험할 수 있는 영적 실재이다.

십자가의 성 요한은 하나님과 하나됨의 길은 고통 없이 도달할 수 없다고 단언한다. 그는 고통을 단순한 시련이나 징벌이 아니라, 영혼을 정화하고 자아를 녹여내는 불의 작용으로 이해한다. 불은 불순물을 태우고 정금(精金)을 남기듯이, 하나님은 고통을 통해 인간의 내면을 정화시키고, 더 깊은 연합으로 인도하신다.

이러한 고통은 단지 견뎌야 할 것이 아니라, 신앙 안에서 의미화되고 수용되어야 할 것이다. 성 요한은 말한다. "당신이 바라는 그곳에 도달하려면, 당신이 가진 모든 것을 내려놓아야 한다." 이것은 인간의 영혼이 고통을 통과하며 자기 정체성, 이성, 감정, 통제 욕망을 내려놓고, 결국 하나님의 뜻 안에 완전히 흡수되는 상태로 나아가는 길을 의미한다.

그는 내적 침묵과 비움을 영적 생활의 핵심으로 보았다. "하느님은 조용한 영혼에게 말씀하신다."라며 침묵을 강조했는데 이 침묵은 단지 외적인 소음을 피하는 것이 아니라, 자기 자신을 주장하려는 내면의 소란함을 멈추는 일이다. 인간은 감각적 위로와 지적인 이해, 정서적 보상을 추구하지만, 하나님은 그런 조건들을 통해서가 아니라, 오직 침묵과 가난한 마음에서만 말씀하신다.

그는 '비움'을 단순히 자기를 없애는 '공'의 상태로 이해하지 않았다. 오히려 자기중심적 충동과 탐욕을 비워내는 것이며, 그렇게 비워진 자리에 하나님의 풍성함이 임한다는 것이다. "마음이 가난해질 때, 비로소 하느님의 부요함을 얻는다"는 그의 명언은 이 점을 잘 드러낸다. 이는 기독교 명상에서 '자기 비움'이란 하나님께 채워지기 위한 신적 공간을 만드는 행위임을 명확히 한다.

"어두운 밤이 없다면, 별을 볼 수 없다."는 그의 통찰은 단지 시적인 은유가 아니라, 신앙의 깊은 진리를 담고 있다. 그의 가르침은 침묵과 고통 속에서, 자아를 내려놓음으로써만 도달할 수 있는 하나님과 하나됨을 보여준다. 현대 시대에 우리가 겪는 심리적 위기, 존재론적 불안, 신앙의 침묵 속에서 십자가의 성 요한은 우리에게 "침묵하라, 그곳에 하나님이 계신다."라고 말씀하는 것 같다. 비록 고통스럽지만, 그 끝에는 사랑의 하나님이 계신다. 그리고 그 하나님은 침묵하고, 가난해지고, 비워진 마음 안에 조용히 거하시며, 우리를 하나님 자신으로 채워주신다는 것을 다시 새겨야 한다.

로렌스 형제의 하나님의 임재 연습

로렌스 형제(Brother Lawrence, 1614 – 1691)는 프랑스 카르멜 수도회에서 평수사로 봉사했던 인물로, 기독교 명상과 마음챙김에 해당하는 실천을 통해 오늘날까지도 깊은 영향을 주는 영적 가르침을 남겼다. 그는 신학자도, 설교가도 아니었으며, 수도원 주방에서 요리와 허드렛일을 하며 평생을 살았지만, '하나님의 임재 연습'이라는 단순하고 일상적인 실천을 통해 놀라운 영적 깊이를 보여주었다. 이 실천은 그의 편지들과 대화를 통해 정리되어 널리 읽히게 되었고, 그 내용은 오늘날 기독교 명상 실천의 원형이 될 수 있다.

'하나님의 임재 연습'은 특정한 시간이나 장소에 국한되지 않고, 하루의 모든 순간을 하나님과 함께 보내는 삶의 태도이다. 그는 설거지하거나 음식을 만들고, 사람들과 짧은 대화를 나누는 순간에도 끊임없이 하나님을 의식하려 노력했으며, 이러한 일상 속의 반복이 오히려 자신을 더욱 하나님께 집중하게 했다고 고백했다. 그에게 영성은 특별한 의식이나 학문이 아니라, 작은 행동 속에서 하나님을 찾는 것이었다.

그가 실천한 영적 훈련은 네 가지 주요 요소로 요약될 수 있다. 첫째, 하나님을 순간순간 기억하기이다. 그는 하루의 특정한 기도 시간이 아니라, 삶의 모든 순간, 즉 말할 때, 걸을 때, 일할 때마다 짧은 말이나 생각으로 하나님을 떠올리려 했다. 예를 들어, 커피를 마실 때 "주님, 이 작은 순간도 당신과 함께하길 원합니다"라고 속으로 말하며 하나님을 의식하는 습관을 지니는 것이다.

둘째, 단순하고 짧은 기도의 반복이다. 그는 복잡한 기도 대신, "주 예수 그리스도여, 저를 불쌍히 여기소서"와 같은 짧은 기도를 자주 드렸다. 이는 '예수 기도'와도 유사하며, 호흡과 함께 천천히 반복함으로써 마음을 하나님께 집중하도록 도왔다. 들숨과 날숨에 맞추어 짧은 기도를 실천하면, 신체의 리듬과 함께 영혼도 하나님의 임재 안에 조율되는 경험을 하게 된다. 셋째, 일상 속 모든 행위를 예배로 삼는 태도이다. 로렌스 형제는 단순한 육체노동이나 반복적인 집안일도 하나님께 드리는 거룩한 예배가 될 수 있다고 보았다. "설거지하면서도 하나님을 찬양할 수 있다"고 말하며, 어떤 일이든 하나님의 사랑을 담아 행하면 그것은 이미 기도이며 예배라고 보았다. 이는 일과 신앙, 몸과 영의 이분법을 넘어서서 모든 삶을 하나의 '거룩한 응답'으로 이해하는 영성으로 이어진다. 넷째, 하나님을 잊었다 하더라도 다시 돌아오는 연습이다. 그는 "하나님을 계속 기억하기는 어렵지만, 잊었다고 낙심하지 말고 언제든 다시 돌아가면 된다"고 말하며, 완벽함보다 방향성과 의도를 중요시했다. 하나님은 매 순간 우리를 기다리고 계시며, 우리가 다시 그분께 향할 때마다 기쁘게 맞이하신다는 확신이 그의 태도 안에 깃들어 있다.

이러한 영성은 오늘날 명상과 마음챙김의 실천 방식과 유사하다. 로렌스 형제는 '지금 이 순간에 머물며 하나님을 의식하는 삶'을 통해 영성챙김의 원형을 보여주었으며, 반복적인 기도는 호흡 명상과 결합할 수 있는 실천적 통로가 된다. 또한 설거지, 걷기, 대화와 같은 일상적 활동 속에서 하나님을 경험하는 그의 태도는 움직임 명상이나 '거룩한 일상화' 개념과도 일맥상통한다.

영성챙김에서도 로렌스 형제의 영성을 적용할 수 있다. 짧은 예수 기도와 호흡을 함께 실천하거나, 하루의 일과 중 '하나님을 기억할 수 있는 순간들'을 적어보고 서로 나누는 방식으로 워크숍을 하는 것 등이다. 손을 올려 감사하거나 천천히 호흡하면서 "주님, 지금도 함께하시니 감사합니다"라고 고백하는 움직임 명상은 그의 가르침을 현대적으로 재해석한 실천법이 될 수 있다.

로렌스 형제의 영성은 소박하고 단순하지만, 매우 깊고 실천적이다. 그는 철학자도 신학자도 아니었지만, 삶의 자리에서 하나님을 깊이 만나고 누리는 법을 보여주었다. 그의 삶은 영성챙김의 핵심인 하나님의 임재를 현재에 체화하고, 일상의 모든 순간을 거룩하게 살아내는 법을 구체적으로 발현해 주었다. 그 방법의 체화를 통하여 기독교 명상이 고요함을 추구하거나 특별한 장소에서만 일어나는 것이 아니라 지금 여기 내가 서 있는 이 자리에서 하나님과 함께하는 삶의 방식임을 체득하게 될 것이다.

그 외의 중세 기독교 영성가들

클레르보의 베르나르두스(Bernardus Claraevallensis, 1090-1153)는 수도원 운동의 중심 인물로서, 하나님과의 관계를 '사랑'을 중심으로 해석하였다. 그는 하나님을 향한 사랑이 지식을 앞서며, 참된 지식은 사랑에서 비롯된다고 보았다. 특히, 그는 하나님과의 관계가 네 단계 사랑의 여정을 통해 깊어질 수 있다고 주장하였는데, 이 과정은 명상이 단순한 사고가 아니라, 하나님과의 사랑의 연합을 추구하는 길임을 보여준다. 그에게 관상기도는 사랑 속에서 이루어지는 내면의 친밀한 만남이었다.

12세기 말에는 힐데가르트 폰 빙겐(Sancta Hildegardis Bingensis, 1098-1179)이라는 독창적인 여성 신비주의자가 등장한다. 그녀는 음악, 예술, 자연 등 감각적 수단을 통해 하나님을 체험하는 방식의 명상을 강조하였다. 그녀의 신비 체험은 종종 환상(Visions)이나 상징적 이미지로 표현되었으며, 이는 오감을 통한 명상과 영적 상상력의 중요성을 드러낸다. 힐데가르트는 신앙이 단순히 '믿는 것'이 아니라 '온몸으로 경험하는 것'이라고 강조하였다. 이러한 입장은 감각과 예술을 통해 하나님을 만나는 영성챙김의 방향성과도 일치한다.

현대 기독교

칼 라너의 초월적 신학

칼 라너(Karl Rahner, 1904-1984)는 20세기 가톨릭 신학의 지형을 근본적으로 바꾸어 놓은 대표적인 신학자이다. 그는 전통적인 교리 중심의 신학에서 벗어나, 인간의 경험, 내면의 초월성, 신비 체험을 중심으로 한 신학을 발전시켰으며, 제2차 바티칸 공의회의 신학적 기초를 제공한 인물로도 널리 알려져 있다. 라너의 신학은 단순히 교회를 위한 이론이 아니라, 현대 세계 속에서 하나님을 인식하고 체험할 수 있는 길을 제시하려는 실존적 탐구였다. 그의 사상은 기독교 명상, 관상기도, 영성챙김과 같은 현대 영성 훈련과 깊은 연계가 있다.

라너의 핵심 사상은 '초월적 신학(Transcendental Theology)'이다. 그는 칸트(Immanuel Kant)와 하이데거(Martin Heidegger)의 철학을 신학에 접목하여, 인간은 본질적으로 자신을 초월하는 존재, 즉 '하나님을 향하는 존재'라고 보았다. 인간은 단순히 이성과 감각으로 살아가는 것이 아니라, 삶의 근원적 차원에서 항상 어떤 "더 큰 의미", "궁극적 실재"를 향해 나아가도록 창조되었다는 것이다. 이러한 관점에서 라너는 하나님을 바깥에서 주어진 교리로 받아들이는 것이 아니라, 인간 존재 자체 속에 이미 새겨진 하나님을 향한 갈망과 응답 속에서 이해해야 한다고 보았다.

이러한 초월적 신학은 "익명의 그리스도인(Anonymous Christian)"이라는 개념으로 확장된다. 라너는 명시적으로 기독교를 고백하지 않더라도, 진리와 선, 사랑을 향해 살아가는 모든 사람 안에서 하나님의 은총이 역사할 수 있다고 보았다. 그는 그리스도를 알지 못하거나 타종교를 믿는 이들도 하나님을 향한 존재로서 살아가고 있다면, 실질적으로 그리스도의 빛과 은총 안에 살고 있는 것이라고 보았다. 이러한 주장은 기독교 구원의 보편성을 확대하는 동시에, 타종교에 대한 열린 태도와 대화를 위한 신학적 기반이 되었다. 라너의 이 사상은 제2차 바티칸 공의회가 채택한 타종교 포용의 정신과도 깊이 연관된다.

칼 라너는 신앙을 단지 교리나 제도에서 오는 확신으로 보지 않았고 오히려 "신앙이란 하느님을 직접 체험하고 만나는 신비적 사건"으로 여겼다. 그는 "미래의 기독교인은 신비주의자가 아니면 존재할 수 없을 것이다"라는 말을 남겼는데, 이는 침묵과 기도 속에서 하나님의 현존을 체험하는 관상적 태도가 단지 수도자들의 전유물이 아니라, 모든 그리스도인의 삶에 중심이 되어야 한다는 선언이었다. 이 점에서 라너는 기독교 명상과 관상기도 전통의 회복을 촉구한 신비주의적 신학자로 볼 수 있으며, 그의 신학은 현대의 마음챙김과도 자연스럽게 이어진다. 단순한 존재의 고요 속에서 하나님을 의식하는 태도, 일상에서 하나님의 임재를 깨닫는 훈련은 그가 말한 '신비적 체험'의 현대적 해석으로 이해할 수 있다.

또한 라너는 신앙과 현대 세계, 곧 과학과 철학, 역사와 사회 비판 사이의 갈등을 조화시키려는 노력을 기울였다. 그는 신앙은 시대와 함께 발전해야 하며, 인간의 이성과 경험을 무시해서는 안 된다고 보았다. 이는 전통주의와 현대성 사이에서 긴장하는 가톨릭 신학을 보다 열린 방향으로 이끌었고, 실제로 제2차 바티칸 공의회의 "현대 세계 교회에 관한 사목 헌장(Gaudium et Spes)"이라는 문서에도 그의 신학적 영향이 깊게 반영되었다.

라너의 신학적 특징은 다음 세 가지로 요약할 수 있다. 첫째, 철학과 신학의 통합이다. 그는 토마스 아퀴나스(Thomas Aquinas)의 전통을 계승하면서도, 칸트와 하이데거 등 현대 철학의 성과를 신학 안에 적극적으로 수용하였다. 이를 통해 신앙을 단순한 전승이 아닌 실존적이고 해석 가능한 체험으로 정립하였다. 둘째, 그는 보편적 구원론을 통해 구원의 지평을 넓혔다. "교회 밖에서도 하느님의 은총이 역사할 수 있다"는 그의 입장은 현재 가톨릭이 강조하고 있는 종교 간 대화의 토대를 마련하였다. 셋째, 그는 신비주의적 경험의 중요성을 강조하였다. 지식 중심의 신앙에서 벗어나, 체험적·관상적 신앙으로의 전환을 촉진했으며, 이는 오늘날 명상과 마음챙김, 영성 훈련의 흐름과도 맞닿아 있다.

이러한 라너의 신학은 긍정적 영향도 있었지만 논란도 불러왔다. 전통적 가톨릭 진영에서는 "익명의 그리스도인"이라는 개념이 교회의 고유성과 선교의 필요성을 약화할 수 있다는 비판이 있었고, 신비주의적 강조가 교리의 명확성을 흐릴 수 있다는 우려도 제기되었다. 그럼에도 불구하고, 라너는 20세기 가톨릭 신학을 '이해'의 종교에서 '체험'의 종교로 전환하는 데 지대한 역할을 하였으며, 현대인의 신앙 여정에 실질적인 안내자가 되었다.

토마스 머튼의 통합 영성

토마스 머튼(Thomas Merton, 1915-1968)은 20세기 기독교 신비주의를 현대적으로 재해석하고, 동서양의 영성 전통을 창조적으로 통합한 대표적인 수도자이자 영성가였다. 그는 트라피스트 수도회 소속의 수도사로서 철저한 침묵과 기도, 명상적 삶을 살았지만, 동시에 현대의 사회, 철학, 동양 종교, 심리학 등에 열린 시선을 갖고 있었고, 글쓰기를 통해 수많은 현대인과 영성적 공명을 이루어냈다.

머튼의 영성은 무엇보다 인간 내면에 대한 깊은 이해에서 출발한다. 그는 인간이 '거짓 자아(False Self)'에 사로잡혀 살아간다고 보았다. 이 거짓 자아는 사회적 조건, 욕망, 비교, 자기 중심성에 의해 만들어진 허구적 자아이며, 하나님과 깊은 만남을 가로막는 장애물이라고 했다. 반면 '진정한 자아(True Self)'는 하나님의 사랑 안에서 창조된 존재의 본래적 중심으로, 인간이 이를 회복할 때 비로소 참된 자유와 합일을 경험한다고 말했다. 이 개념은 불교의 '무아' 또는 힌두교의 '진아'의 개념과도 유사하며, 머튼은 이를 기독교의 자기 비움과 연결해, 자아의 소멸이 아닌 하나님 안에서의 회복이라는 방식으로 풀어냈다.

그가 중시한 또 하나의 핵심 요소는 침묵과 관상이다. 그는 기도는 하나님께 말을 통해 무엇인가를 청하는 행위가 아니라, 말 너머의 침묵 속에서 하나님의 현존을 체험하는 깊은 내적 여정으로 이해했다. 그에게 침묵은 공허한 상태가 아니라, 하나님이 말씀하시는 자리였다. 그는 "침묵 속에서 우리는 하느님이 우리 안에 계시다는 사실을 알게 된다"고 말하며, 침묵이 하나님을 향한 가장 순수한 경청이자 수용의 방식임을 강조했다. 이러한 사고는 현대의 마음챙김 명상, 기독교적 관상기도와 영성챙김의 실천과 자연스럽게 연결된다.

머튼은 현재의 순간, 즉 '지금 여기'에서 하나님의 임재를 경험하는 것을 강조했다. 그는 하나님을 과거나 미래에 멀리 떨어져 있는 존재가 아니라, 이 순간의 고요함 안에 느낄 수 있는 분으로 인식했다. "지금 이 순간, 바로 이곳에서 하느님을 찾으라"는 그의 말은, 명상이 과거의 회한이나 미래의 불안이 아니라, 현재에 머물며 하나님의 임재를 자각하는 삶의 훈련임을 잘 보여준다. 이러한 관점은 에크하르트 톨레와 같은 현대 영성 사상가들의 '지금(Now)' 개념과도 공통점을 가지며, 기독교 명상 실천의 실제적 기초가 된다.

한편 머튼은 단순히 내면의 침묵과 신비 체험에만 머무르지 않았다. 그는 참된 영성이 개인의 내적 구원에만 머무르지 않고, 사회적 책임과 연결되어야 한다고 보았다. 그는 인종차별, 전쟁, 핵무기, 가난, 인권 등의 문제에 대해 수도원의 고요한 공간 속에서 끊임없이 성찰하고 글로써 응답했다. "내적 변화가 세계를 변화시킨다"는 그의 신념은 영성이 곧 실천이며, 하나님과의 만남이 곧 이웃 사랑과 사회 정의로 이어져야 한다는 통합적 관점을 보여준다. 이러한 입장은 영성챙김이 단지 개인의 심신 이완이나 평화를 위한 도구가 아니라, 삶의 방식과 사회적 실천으로 확장되어야 한다는 철학적 기반이 된다.

머튼은 동양 사상과의 대화에도 깊은 관심을 가졌다. 그는 일본의 선

불교, 도교, 힌두교 베단타 사상 등과의 교류를 통해, 명상과 관상기도가 단지 기독교만의 전통이 아니라 인간 보편의 영적 통로임을 깨달았다. 그는 특히 선불교의 공(空, emptiness) 사상과 기독교의 케노시스(Kenosis, 자기 비움)를 비교하며, 이 둘이 다르지 않은 내면의 체험을 지향한다고 보았다. 그러나 그는 기독교적 정체성을 놓지 않은 채, "서로 다른 언어로 말하지만 같은 침묵을 듣고 있다"는 태도로 동서양의 영성 대화를 추구하였다. 이는 오늘날 다종교 사회 속에서 기독교 명상과 마음챙김이 어떻게 정체성을 유지하면서도 열린 태도를 가질 수 있는지를 보여주는 모범적인 모형이 될 수 있다.

그의 "진정한 자아를 발견하는 순간, 우리는 하느님을 발견한다"는 문장은 존재의 중심이 곧 하나님의 현존 자리라는 신비주의 전통의 핵심을 담고 있으며, "침묵은 단순한 공백이 아니라, 하느님이 말씀하시는 자리다"라는 표현은 신앙에서 명상과 관상의 역할을 다시금 일깨운다.

그는 내면의 침묵, 현재의 순간, 참 자아의 발견, 동서양의 영성 통합, 사회적 참여라는 다섯 가지 축을 중심으로 하나님과 깊은 만남을 일상과 삶 속에서 실현하는 방법을 제시하였다. 영성챙김이 지향하는바, 즉 기도와 침묵을 통해 하나님의 임재를 체험하고, 존재 전체를 하나님께 정렬시키며, 그 체험이 삶의 변화로 이어지는 전인적 여정은 머튼의 사상과 정확히 맞닿아 있다. 그의 가르침은 현대인에게 기독교 명상이 단지 교리적 고백을 넘어, 삶의 실제적 방향과 존재의 방식임을 깨닫게 하는 신비롭고 실천적인 지침이 될 수 있을 것이다.

토마스 키팅의 센터링 기도

토마스 키팅(Thomas Keating, 1923 – 2018)은 트라피스트 수도회 소속의 수도자이자 신학자, 교사였으며, 기독교 전통 안에서 침묵과 관상을 회복하려는 운동을 주도했다. 특히 그가 개발한 센터링 기도(Centering Prayer)는 동방정교회의 예수기도, 중세의 관상기도, 성 테레사와 성 요한의 신비 사상 등에서 영향을 받아, 현대인들이 실천할 수 있는 형태로 기독교 명상을 체계화한 방식이라 할 수 있다. 키팅은 초대교회는 실천했지만 현대 교회에서 잊혀가고 있던 '관상기도 전통'을 회복하려고 시도했다. 그는 불교와 힌두교의 명상과 기독교 명상 사이에 공통점이 있고, 불교의 마음챙김과 요가의 집중(사마디, Samadhi)이 기독교의 침묵 기도와 유사한 점이 있지만, 기독교 명상의 목표는 "하느님과의 친밀한 관계"이며, 자아 해탈이 아니라 "하느님과 하나됨"임을 강조하였다. 사막의 교부 및 중세 기독교 신비주의자들의 전통, 특히 『무지의 구름』과 같은 익명의 영성 고전에서 영감을 받아, 기독교인의 삶 속에서 침묵의 기도, 하나님의 임재에 깨어 있는 기도를 현대화하여 소개하고자 했다. 그는 "하느님은 항상 현존하고 계시며, 인간은 침묵과 내적 주의를 통해 그 현존에 들어갈 수 있다."라고 강조했다.

관상기도에 속하는 센터링 기도는 '말로 드리는 기도'가 아니라, 하느님 앞에 존재하는 침묵의 기도, 즉 '말 이전의 기도'로 정의할 수 있다. 토마스 키팅은 이를 "하느님의 임재와 활동에 대해 내면 깊숙이 열려 있는 상태"라고 설명하였다. 기도하는 사람은 더 이상 말로 하나님께 무언가를 요청하거나 자신의 생각을 전달하려 하지 않고, 하나님 앞에 "있는 그대로" 머물며, 내면의 중심(Center)에서 "하느님의 현존과 사랑을 받아들이는" 상태로 들어간다고 강조한다. 이것이 '센터링'의 의미다. 우리의 중심을 하나님께 맞추고, 스스로를 내려놓으며, 하나님의 사랑에 자신을 내맡기는 내적 행위인 것이다.

센터링 기도는 일종의 '존재의 기도(Prayer of Being)', '사랑의 주시(Loving Gaze)', '깨어 있는 머무름(Mindful Abiding)'이라고도 할 수 있다. 중세 신비주의자들이 말했던 "신적 일치의 침묵"에 다가가는 현대적 표현이기도 하다.

토마스 키팅은 다음 네 가지 핵심 단계로 센터링 기도에 들어가는 방법을 정리하였다. 첫 번째, 고요한 공간에서 바르게 앉아, 몸과 마음을 안정시키는 데 조용한 공간에서 편안한 자세를 취하고 눈을 감고 몸과 마음을 이완시키고 외부의 소음과 내적인 생각에서 자유롭게 되려고 노력하며 침묵에 들어간다. 두 번째, 하나님께 자신을 열어드리기 위한 짧고 단순한 하나님과의 연결을 상징하는 단순한 단어('주님', '평화', '사랑', '예수', '아버지', '쉼'), 즉 '성스러운 단어(Sacred Word)'를 선택하고 이 단어를 마음속으로 부드럽게 떠올린다. 세 번째, 기도 중에 잡념, 생각, 감정, 이미지가 떠오르면 그것을 억지로 없애려 하지 않고, 선택한 '성스러운 단어'를 마음속으로 조용히 되뇌며 다시 하나님께 주의를 돌린다. 단어를 억지로 반복하는 것이 아니라, 자연스럽게 내면의 중심으로 돌아가는 길잡이 역할을 하는 것이다. 키팅은 이때의 핵심은 "침묵 속에서 하나님께 온전히 자신을 맡기는 것"이라고 강조한다. 네 번째, 침묵 속에서 하나님의 현존을 경험하는 것으로 환상, 소리, 강렬한 감정과 같은 특별한 체험을 기대하는 것이 아니라 그저 하나님 안에 머문다는 사실 자체를 받아들이고 끝날 때는 갑자기 움직이지 않는다. 이렇게 1-2분간 조용히 앉아 침묵의 상태를 더 유지하며 하나님의 현존 안에 있던 시간을 부드럽게 삶으로 이어간다. 이를 통하여 기도자의 내면을 점차 비움의 상태로 이끌며, 그 비움 안에서 하나님의 임재가 느껴지는 깨어 있음과 신뢰의 공간을 만들어낸다. 센터링 기도는 하루에 한두 번, 20-30분씩 정기적으로 실천하는 것을 권장한다.

토마스 키팅은 센터링 기도를 단지 심리적 안정이나 휴식의 수단으로 보지 않았다. 그는 이것을 하나님의 은총(Grace)에 응답하는 깊은 영적 훈련으로 이해하였다. 인간은 본래 하나님의 현존 안에 살도록 창조되었지만, 자기중심성, 욕망, 통제욕, 불안 등으로 인해 하나님의 임재를 인식하지 못하게 된다. 센터링 기도는 이러한 '거짓 자아'를 정화하는 길이며, '참 자아'로 하나님 앞에 나아가는 여정이다. 이 과정은 단지 생각을 조절하거나 감정을 조율하는 차원을 넘어서, 하나님의 내적 사랑 안으로 들어가는 존재의 전환 과정이다. 이 점에서 키팅은 센터링 기도를 "거룩한 사랑의 침묵", "하느님의 사랑에 자기를 개방하는 시간"이라고 지칭했다. 그는 이를 통해 기도자가 하나님의 의지에 자신의 의지를 일치시키고, 더 깊은 회심을 이루게 된다고 믿었다.

센터링 기도는 명상에 대한 일반적 오해처럼 외형상 불교의 마음챙김 명상이나 힌두교의 만트라 명상과 유사해 보일 수 있다. 침묵, 호흡, 반복, 내적 주의 같은 요소를 포함하고 있기 때문이다. 그러나 그 목적과 중심성에서는 기독교 명상과 다른 명상처럼 중요한 차이가 있다. 명상은 일반적으로 무상(無常)과 자아 해체를 통해 고통으로부터 자유를 얻고자 하나, 센터링 기도는 인격적 하나님과의 사랑의 관계 안으로 들어가는 것을 목적으로 하는 것이 명확하게 다르다. 명상에서 비움은 무지와 집착의 제거라면, 센터링 기도에서의 비움은 자기중심성의 포기와 하나님의 뜻에 대한 전적 신뢰이다. 또 명상이 자아로부터의 분리를 지향한다면, 센터링 기도는 자아를 하나님 안에서 통합하고 변화시키는 사랑의 여정이다.

그의 "센터링 기도는 하느님께 당신의 사랑을 증명하려는 노력이 아니라, 하느님이 이미 당신을 사랑하고 계심을 받아들이는 여정입니다." 라는 통찰은 센터링 기도가 단순한 명상이 아니라, 하나님의 사랑을 받아들이는 신앙의 깊은 응답임을 보여준다. 말보다 깊은 자리에서, 감정보다 더 조용한 차원에서, 우리는 하나님의 현존 앞에 존재로서 머무를 수 있다. 이처럼 센터링 기도는 현대인의 언어로 다시 번역된 기독교 관상기도의 길이며, 영성챙김이 추구하는 하나님과의 깊은 일치를 실제 삶에서 훈련할 수 있는 실천적 도구가 될 수 있다. 이를 통하여 '하나님은 이미 내 안에 계신다'는 분명한 명제를 체화할 수 있다.

또 다른 현대 기독교 영성가들

에벌린 언더힐(Evelyn Underhill, 1875-1941)은 기독교 신비주의를 체계적으로 연구하여 신비 체험의 5단계(각성 → 정화 → 조명 → 합일 → 초월)를 정리하였다. 신비 체험은 일상의 경험과 분리된 것이 아니라, 삶 속에서 경험하는 것이고 기도와 명상은 신과의 대화이자 내적 성장의 길이라고 하였다.

리처드 로어(Richard Rohr, 1943~)는 기독교 신비주의와 관상기도의 중요성을 강조하였고 "두 번째 반생(The Second Half of Life)" 개념을 통해, 영적 성숙은 내적 자아로의 회귀 과정이라고 설명하여 에고 중심적 신앙에서 벗어나, 존재 자체로 하나님과 하나 되는 길을 강조하였다.

베스트셀러 작가로 유명한 헨리 나우웬(Henri Nouwen, 1932-1996)은 기독교 영성을 심리학과 연결하여, 내적 치유와 명상적 신앙을 강조하였다. 그는 삶의 상처와 내면의 고통을 신앙으로 초월하는 과정 탐구하면서 침묵과 고독의 중요성을 강조하며, 명상을 통해 하나님과 친밀한 관계를 형성해야 한다고 주장하였다.

윌리엄 존스턴(William Johnston, 1925-2010)은 주로 일본에서 활동하며 선불교와 기독교 명상을 연구한 예수회 신부로 서구의 기독교 명상과 동양의 관조적 명상(Zazen, Vipassana 등)을 연결하려고 노력했고 관상기도의 과정은 마음챙김과 유사하다는 설명을 하기도 했다.

베데 그리피스(Bede Griffiths, 1906-1993)는 영국 출신의 베네딕토회 수도자로 인도에서 아쉬람 공동체를 이루며 기독교와 힌두교의 영성적 전통을 통합한 신비주의자로 명상을 통한 하나님과의 하나됨을 강조하였고 서구의 신학적 기도에서 벗어나, 내적 침묵과 명상의 중요성을 주장하였다.

개신교

개신교는 종교개혁 이후 중세 가톨릭의 형식주의와 권위주의를 비판하며 성경과 개인의 신앙 양심을 중시했다. 이 과정에서 명상이나 관상보다는 '말씀의 묵상'과 '기도'가 중심에 놓이게 되었다. 이에 따라 이전의 기독교 신비주의를 멀리하는 경향도 보였지만 개혁가들조차도 중세 신비주의 전통의 끈은 놓지 않았다. 종교개혁의 선봉 마르틴 루터는 에크하르트와 요한 타울러(Johannes Tauler)의 독일 도미니크회 신비주의 전통과 디오니소스의 영향을 받은 베젠미스티크(Wesenmystik, 본질 신비주의) 전통의 영향을 받은 수도사였다. 중세 금욕 수행을 거부하고 정서적 경험보다 교리적 신지식을 선호했던 칼빈도『기독교 강요』에서 '경건의 삶(Pietas)'을 강조하며 하나님 앞의 내면적 태도를 중요시했다. 청교도들과 경건주의 운동은 성경 묵상, 조용한 기도, 성찰일기 등 내면의 신앙 실천을 독려했으며, 퀘이커 전통은 '내면의 빛(The Inner Light)'이라는 개념을 통해 침묵 속에서 하나님의 음성을 듣는 훈련을 이어갔다. 또한 18세기 영국의 감리교 창시자인 존 웨슬리(John wesley)는 '성화의 여정' 안에서 정기적인 기도, 성경 읽기, 침묵과 묵상을 권장했다.

종교개혁 이후 구원에서 은혜의 역할을 축소하고 인간의 행위가 구원에 역할을 할 수 있다는 생각을 지지하는 것 같았던 타락한 가톨릭 신비주의 관행에 대해 비판적이고 회의적이면서도 퀘이커교, 감리교, 성공회, 루터교, 오순절 등 개신교 교파들 모두 신비적 경험이라는 개념에는 열려 있었다.

말씀과 양심의 내면화

프랭크 라우바흐(Frank Laubach, 1884-1970) 선교사는 "문맹자의 사도"로 알려진 신비주의자로 필리핀의 외딴 지역에서 무슬림들 사이에서 일해왔고 특히 일상생활 속에서 지속적으로 하나님의 임재를 인식하려는 훈련인 『분 단위의 게임』이라는 책에서 그리스도인들은 하루 매 순간 최소 1초라도 하나님을 마음에 두도록 노력하라고 촉구했다. 이를 통해 데살로니가 전서에 언급된 끊임없는 기도의 자세를 실천할 수 있다고 했다. 이 개념은 17세기 프랑스 수도사 로렌스 형제의 동일한 제목의 고전적 명상서에서 영감을 받아 현대적으로 실천한 방식이라고 할 수 있다. 그의 하나님 임재 연습의 목표는 하루 24시간, 가능한 한 매 순간 하나님이 나와 함께하신다는 사실을 인식하며 사는 것으로 "생각이 떠오르는 그 즉시, 그 생각을 하나님께로 향하게 하라.", "작은 일 하나도 하나님을 의식하며 행하라."라는 개념으로 살아가는 것이다.

구체적인 실천 방법은 하루 일과 중 몇 분 간격으로 잠시 멈춰 "주님, 지금도 함께 계시죠?", "지금 이 순간에도 주님의 임재 안에 있나요?"라고 기도를 드리고 알람을 사용해 '하나님 체크인 타임'을 만든다. 설거지,

운전, 이메일 작성 등 사소한 일상적인 일도 "주님, 이 일을 주님께 드립니다"라고 기도하며 수행하고 사람을 만날 때 그 직전 짧게라도 "이 만남 가운데 주님 함께 하소서"라고 하여 모든 활동을 하나님께 드리는 제사처럼 여긴다. 또 부정적 감정이나 잡념이 올라올 때, 생각을 하나님께로 전환하는 연습을 하여서 예를 들어 짜증이 나면 "주님, 제 마음을 평안하게 하소서.", 화가 나면 "주님 제 마음을 알아주소서"라고 심 호흡을 하고 전환 기도를 한다. 또 하루 종일 반복할 수 있는 짧은 기도, 즉 "예수님, 사랑합니다.", "주님, 저를 사용하소서.", "성령님, 함께 하소서."등을 정해놓고 항상 사용한다. 하루의 리듬 속에서 매일 3번씩, 3분이라도 말을 멈추고 호흡을 가다듬으며 하나님의 임재를 느끼는 침묵 시간을 가진다. 이를 통하여 하루에 수백 번이라도 하나님과 함께 하는 시간을 가질 수 있어서 형식적인 기도나 명상보다 더 실천적인 '삶의 명상'이라고 될 수 있다.

리처드 포스터(Richard Foster, 1942~)는 현대 기독교 영성 형성 운동을 이끌어온 대표적인 신학자이며, 퀘이커 전통의 깊은 영성과 실천을 바탕으로 '레노바레(Renovaré)'라는 영성 갱신 운동을 시작했다. 그는 영적 훈련(Spiritual Disciplines)을 통해 신자들이 하나님과의 깊은 교제를 누릴 수 있다고 보았으며, 이를 구체적인 실천으로 이끌어낸 인물이다. 그의 대표작인 『영적 훈련의 기초』는 기도, 금식, 고독, 묵상 등 고대 기독교의 전통적 훈련을 현대적 삶 속에 회복시켜야 한다는 점을 강조했으며, 출간 이후 지금까지 우리 나라뿐 아니라 세계적으로 폭넓은 영향을 미쳤다.

포스터는 특히 '기독교 명상(Christian Meditation)'이라는 개념을 정립하고, 이를 통해 신자들이 하나님의 임재를 더욱 깊이 체험할 수 있다고 보았다. 그는 명상을 '마음을 비우는 수단'으로 보지 않았다. 오히려 기독교 명상은 '하나님의 말씀과 임재로 마음을 채우는 과정'으로 정의하며, 하나님의 음성을 듣고, 그분과 친밀한 교제를 누리는 데 목적이 있다고 강조했다. 이는 동양의 명상, 특히 불교 명상이 '비움'과 '내면의 고요'를 중심에 둔 것과 근본적인 차이를 보인다. 기독교적 명상은 '하나님의 진리와 사랑으로의 채움(filling the mind with God's truth and presence)'이며, 하나님께 시선을 집중하는 적극적 영적 참여이다. 그는 기독교 명상의 실천적 방법으로 다음과 같은 영성 훈련을 제시하였다.

첫째, 성경을 중심으로 한 묵상, 즉 렉시오 디비나이다. 이는 성경을 읽는 것을 넘어, 말씀을 천천히 읽고 반복하여 묵상하면서 그 말씀 안에서 하나님의 음성을 듣는 훈련이다. 이러한 묵상은 독백이 아닌 대화이며, 지식적 접근이 아닌 관계적 접근이다. 신자는 말씀을 통해 하나님의 뜻에 귀를 기울이고, 그것을 삶 속에서 살아내는 데로 이끌린다.

둘째, 침묵 속에서 하나님의 임재에 집중하는 관상기도이다. 포스터는 기도란 말을 많이 하는 행위가 아니라, 침묵과 고요 속에서 하나님의 존재를 인식하고 그 안에 머무는 "거룩한 주의 집중"이라고 설명한다. 이는 단순한 명상적 고요함이 아니라, 하나님의 임재로 '채워지는' 고요함이다. 마음을 비우는 것이 목표가 아니라, 하나님을 맞이하기 위한 공간을 여는 과정이라는 것이다.

셋째, 마음의 짐을 내려놓고 하나님께 맡기는 실천이다. 그는 불필요한 걱정과 통제를 내려놓고 하나님의 주권과 사랑에 자신을 맡기는 연습을 강조했다. 이러한 훈련은 단지 불안을 해소하는 심리 기술이 아니라, 하나님께 모든 것을 내어 맡기며 사는 신앙의 실천이다. 그는 진정한 마음챙김은 '비움의 기술'이 아니라 영성챙김이 추구하는 "맡김의 태도"라고 표현한다.

넷째, 자연 속에서 하나님의 창조를 묵상하는 시간도 중요한 명상의 방식으로 제시하였다. 포스터는 자연은 하나님의 손길과 말씀이 새겨진 장이며, 신자는 자연을 통해 창조주 하나님과 만날 수 있다고 보았다. 숲을 거닐거나, 조용히 나무 그늘에 앉아 있는 시간은 내면의 영적 청취를 가능하게 하며, 이는 말씀 묵상과 더불어 명상의 중요한 통로가 된다.

리처드 포스터도 기독교적 마음챙김을 심리적 기법이나 동양 명상의 응용으로 보지 않았다. 그는 마음챙김을 하나님과 우리가 깊은 친밀함과 임재 의식으로 연결되는 영성 훈련으로 재해석하였고, 그 핵심은 "내면을 비우는 것이 아니라 하나님의 진리로 채우는 것"이라고 강조했다. 마음챙김에서 영적챙김으로의 기독교 명상을 추구했으며, 단순히 현재 순간에 머무는 것이 아니라, 그 순간에 하나님이 계심을 인식하고 그분과 교제하는 상태에 머무는 것이야말로 기독교 명상의 본질이라고 하였다. 이런 가르침은 오늘날 기독교 신앙 안에서 영성의 깊이를 회복하고자 하는 많은 신자들에게 명확한 기준과 실천적 방향을 제시한다. 영성은 더 이상 일부 수도자들의 전유물이 아니라, 현대인 모두가 삶의 현장에서 체험하고 살아낼 수 있는 일상의 영적 리듬이어야 한다. 기독교 명상은 단지 조용히 있는 시간이 아니라, 하나님의 사랑과 음성을 듣는 적극적인 내면의 대화이며, 이를 통해 신자는 더욱 성숙한 신앙인의 삶을 살아갈 수 있게 된다.

달라스 윌라드(Dallas Willard, 1935 – 2013)는 20세기 후반 미국 개신교에서 가장 영향력 있는 영성가이자 철학자 중 한 사람이다. 그는 신앙과 삶, 철학과 실천을 통합하려는 깊은 통찰을 바탕으로, 현대 기독교 영성 형성 운동의 흐름을 이끈 사상가였다. 그의 대표 저서인 『하나님의 모략』, 『마음의 혁신』, 『영성훈련』은 오늘날에도 개신교 영성 교육의 주요 교재로 사용된다. 윌라드는 단순한 영적 기법이나 기도 훈련을 넘어, 인간 존재 전체가 그리스도의 형상을 닮아가도록 재구성되는 전인적 변화를 강조했다.

그의 영성 사상은 철학적 인식론과 존재론의 깊이를 바탕으로 구성된다. 그는 인간 존재를 '생각, 감정, 의지, 몸, 사회적 관계, 영혼'이라는 구조로 파악하고, 이 모든 차원이 하나님의 은총 안에서 조화롭게 회복되어야 진정한 변화를 이룰 수 있다고 보았다. 이러한 변화는 단순히 한순간의 결단이나 외적 행동의 교정으로 이뤄지지 않는다. 삶 전체가 하나님 나라의 질서에 참여할 수 있도록 영적 훈련을 통해 점진적으로 형성되어야 한다.

윌라드는 변화를 위한 실천 모델로 VIM, 즉 비전(Vision), 의도(Intention), 수단(Means)을 제시하였다. '비전'은 하나님 나라가 지금 여기에서 열려 있다는 사실을 받아들이는 통찰이고, '의도'는 이 삶을 살기로 결단하는 내적 방향성이다. 그리고 '수단'은 침묵, 고독, 금식, 기도, 말씀 묵상, 공동체 훈련 등 다양한 고전적 영적 훈련이다. 그는 이를 통해 내면이 점차 변화되어 그리스도의 성품으로 빚어질 수 있다고 보았다.

윌라드의 영성은 제자도에 뿌리를 둔다. 그는 단순히 예수님을 믿는 것이 아니라, 예수님을 따라 사는 삶, 곧 제자로서 배우고 순종하는 삶이야말로 기독교 신앙의 본질이라 주장했다. 그의 관점에서 은총은 행위의 대가로 주어지는 것이 아니지만, 그렇다고 아무런 참여나 실천 없이 얻어지는 것도 아니다. 은총은 제자도로 부르며, 제자도는 삶 전체를 하나님께 열어두는 영적 훈련과 성숙의 길을 포함한다. 그는 현대 교회가 제자도를 상실했다고 비판했다. 그는 수많은 교회가 예수 믿고 구원받는 것만을 강조한 나머지, 실제로 예수님처럼 사는 삶을 훈련하지 않는다고 보았다. 그래서 그는 교회가 다시 영적 훈련의 장이 되어야 한다고 말하며, 믿음과 행위, 존재와 실천이 통합된 '하나님의 제자 공동체'를 회복할 것을 촉구했다.

철학자로서 그는 보이지 않는 영적 실재가 실제로 존재한다는 형이상학적 실재론과 인간의 인식이 진리를 향해 열려 있다는 인식론적 실재론과 인간 존재의 통합성에 대한 신학적 확신을 신학과 영성에 녹여냈다. 이러한 철학적 기반은 그가 단지 기도나 묵상 같은 기술을 가르치는 영성가가 아니라, 기독교 명상과 영적 훈련에 철학적 깊이를 제공하는 이론가임을 보여준다.

윌라드는 고전적인 영적 훈련을 재조명했다. 침묵, 고독, 금식, 단순함, 기도, 회개의 훈련들은 단순한 수도원적 전통이 아니라, 현대인의 삶 속에서도 여전히 의미 있는 방식으로 재해석될 수 있다고 보았다. 그는 이러한 훈련이 그리스도인의 내면을 성령의 형상에 따라 다듬어가게 하는 도구라고 강조했다. 따라서 그의 영성은 개신교 내에서 영적 훈련과 명상, 기독교적 마음챙김을 정당하게 복원하고 제시한 중요한 흐름으로 평가받는다.

실제로 그는 리처드 포스터와 함께 '레노바레' 운동을 주도하며, 영적 훈련을 복음주의적이고 정통적인 방식으로 회복하는 데 기여했다. 이 운동은 기독교 명상, 침묵과 관상기도, 성경적 수양, 공동체 실천을 통합한 영성 프로그램을 통해 많은 개신교 신자들에게 실제적인 영적 성장의 길을 제공해 왔다.

일본과 한국의 영성가

서양 영성가 이외에도 일본과 우리나라에도 신비주의적 전통과 연결될 수 있는 영성가가 있었다.

우치무라 간조(內村鑑三, 1861-1930)는 일본 근대 개신교 사상가로, 서구의 제도권 교회에 반대하고 '무교회주의'를 주장하였다. 그는 외적 제도나 교회보다는 오직 성경과 예수 그리스도와의 직접적이고 내면적인 만남, 즉 체험적 신앙을 중시하였다. 그는 기독교 신앙이란 예수의 십자가 희생에 진실로 감사를 표하는 개인의 내적 체험에서 비롯된다고 보았으며 이것이 공식 교회 구조나 전통을 초월해야 한다고 여겼다. 그의 사상은 일본적 신비주의와 복음주의가 절충된 형태로, 일본의 근대 지식인들에게 많은 영향을 주었다.

니토베 이나조(新渡戸稲造, 1862-1933)는 퀘이커교 신자를 자처하였고, 서구적 기독교 신비주의와 일본의 유교·불교 전통을 융합하려 했던 사상가이다. 개인적 내면세계에서 하나님과의 만남을 강조했으며, 기독교적 사랑과 평화 사상, 그리고 동양 윤리의 밀접한 연관성을 주장하였다. 그는 특히 체험을 통한 영적 자기 변화를 강조하였다.

니시다 기타로(西田幾多郎, 1870-1945)는 일본 근대 철학자이자 '무(無)의 철학'을 통해 기독교 신비주의와 불교의 선 사상을 연결하려고 노력하였다. 그는 하나님과의 관계를 논리적으로 설명하는 대신, 직접적인 체험을 통해 하나님을 깨닫는 것을 강조하였고 서구 철학과 동양의 선(禪), 불교, 기독교를 융합한 독창적 사상으로 발전시켰다.

유영모(1890-1981)는 한국 기독교 신비주의 전통에서 중요한 위치를 차지하는 인물로 서구 신학에 기반을 두면서도 동양의 철학과 기독교 신앙을 융합하여 독특하고 독창적인 영성을 구축했다. 특히 그의 사상은 '비움', '침묵', '존재의 본질 탐구'와 같은 개념을 중심으로 발전해 온 영성이라고 하겠다. 유영모 영성의 핵심은 '비움'의 영성이다. 그는 신앙이란 '비움'을 통해 하나님과의 직접적인 만남을 이루는 것이라고 보았다. 즉, 자신의 에고를 내려놓고 하나님의 뜻에 온전히 맡기는 것이 신앙의 본질이라고 보았다. 이는 마이스터 에크하르트의 '내려놓음', 불교의 '공', 그리고 기독교의 '자기 비움' 개념과 연결된다.

유영모는 하나님을 인간의 언어로 완전히 설명할 수 없다고 보았으며, '말 이전의 하나님'이라고 표현했다. 하나님을 경험하기 위해서는 논리와 개념을 넘어서서 직접적인 체험과 침묵 속에서 만나야 한다고 강조했고 이는 언어를 넘어서는 깊은 명상과 관상의 개념과 유사하다. 유영모는 '지금 이 순간'에 하나님이 계신다는 관점을 가지고 있었는데 이는 에크하르트 톨레의 "현재 순간에 머물기"와도 연결되며, 기독교 명상의 핵심 원리로 작용할 수 있다. 그는 하나님이 단순한 개념이 아니라, "살아 있는 생명력"이며, 우리가 직접 경험하고 친밀한 관계를 만들어야 하는 분으로 보았다. 이는 하나님과의 하나됨을 강조하는 신비주의 전통과 연결된다. 유영모는 서구 신학과 동양 철학을 통합하려 했으며, 특히 불교와 유교의 마음공부와 기독교 영성을 결합하려는 시도를 하였다. 불교의 '참나' 개념과 기독교의 '진정한 자아' 개념이 유사하다고 보았으며, '하나님과 하나 되는 길'이란 곧 '자기 비움의 길'이라고 주장했다. 이는 토마스 머튼(Thomas Merton)이나 윌리엄 존스턴(William Johnston)이 시도한 기독교와 동양 명상의 연결과도 유사한 흐름을 가지고 있다고 하겠다.

이정용(1897-1950)은 기독교와 유불선의 동양 철학의 융합을 시도하였고 신앙이란 형식적인 것이 아니라, 내면에서 경험해야 하는 것이라고 주장하며 몸과 마음, 영혼이 함께 조화를 이루는 신앙을 강조하였다.

함석헌(1901-1989)은 기독교 신비주의자이자 철학자, 사상가로, 깊은 신앙과 명상적 사고를 통해 씨알 사상, 내면적 깨달음, 기독교적 명상의 필요성을 강조했다. 그는 신앙을 단순한 교리적 틀 안에서 이해하는 것이 아니라, 삶 속에서 체험하고 실천하는 것을 중요하게 여겼으며, 동양과 서양 사상을 융합하려 시도했다. 그의 '씨알 사상'은 영성적 민중 신학으로 사람을 '씨알(씨앗, Seed)'에 비유하면서, 인간의 본질은 하나님의 생명을 품고 있는 존재라고 보았고 씨앗이 성장하는 것처럼, 인간이 내면의 신성과 연결될 때 영적으로 성장할 수 있다고 하였다. 이는 기독교의 '하나님의 형상(Imago Dei)' 개념과 연결되며, 불교의 '불성' 개념과도 유사하다. 함석헌은 신앙이란 외적인 것이 아니라 "내면의 하나님과 직접 만나는 것"이라고 강조했다. 마이스터 에크하르트, 토마스 머튼 등의 신비주의적 전통과도 유사하게 '침묵 속에서 하나님의 음성을 듣는 과정'이 중요하다고 보았다.

그는 '나는 누구인가?'라는 질문을 던지며, 자신의 에고를 내려놓고 더 깊은 차원의 존재로 들어가서 존재의 근원에 대해 탐구해야 한다고 하였다. 기독교 신앙과 유불선의 사상을 융합하려 했으며, 노장사상(道家)과 불교의 깨달음 개념을 중요하게 보아서 기독교 신앙이 교리적 틀을 넘어서, 직접 체험하는 방식으로 변화해야 한다고 주장했다. 그는 단순한 기도가 아니라, 하나님과의 하나됨을 삶 속에서 실천해야 한다고 하며 신앙을 삶의 일부로 실천하며, 명상과 기도를 통해 사회적 변화를 추구해야 한다고 하였다.

김재준(1901-1987)은 한국 개신교 자유주의 신학과 기독교 실학파의 대표적 인물로 "하나님과의 직접적 관계"를 강조하며 명상적 기도를 실천할 것을 주장하였고, 기독교 신앙이 개인의 내면적 변화를 통해 실천적 삶으로 연결되어야 한다고 주장하여 신앙을 사변적으로 이해하는 것이 아니라, 실제 삶 속에서 경험하고 체험해야 한다고 보았다.

김교신(1901-1945)은 무교회주의 운동을 이끌며, 형식적 신앙에서 벗어나 하나님과의 직접적이고 개인적인 관계를 강조하여 자연 속에서 하나님을 체험하고, 침묵 속에서 하나님을 만나는 과정을 중요하게 여겼고 특히 불교의 '선'적인 요소를 기독교 신앙과 융합하려는 시도를 하였다.

현재 기독교 영성과 신비주의, 그리고 명상의 접점을 탐구하는 대표적인 신학자는 유해룡 교수(1953~)를 들 수 있다. 그는 우리나라 개신교 영역에서의 기독교 영성학을 학문적으로 정립하고 가르치기 시작한 최초의 학자 중 한 명으로 기독교 신비주의 전통을 현대적으로 재해석하고, 서구 기독교 신비주의와 동양적 사유, 특히 한국적 영성과 연결하려고 노력하고 있다. 그는 기독교 신비주의를 '영성적 인식(Spiritual Perception)'과 '직관적 앎(Intuitive Knowledge)'으로 접근하여 신앙은 단순한 교리적 신념이 아니라, 직접적인 영적 경험과 신과의 합일을 추구해야 한다고 주장한다. 특히 '영성적 직관(Spiritual Intuition)'을 강조하며, 관상기도가 하나님과 깊은 관계를 형성하는 중요한 방법이라고 하였다. 기도는 말로만 하는 것을 넘어서 "존재의 깊이에서 이루어지는 하나님과의 만남"이라고 설명한다. 이렇게 기독교 신비주의가 서구적 전통에만 머무르는 것이 아니라, 한국적 영성, 즉 한민족의 자연주의적·직관적 신앙과 연결될 필요가 있다고 하였으며 한국 개신교의 신앙을 단순한 교리 학습이나 외적 활동을 넘어 깊은 내적 영성과 실천의 차원으로 확장하는 데 결정적인 공헌을 해왔다.

윤종모 주교(1949~)는 신학, 문학, 상담학을 공부했고 대한성공회 관구장을 역임하였고 기독교 명상을 지도하는 대표적인 기독교 성직자이다. 한국기독교심리치료학회장을 역임하였고 여러 기관에서 상담과 명상을 지도하며 교육하고 있다. 그는 명상이라는 하드웨어는 대개 유사하며 종교나 전통에 따라 다양한 방법 혹은 방편인 소프트웨어가 있다고 하며 방법과 방편에만 얽매이지 않도록 해야하며 종교의 본질은 영성이고, 명상하면서 하나님도 만나고 깨달음도 얻을 수 있도록 많은 대중이 명상을 접해야 한다고 주장한다.

이외로도 한국 교회와 사회 안에서 관상적 영성과 삶을 확장하고 관상적 지도력을 육성하기 위하여 성공회, 감리교, 침례교, 장로교, 가톨릭 등의 초교파 단체인 한국샬렘영성훈련원이 2008년 창립되어 다양한 영성 프로그램과 묵상 앱 개발 등을 통해 신앙 공동체에 기여하고 있다. 이 훈련원은 "하나님 현존에 깨어 있기", "하나님의 신비를 향한 경외", "분별", "하나님을 향한 갈망", "하나님께 대한 근본적인 신뢰", "영적 여정에서 개인의 고유함에 대한 존중", "영적 훈련과 지지", "세상 안에서 관상적 실천" 등의 핵심 가치로 관상적 영성 훈련과 영성 프로그램 운영, 묵상 앱 "샬렘기도" 출시 및 운영, 다양한 관상 콘텐츠 개발 및 출판 활동 등을 왕성하게 하고 있다.

이렇게 기독교 신비주의 전통은 하나님과의 직접적인 만남과 내적 하나됨을 추구해 온 교회의 깊은 영성적 유산이다. 이는 교리를 넘어선 체험, 지식을 넘어선 직관, 말보다 깊은 침묵 안에서 이루어지는 영적 여정을 강조한다. 구약과 신약성경을 거쳐 초기 사막 교부들로부터 발원하여 요하네스 카시아누스, 위 디오니시우스, 클레르보의 베르나르를 거쳐 중세의 마이스터 에크하르트, 아빌라의 테레사, 십자가의 성 요한 등으로 이어졌고, 근대에는 로렌스 형제, 칼 라너, 토마스 머튼, 달라스 윌라드 등 다양한 신학자들과 영성가들이 그 흐름을 확장시켰다.

이들은 모두 일관되게 '하나님의 임재', '침묵과 관상', '자기 비움과 진정한 자아 발견', '현재 순간의 거룩함', '내면의 변화를 통한 외적 실천' 등을 강조하며, 신비주의적 체험이 일상과 동떨어진 신비가 아니라 오히려 평범한 일상에서 하나님의 임재를 인식하는 깊은 깨어있음의 삶임을 증언하였다. 이러한 전통은 오늘날 기독교 명상과 영성챙김 확산의 근거를 제공하며 영성 고갈 상태인 현대인에게 내적 고요와 초월적 의미를 회복할 수 있는 길을 제시할 수 있게 해줄 것이다.

더불어 함께
넘어가야 할 길 _____

우려와 오해들

개신교의 명상에 대한 우려와 경계

　　　　　　　　　　명상과 마음챙김이 현대사회에서 정신·심리치료, 스트레스 관리, 웰빙 증진의 효과로 인해 선풍적인 인기를 끌고 있지만 일부 개신교인들은 깊은 우려와 경계와 거부감을 느끼고 있다는 것도 인정해야 한다. 명상이 기독교의 신학적 기초와 충돌하며, 이교적 요소와 혼합주의(syncretism)를 유입시키는 통로라고 오해할 수 있기 때문이다.

우려와 경계

　그런 관점에서는 대부분의 명상법이 불교, 힌두교, 도교, 뉴에이지와 같은 전통에 뿌리를 두고 있으며, 그 철학적 기반은 범신론(Pantheism) 또는 만물일체(Monism) 세계관을 가지고 있다고 단정 짓게 된다. 물론 범신론과 만물일체 세계관은 초월적이고 인격적인 유일신 하나님의 존재를 부정하거나 약화시켜 결국 자기 자신을 신처럼 여기고, 하나님이 아닌 나를 주체로 삼으려 한다. 그래서 불교 명상에서 흔히 사용하는 '무념무상'이나 '공'을 추구하며 이를 통하여 마음을 비우고 텅 빈 상태에 이르려 한다. 그러니 이런 상태에 이르면 사탄의 공격에 노출되어 하나님의 말씀으로 채우지 않으면 마귀가 틈탄다고 염려할 수 있다.

또 명상은 주관적 체험과 수행 중심의 경건을 강조하며 이는 신앙의 객관적 기반인 하나님의 계시, 말씀, 예수 그리스도의 십자가 복음에서 벗어날 위험이 있다. 기독교는 하나님과의 인격적 관계를 중심으로 한 믿음을 강조하기 때문에, 자기 내면을 통한 구원 추구는 신학적으로 용납되기 어렵다. 그러니 명상을 기독교적으로 재해석하려는 시도 자체가 이교적 실천과 기독교 신앙을 혼합하려는 시도이며 복음의 순수성을 훼손하는 행위로 보게 된다. 그래서 명상이 인간 내면의 감각이나 느낌, 체험을 진리의 근거로 삼는 경향이 성경의 진리, 교리, 하나님 중심적 신앙을 강조하는 데 반대한다는 우려와 경계와 거부감으로 이어지게 된다. 그래서 진리의 상대화, 영적 자기중심성, 신비주의적 탈기독교 경향으로 이어질 수 있으므로 영적 체험주의(Experientialism)의 위험성이 있다고 본다.

미국 남침례교는 마음챙김 프로그램 도입을 '이단적 요소의 침투'로 간주하고 공개적으로 반대한 바 있다. 한국의 일부 신학교에서는 불교 명상과 요가를 주제로한 강연이나 교재 사용을 금지했고, 심지어 기독교적 '묵상'이라는 용어의 사용도 꺼렸다. 유튜브의 기독교 설교 콘텐츠에서도 명상을 "사탄의 전략", "마귀의 통로", "교묘하게 위장된 우상숭배"로 묘사하며 강한 표현으로 비판하는 것도 쉽게 볼 수 있다. 이는 명상에 대한 단순한 인식 부족이 아니라 영적 경계와 교리적 보수성에 기초한 정체성 방어 전략이라 할 수 있다.

불교적 수행

서구권에서는 명상과 마음챙김이 스트레스 관리, 감정 조절, 내면 성찰, 정신건강 회복 등 여러 영역에서 과학적 근거와 함께 실용적 가치를 인정받고 있다. 또한 우리나라 기독교의 저항감에 비해 서구의 기독교계에서는 조금 더 열린 마음으로 받아들이는 경향을 보인다. 그러나 한국 개신교의 일부 교회에서는 명상을 '불교적 수행'이라고 단정 짓는다. 이는 한국이라는 특수한 종교와 문화적 맥락에서 기인한다. 조선 시대를 거치며 유교와 불교는 사회와 문화 전반에 깊은 뿌리를 내려왔고, 기독교는 19세기 말 이후 외래 종교로 도입된 것으로 전통 종교와 대립과 긴장 속에서 성장하였다. 특히 명상은 오랫동안 불교의 전유물처럼 간주되며, 좌선(坐禪), 참선(參禪)과 같은 불교 수행법과 유사한 외양을 띤다는 이유로, 기독교와는 본질적으로 상충되는 이교적 행위로 분류되었다. 이러한 문화적 조건 속에서 조용히 앉아 내면을 바라보는 명상은 곧 불교 수행의 상징처럼 여겨지게 되었고, 기독교 신자들 사이에서는 본능적인 거부감을 일으키는 요소로 남았다.

가톨릭적 혼합주의

한국 개신교 역사상 1907년 평양 대부흥 운동을 계기로, 한국 교회는 집단적 회개, 통성기도, 방언 기도, 찬양과 금식 등 감정적이고 열정적인 신앙 표현을 중심으로 성장했다. 이러한 영성은 대중적 정서를 형성하며 '소리 내어 기도하고 외적으로 표현하는 것'을 유익한 신앙 행위로 여겨졌고, 실제로 한국 개신교 신자들의 신앙 성숙에 크게 기여했다. 하지만 한쪽을 강조하다 보니 조용히 침묵 가운데 자신의 내면을 바라보는 방식의 영성은 익숙하지 않을 뿐 아니라 '기독교적이지 않은' 것으로 오해받는 일도 벌어졌다.

그래서 명상과 유사하다며 오랜 기독교 전통인 관상기도(contemplative prayer)조차도 일부 개신교 내에서 비판의 대상이 되었고 레노바레 영성을 한국에 도입하려 했던 대형 교회의 목회자와 단체가 여러 가지 오해로 결국은 이를 철회하는 일도 있었다. 관상기도는 단순한 묵상이나 말씀 읽기를 넘어, 침묵 속에서 하나님과 하나됨을 경험하려는 시도인데 일부 목회자와 신자들은 이를 "신비주의적 시도" 또는 "가톨릭적 혼합주의"로 간주하였다. 이들은 관상기도가 기독교 정통 신학에서 강조하는 하나님의 말씀과 인격적 계시를 흐리게 하고, 인간의 체험이나 직관적 영감에 과도하게 의존하게 만든다고 우려하였다. 이러한 시각은 기독교계에서 명상은 이교적이고 비기독교적이라는 이분법적 인식을 강화하는 결과를 낳고 말았다.

뉴에이지와의 결탁

무엇보다 뉴에이지와의 충돌이 명상을 거부하는 큰 계기가 되었다. 20세기 후반 이후 서구 사회에서는 명상, 요가, 차크라, 에너지 치유 등의 개념이 뉴에이지 사조와 결합되어 확산되었으며, 이는 기독교 신앙의 순수성을 중시하는 이들에게 큰 반발을 불러일으켰다. 특히 명상을 내면의 신성 혹은 우주의 에너지와 연결 짓는 표현은 기독교의 유일신론과 인격신 개념에 정면으로 위배한다고 여겼다. 한국 교회 안에서도 이러한 인식은 강하게 자리 잡았고, 명상에 대한 경계는 곧 "뉴에이지와의 결탁", "혼합주의의 문을 여는 행위"로 해석되기에 이르렀다. 일부 극단적인 견해를 가진 이들은 명상을 "악령에 문을 여는 행위"라고 표현하기도 한다.

이와 같은 맥락에서 우리나라에서 명상에 대한 반대는 (일부 특정 교단이지만) 신학교와 교단 차원의 문제로 확산되었다. 한 이단 감별 단체는 명상을 뉴에이지와 연결하며 기독교 신앙을 위협하는 혼합주의적 요소로 규정하였다. 또한 보수적 개신교 단체에서도 명상을 불교적 수행이라 명시하며 공개적으로 반대 의사를 표명한 바 있다.

세 가지 이유

이러한 우려와 경계와 거부감에 따른 비판은 결국 세 가지 이유로 이해할 수 있다. 첫째는 신학적 문제이다. 개신교인들은 성경을 하나님의 유일한 계시로 받아들이며, 외부 종교나 철학, 영성 훈련이 성경적 신앙에 포함되는 것을 경계한다. 여러 명상 전통에서 추구하는 "내면의 신성과 합일"이라는 개념은 범신론이나 자력 구원의 개념과 유사하게 여겨지며, 이는 예수 그리스도를 통한 인격적 구속과 구원이라는 기독교 핵심 교리에 위배 된다고 본다. 둘째는 영적 위험성이다. 명상이 내면을 비우고 고요해지는 상태를 강조할수록, 이는 사탄이 침투할 수 있는 '빈 공간'을 만든다고 우려하게 된다. 신앙은 말씀과 기도로 하나님과 교제해야지 내면의 에너지나 직관에 의존해서는 안 된다고 생각한다. 셋째는 전통적 기독교와의 불일치이다. 불교, 힌두교, 도교 등의 명상 기법을 기독교 안으로 들여오려는 시도는 결국 종교다원주의로 이어질 수 있으며, '오직 예수 그리스도를 통한 구원'이라는 교리를 훼손할 수 있다는 비판이다.

전통적으로 보수 개신교인들은 양보할 수 없는 기본적인 경건의 원리를 가지고 있다. 이는 말씀 중심(Scripture-Centered: 모든 경건 생활은 하나님의 말씀에 기반해야 하며, 말씀을 벗어난 체험은 신뢰할 수 없다), 기도 중심(Prayer-Based: 내면의 평안이나 통찰은 조용한 명상이 아니라, 하나님께 드리는 기도와 성령의 역사를 통해 온다), 공동체 중심(Church-Oriented: 신앙은 개인적 체험보다 공동체적 고백과 예배를 통해 자라고 유지된다), 십자가 중심(Christ-Centered: 모든 영성은 십자가와 예수 그리스도의 구속 사건 안에서 해석되어야 한다)이다.

이러한 모든 논의를 종합하면, 교회와 성도들이 명상에 대해 보이는 거부감은 단순한 무지나 편견의 문제가 아니다. 그것은 철저히 신학적 정체성과 영적 경계를 유지하려는 입장에 기반하며, 교회의 본질을 보호하고자 하는 방어 기제라고 할 수 있다. 그러나 이러한 반응은 기독교 명상 혹은 기독교적 영성 실천이 발전할 수 있는 가능성을 심각하게 제한하고 있다. 그래서 현대의 영적 수요와 심리적 치유의 필요에 대해 충분히 응답하지 못하는 결과를 초래하기도 한다.

세 가지 나아갈 길

이러한 지점에서 '기독교 명상', 특히 이 책에서 강조하고 있는 "영성챙김"과 같은 개념의 신학적 정당화와 실천적 모색은 더욱 중요한 과제가 될 것이다. 그래서 영성챙김을 기독교인들이 안전하게 활용하기 위해서는 다음과 같은 전제 조건을 갖춰야 한다.

첫째, 불교, 힌두교, 뉴에이지 명상과의 차이를 신학적으로 설명하여 이교적 요소를 명확하게 구분하여야 한다. 둘째, 시편 묵상, 예수님의 산상기도, 침묵 중의 기도 등 성경적 명상 전통을 토대로 재해석하는 등 명상의 성경적 근거를 제시하여야 한다. 셋째, 명상의 주체는 자아가 아니라 하나님이시며, 목적은 내면 체험이 아니라 하나님과의 동행이라는 하나님 중심적 방향성 강조하여야 할 것이다. 명상을 말씀 묵상, 성경 암송, 기도의 도입 등과 연계 구조화하여 말씀과 기도와의 통합을 이루어야 할 것이다. 일부 개신교의 명상에 대한 저항은 단순한 고정관념이 아니라, 신앙의 본질을 왜곡하지 않으려는 내적 긴장의 표현이다. 따라서 이러한 보수적 우려를 무시하기보다, 이를 존중하고 성찰하면서 복음의 빛 안에서 안전하고 성경적인 명상 실천의 가능성을 모색해야 할 것이다.

○　　　　　　　명상의 종교적, 영적 편승

불교

　　미래에 대한 불확실성으로 인한 걱정이 많으며 과도한 경쟁, 단절된 인간관계 속에서 정서적 고립과 실존적 공허함을 겪고 있는 현대인, 특히 젊은 세대들은 전통적인 종교에 대한 흥미는 잃고 있지만 '의미', '치유', '평안' 등은 더욱 갈구하고 있다. 이런 이유로 마음챙김에 대한 전 세계적인 관심이 폭발적으로 증가하면서, 불교계에서는 이를 불교적 전통과 철학을 널리 전파하는 기회로 삼고 있다. 전통적인 불교 명상 기법들이 정신·심리치료 및 웰빙 추구의 수단으로 재조명되면서 이를 불교에 대한 친근함과 대중화의 계기로 삼고자 노력하고 있다.

　　템플스테이는 복잡한 일상에서 벗어난 마음챙김과 명상을 현대화하고 대중화하는 데 성공적인 모델이 되었다. 이는 단순히 불교 교리를 전파하는 방식에서 벗어나, 공허함, 불안, 정체성 혼란 등 현대적 고통에 대한 실질적 대응책을 제공하는 종합적 체험형 프로그램으로 활성화되고 있다. 불교계에서는 마음챙김 유행을 일으킨 '위빠사나' 외에도 '선', '간화선(看話禪)' 등을 소개하며 현대의 '집중', '수용', '자기이해' 등의 개념등과 연계시키고 있다. 예를 들어 조계종은 국제선명상대회를 열어 전국 각지 사찰에서 선명상을 소개하고 있고, "하루 5분 선명상 캠페인"을 통해 강력한 홍보를 하고 있다. 처음에는 주로 외국인들을 대상으로 한 체험 위주로 시작한 템플스테이는 점차 내국인을 위한 심신 치유, 자기 성찰, 생활 명상의 장으로 확대되고 있다. 공식적인 명상 훈련이 아닐지라도 침묵과 고요 속에서의 자각 훈련을 하는 입정(入靜), 반복적 신체 동작을 통한 집중 및 자기반성을 하는 108배 및 참회, 상담 및 삶의 방향성 모색하는 시간이다. 이때 차담 및 스님과의 대화, 걷기 명상, 호흡 명상, 자연 속의 침묵 체험 등의 간단한 명상 시간을 통하여 '자각', '수용', '비판단적 태도'를 자연스럽게 경험하는 기회로 제공하고 있다. 특히 템플스테이 동안에 종교적이지 않으려고 하는 참가자들에게 다가가기 위하여 교리를 강요하지 않고 비종교적 언어와 형식을 통하여 내면을 돌아보는 것에 중점을 둔다.

템플스테이 동안 스마트폰 사용 제한, 자연과의 접촉을 통해 디지털 피로에서 벗어나게 해 일상의 맥락에서 벗어나 낯선 공간에서 심리적 전환을 거둘 수 있도록 해준다. 또한 다른 이들과 함께하며 묵언 속의 연대와 수련은 그동안 젖어있던 고립감 해소에 기여하는 공동체 경험을 할 수 있게 해준다. 이를 발판으로 마음챙김을 한 시대의 유행으로 끝내지 않고, 도심 속에 명상 카페와 마음수련 공간을 제공하고, 다양한 디지털 콘텐츠도 만들어 온라인 플랫폼을 활용하기도 하는 등의 노력으로 이어지고 있다. 이는 인간의 존재적 고통에 응답하는 치유적 공동체로 변화하려는 시도이다.

이에 반하여 수도원 문화라는 장구한 전통을 가지고 있는 기독교는 이를 어떻게 활용하여 현대인들의 아픔과 고통에 다가가려 하고 있는가? 기독교의 침묵, 기도, 말씀 묵상, 고요한 임재의 체험과 같은 풍부한 전통적 자원을 이 시대의 언어로 다시 해석하고 적용한 영성 훈련을 통해 새로운 길을 제시해야만 할 것이다.

불교와 기독교에 근본적인 차이는 불교에서 가지고 있는 소위 말룬키아풋타(Maunkyaputta)가 제기한 형이상학적 질문, 즉 세계는 영원한가, 유한한가, 육신과 영혼은 같은가, 죽은 후에도 존재하는가, 세상의 끝과 시작이 있는가, 영혼이 존재하는가에 대한 붓다의 답을 통해 엿볼 수 있다. 붓다는 이런 형이상학적 질문에 답하지 않고 이것은 마치 독화살을 맞은 사람이 이 화살이 어떤 나무로 만들어졌는지, 누가 쏘았는지, 어디서 날아왔는지를 물어보다가 죽는 것과 같다고 하였다. 이처럼 불교는 사변 논쟁보다는 지금 여기서의 고통을 줄이고 해탈에 이르는 것을 강조한다. 반면에 기독교는 세계의 기원과 종말에 대한 명확한 관점이 있고 영혼과 육체의 관계, 죽음 이후의 존재 등에 대해서 성경과 예수님의 십자가와 부활을 통해 답하고 있다. 불교는 괴로움의 소멸이라는 실천적 차원에 집중한다면 기독교는 하나님의 계시 안에 인간의 궁극적 물음에 답을 제시한다. 이러한 본질적 차이가 불교 중심의 명상과 영성챙김의 차이를 나타낸다.

요가 및 힌두교

물질적 풍요 속의 영적 결핍, 현대 과학의 한계에 대한 반성, 심리적 탈진 상태(Burnout)의 증가 속에서 '몸-마음-영혼'을 통합적으로 돌보려는 관심이 세계적으로 확산되었다. 이 중 힌두교 전통에 뿌리를 둔 요가와 명상은 그 발상지인 동양에서보다 오히려 서구에서 더 유행하면서 현대의 새로운 영성 추구의 방식으로 확산되고 있다. 이는 신체 운동을 넘어 인간 존재 전체의 자각과 해탈을 지향하고 있는 체계로 마음챙김 운동의 유행과 더불어 통합적 웰빙과 영적 탐색의 길로 많은 사람들의 관심을 끌고 있다.

요가의 어원에는 다양한 의견이 있으나 일반적으로 '연결하다', '결합하다' 등의 의미가 있어서 개별 자아인 '아트만'과 우주적 실재 '브라만'의 합일을 강조하고 있고, 이는 힌두교 영성의 핵심인 '해탈(Moksha)'과 연결된다. 요가의 전통적 경전인 『요가 수트라』에 따르면 아쉬탕가 요가(Ashtanga Yoga), 즉 8개의 가지(branches or limbs)인 요가의 8단계 수행은 야마(Yama: 금욕과 도덕적 제약 및 금기), 니야마(Niyama: 권장되는 개인적 규율과 수행), 아사나(Asana: 신체 자세), 프라나야마(Pranayama: 호흡 조절), 프라티야하라(Pratyahara: 감각 제어), 다라나(Dharana: 집중), 디야나(Dhyana: 명상), 사마디(Samadhi: 궁극적 몰입과 열반의 경지)이며 다라나, 디야나, 사마디 등은 오늘날 마음챙김에서의 주의 집중, 관찰, 존재의 통합적 체험 등으로 해석할 수 있다.

'디야나(명상)'는 마음챙김과 사실상 유사한 명상 상태로 간주한다. 현대의 요가는 대중적인 인기를 끌면서 심리적 안정, 신체 건강, 영적 각성 등을 추구하는 방향으로 활용되고 있다. 통상적인 요가원에서는 '아사나(신체 자세)'를 중심으로 마음챙김의 중요 요인인 '지금-여기'의 자각에 방점을 두고 있다. 신체 감각, 호흡, 움직임 등을 통하여 디지털 피로와 주의 산만이 심한 사람들에게 집중력과 안정감을 제공한다. 또 '프라나야마(호흡 조절)'와 같은 호흡 수련은 자율신경계 안정, 감정 조절, 불안 감소에 효과적이다.

이외에도 요가를 통하여 '신과의 합일', '자아 초월' 등의 초월적 경험과 이를 통한 신성, 통합, 존재 확장 등과 같은 영성 감각을 자극한다. 현대의 요가는 힌두교적 세계관에 기반하고 있지만 종교성을 최소화하여 '세속적 영성(Secular Spirituality)' 형식으로 대중에게 접근하고 있다. 때로는 요가가 단순히 '라이프 스타일 상품'으로 소비되며, 본래의 초월적 지향을 벗어나서 지나친 상업화가 되는 경향이 있고, 트라우마 환자, 해리 경험자 등 취약성이 높은 대상자들에게 함부로 사용되며 심한 부작용을 가져오기도 한다. 특히 전혀 다른 종교 철학을 가진 타 종교인에게 영성적 관점을 강조할 때는 극심한 충돌이 일어날 수 있다.

요가는 몸과 마음 그리고 영혼의 연결이라는 점에서 기독교의 통합적 인간 이해와 유사한 구조도 발견된다. 그러나 요가 명상은 자아의 해체와 우주적 일체성을 지향하는 반면, 기독교 명상은 하나님과의 인격적 관계 회복과 내면의 성령 체험을 지향한다. 그래서 요가뿐 아니라 몸-마음-영성의 통합적 접근을 할 때에는 항상 '하나님의 임재 안에 머무는 삶'을 강조해야 한다.

뉴에이지

최근 서구를 중심으로 급속한 탈종교화(Secularization) 현상이 확산되고 있다. 전통적인 제도권 종교는 권위주의적이고 시대착오적인 것으로 인식되고 있고 특히 젊은 세대일수록 종교의 교리와 윤리는 자신과는 별 관계가 없는 것으로 여기고 있다. 그러나 종교로부터의 이탈이 영성으로부터의 이탈로 이어진 것은 아니었다. 오히려 많은 이들은 교회를 떠나면서도 '삶의 의미', '내면의 평화', '존재의 본질'에 대한 갈망을 새로운 방식으로 추구하기 시작하였다. 그래서 제도권 종교를 거부하며 '영적이지만 종교적이지 않은(Spiritual But Not Religious)'과 '소속 없는 신앙(Believing Without Belonging)'이라 규정지어진 종교인의 숫자가 증가했고, 한국의 개신교에서는 교회는 출석하지 않지만 스스로 성도라고 하는 소위 "가나안 성도('안나가'를 거꾸로한 호칭)"라는 구분도 이제는 보편화되었다. 이러한 흐름 속에서 등장한 것이 소위 뉴에이지 영성(New Age Spirituality)이다. 뉴에이지는 특정한 종교 체계라기보다는, 다양한 전통과 신념이 혼합된 일종의 '영성의 열린 시장(Spiritual Marketplace)'이라 할 수 있으며, 최근 인기를 끌고 있는 마음챙김과 명상이 뉴에이지의 핵심 실천 도구로 큰 인기를 끌고 있다.

뉴에이지 운동은 1960-70년대 미국의 기성세대와의 차별화, 반전운동, 반문화적 흐름과 맞물려 형성되었으며, 점차 불교와 힌두교 등의 동양 종교 요소, 신비주의, 밀교(Esotericism), 심리학, 자연주의, 우주론 등을 혼합한 통합적 영성으로 발전하였다. 뉴에이지는 내면의 신성(Divinity Within: 인간은 본질적으로 신적 존재이며, 외부의 신이 아닌 내면의 영적 자각이 구원의 열쇠이다), 자기변형(Self-Transformation: 수행을 통해 고차원 의식에 도달하고, 삶의 질과 인식을 변화시킬 수 있다), 우주적 연결성(Interconnectedness: 모든 생명과 존재는 하나로 연결되어 있으며, 에너지와 진동의 흐름 안에 있다), 진리의 상대성(Relativism of Truth: 절대적 진리나 경전보다는 각자의 체험과 직관을 중시한다)등의 전제가 특징이다. 그래서 뉴에이지는 명상과 마음챙김을 의식의 확장, 영적 각성, 에너지 정화의 도구로 사용하고 있다. 매우 다양한 전통이 혼합된 것이므로 아주 다양하게 활용될 수 있다.

예를 들어 차크라 시스템을 차용하는데, 신체의 특정 지점에 존재하는 에너지 센터를 자각하고 정화하는 명상을 통하여 특정 차크라에 집중하면서 '에너지 흐름'을 인식하고 조율한다. 그래서 고차원 존재(Ascended Masters)와 연결하기 위한 시각화 기반의 유도 명상, 소리 명상, 주파수 기반 명상 등 음악과 진동을 통해 '의식의 주파수'를 높여 내면에 주의를 향하는 방법 등 이제까지 알려진 다양한 방법을 혼합하여 사용하기도 한다. 뉴에이지는 기존 종교의 의존적 구조와 달리, 개인이 자신의 삶을 스스로 치유할 수 있다는 믿음을 강화하여 자기 효능감을 높이는 경향이 있고, 고정된 교리에서 벗어나 다양한 영적 체험을 통해 삶의 의미를 탐색할 수 있는 유연성을 강조한다. 전통적 종교 공동체의 경직성에서 벗어나, 선택적이고 자유로운 '느슨한 공동체' 속에서 소속감을 경험한다. 또한 죄, 구속, 심판이라는 전통 기독교에서 강조하는 관점보다는 치유, 확장, 수용, 긍정의 언어로 삶을 해석하여 소위 '유연한 영성'으로 현대인으로부터 많은 관심을 받고 있다. 이는 기존의 단단한 체계보다는 형태 없는 것을 신봉하는 지그문트 바우만(Zygmunt Bauman)의 소위 '액체 근대' 개념의 시대를 살아가는 현대인에게 매력적으로 다가가 많은 관심을 끌고 있다.

그러나 모든 영적 경험을 동등하게 진리로 수용하는 진리의 상대주의를 강조함으로써, 명확한 기준과 분별력의 상실을 초래할 수 있으며 서로 상충되는 신념 체계를 무비판적으로 혼합함으로써 신학적 혼란을 야기할 수 있다. 의식 확장이나 고차원 접속 등을 강조하는 일부 명상법이 정신적으로 취약한 사람들에게 해리나 망상 경험을 유발할 수 있다. 또한 영성을 상품화하고자 하는 이들을 통하여 고가의 프로그램, 상품, 인증 체계들이 난립할 수 있다.

기독교 영성은 본질적으로 사람이 자기 내면의 신성을 인식하는 것이 아니라, 하나님의 은혜와 인격적 만남 속에서 존재의 의미를 발견하고, 하나님 중심의 삶으로 초대되는 것이다. 그러나 현대인들이 뉴에이지에서 강조하는 주의 집중, 현재성, 수용, 자기성찰 등을 필요로 하고 있다는 분명한 사실은 잊지 않아야 하며 이들을 기독교 세계관을 바탕으로 연계할 것인지에 대한 고민이 필요하다.

그리스도인과 영성챙김

이처럼 현대의 많은 종교가 마음챙김과 명상을 활용하여 시대의 상처를 치유하는 도구로서 사용하고 있다. 그러나 인간 중심, 체험 중심, 신격화된 자아 추구로 이어질 경우, 기독교적 관점에서보면 영성은 진리에서 멀어지고 자기 기만의 도구가 될 위험이 있다. 기독교인들은 이러한 혼란의 시대 속에서 마음챙김의 도구적 가능성을 수용하되, 그 방향성과 목적을 복음의 진리와 하나님의 은혜 안에서 재정립하는 작업을 해야 하는 시대적 요구에 대응해야 한다. 기본적으로 기독교인에게는 내면의 침묵은 하나님의 음성을 듣는 공간이 되어야 하고, 명상의 목적은 자아의 확장이 아니라 하나님과의 친밀한 교제여야 하며, 영적 성숙은 자율적 확장이 아니라 성령의 인도하심 아래 이루어져야 한다는 대원칙하에 우리 시대를 풍미하고 있는 마음챙김과 명상의 유행에 대처하여야 할 것이다. 이것이 이 책에서 영성챙김을 제안하는 가장 중요한 이유이기도 하다.

가톨릭과 개신교의 견해 차이

　1517년 마르틴 루터가 '95개조 반박문'을 통하여 가톨릭교회의 부패를 비판한 이후 개신교는 가톨릭에서 분리된다. 1세기 초대교회로부터 시작된 기독교 교회가 크게 갈라서게 된 것이다. 이 책을 쓰면서 마음챙김에 불교나 힌두교의 철학이 담긴 것을 기독교적으로 정리하고 해석하는 것은 그리 큰 어려움은 아니었다. 하지만 종교개혁 이전까지 1,500여 년의 영성을 공유하며 같은 기독교 신앙을 추구하는 가톨릭과 개신교가 서로 다른 목소리를 내는 것은 생각보다 큰 어려움이었다.

　종교개혁 이후 가톨릭과 개신교의 오랜 갈등과 반목은 '명상'에 대한 열린 대화에 발목을 잡고 있었다. 개신교는 명상에 대한 부정적 태도인 것과는 다르게 가톨릭은 비교적 열린 자세로 명상에 접근하고 있다. 그러니까 가톨릭의 명상에 대한 열린 태도가 오히려 개신교가 명상에 대해 마음의 문을 열지 못하는 중요한 원인이 되어버린 것만 같았다.

종교개혁 이후의 갈등과 반목

기독교는 예수님 탄생 이후 2천여 년의 역사 속에서 수많은 신학적 전통과 제도적 구조를 형성해 왔으며, 그 중에서도 중세 가톨릭의 타락으로 촉발된 종교개혁과 개신교의 출현은 기독교 역사상 가장 큰 갈등의 요소가 되었다. 가톨릭과 개신교의 대립은 단순한 교파 간 차이를 넘어, 구원론, 성경 해석, 교회의 권위, 예배 방식, 영성의 방법 등 기독교 신앙 전반에 걸쳐 뿌리 깊은 차이를 드러내고 있다. 물론 20세기 후반 이후, 양 진영은 에큐메니즘(Ecumenism, 교회 일치 운동)을 통해 역사적 갈등을 완화하려는 노력을 해왔다. 대표적으로 1999년 루터교와 가톨릭은 "의화(칭의) 교리에 대한 공동 선언"을 통해 구원론에 대한 일정 부분의 합의를 이루었으며, 다양한 신학 대화가 지속되고 있다. 그러나 성찬론, 성직 제도, 여성 사제, 성소수자 문제 등 현대 교회가 직면한 다양한 신학적 이슈에 대한 입장 차이를 좁히지 못하고 있다.

가톨릭과 개신교는 예수 그리스도를 주로 고백하며, 삼위일체 하나님을 신앙의 중심에 두고 있다. 그러나 구원에 이르는 길, 교회의 본질, 예배의 의미에 대해 각자의 길을 걸어온 것은 부정할 수 없다. 개신교는 가톨릭을 종종 복음이 왜곡되었다고 간주하며 비판을 서슴지 않는다. 반면 가톨릭은 개신교의 신학과 영성이 불완전하며 교회적 통일성에서 이탈했다고 비판한다. 이러한 대립은 명상, 기도, 성례, 영성 훈련 등 다양한 주제에서 여전히 갈등 요소로 작용하고 있다. 그러나 하나님의 형제 자매라는 것을 존중하고 서로의 차이를 인정하면서도 공통의 신앙 유산과 사명을 나누는 성숙한 대화를 추구해야 한다는 목소리도 지속되고 있다.

기독교의 중요한 과제

'영적이지만 종교적이지 않은' 신앙을 추구하려는 사람들, '소속 없는 신앙'을 찾아나선 사람들, 그리고 '가나안 성도'의 증가는 탈종교화라는 이름의 가장 큰 도전이자 해결해야 할 문제이다. 그런 의미에서 현대 기독교 신앙의 중요한 과제 중 하나는 우울하고 불안하고 스트레스에 시달리는 성도들의 영성 회복과 명상적 삶의 실천일 것이다. 이는 단순한 지식의 축적이나 외형적 신앙생활을 넘어, 하나님과의 실존적 만남과 인격적 친밀감을 회복하려는 흐름으로 이해할 수 있다. 최근 개신교 진영 안에서도 명상, 침묵, 관상기도, 영성 훈련 등에 대한 관심이 점차 고조되고 있으며, 이에 따라 '영성챙김'과 같은 새로운 실천 모델을 개발하고자 한 것이다.

그러나 이 같은 흐름 속에서 가톨릭 전통에 대한 개신교 내부의 정서적·신학적 거부감이 병존하는 현상도 종종 발견된다. 특히 보수적 개신교의 경우, 오랜 역사적 갈등과 신학적 긴장으로 인해 가톨릭의 영성 전통을 이단적, 비성경적, 이교적 요소로 치부하거나 배제하려는 태도가 여전히 존재한다.

물론 개신교 내부에서 가톨릭의 영성 전통을 꺼리는 이유에 대해서 충분히 공감하는 측면이 있다. 성모 마리아, 성인 숭배, 성상 공경, 교황권위와 같은 요소들이 명상이나 기도 실천에 암묵적으로 포함되어 있다는 염려 때문일 것이다. 또한 전례 중심의 의식화된 신앙 형태가 영적 자유와 개혁 신학의 본질을 훼손할 수 있다는 인식도 충분히 공감된다. 게다가 가톨릭 영성 전통의 신비주의적 요소들이 성경 중심적 신앙에서 벗어난 것으로 이해할 수도 있다. 이러한 이유로 인해 개신교 내 일부에서는 토마스 머튼, 십자가의 성 요한, 아빌라의 성녀 데레사, 이냐시오 로욜라 등의 가톨릭 영성가들이 남긴 풍부한 영적 유산을 외면하거나 평가 절하해 왔다.

그러나 이러한 배제의 태도는 오히려 개신교의 영성 회복을 가로막는 장벽이 될 수 있다. 역사적 전통 속에서 오랜 시간 형성된 가톨릭의 영성 자원은 단순한 교리적 체계가 아니라, 하나님과 깊이 연결되고자 한 진지한 믿음의 실천이었기 때문이다. 이들 중 많은 요소는 성경적 원리에 기반하면서도, 현대의 개신교 신자들에게도 유익하게 적용될 수 있는 보편적 영적 기술과 통찰을 담고 있다.

훌륭한 기독교의 오랜 전통을 신학적으로 그리고 개신교 영성으로 재구성해 개신교의 정체성과 신앙 고백을 훼손하지 않는 범위 내에서 건강하게 재해석될 수 있다. 마치 개신교가 종교개혁 이후에도 초대교회의 전례나 예배 형식 중 본질적 요소를 일부 계승한 것처럼, 영성의 영역에서도 가톨릭 전통을 맹목적으로 배격하기보다는, 신학적 분별 안에서 선별적 수용이 가능하다는 인식이 필요하다.

모든 진리는 하나님의 진리

개신교가 가톨릭 영성 전통을 자신의 교리적 프레임 안에서 재해석하고 통합할 수 있다면, 이는 단순한 외적 모방을 넘어서 자신의 신앙 체계를 더욱 깊이 있고 풍성하게 확장하는 일이 될 수 있다. 중요한 것은 그 활용 방식이 복음의 본질을 왜곡하지 않고, 오히려 그리스도 중심적 신앙을 강화하는 방향으로 나아가야 한다는 점이다.

개신교 신학은 이미 "모든 진리는 하나님의 진리(All truth is God's truth)"라는 원칙 아래, 다른 학문이나 철학 체계 속 진리도 분별력 있게 수용해 왔다. 마찬가지로, 영성의 실천 영역에서도 신학적 검증과 신앙적 중심성을 지키는 한, 타 전통의 유익한 자산을 선교적·목회적으로 유익한 방식으로 응용하는 길은 충분히 존재할 것이다.

개신교 안에서 명상과 영성 실천을 회복하려는 움직임은 반드시 자신의 신학 전통을 기반으로 하되, 가톨릭이 간직해온 영성의 유산을 배제하거나 경멸하지 않는 열린 태도 위에서 이뤄져야 한다. 이러한 균형 잡힌 자세는 교리적 정체성과 영적 성숙 사이의 균형을 가능하게 하며, 오늘날과 같은 분열된 시대 속에서 더 넓은 기독교 공동체의 대화와 화해에도 기여할 수 있는 신앙적 성숙의 길이 될 것이다.

기도와 명상의 관계에 대한 기독교적 이해

기도와 명상은 외형상 유사한 실천으로 보일 수 있으나, 그 개념적 기초와 영적 방향성에 있어서는 본질적인 차이가 있다. 특히 기독교에서 기도와 명상은 용어 정의를 넘어서, 신학적 전제와 영성 실천의 전통을 함께 고찰하는 것이 필수적이다. 기도는 기독교 신앙의 핵심 실천 중 하나이며, 명상은 특정 전통에 따라 다양한 형태로 존재하는 내면적 집중 행위로서, 기도와 부분적으로 겹칠 수 있으나 그 자체로 동일한 것은 아니다.

기도는 기독교적 정의에 따르면 살아 계신 인격적 하나님과의 대화이자 교제이다. 기도는 찬양, 감사, 회개, 간구, 중보 등 다양한 형식과 내용을 포함하며, 단순한 종교적 의례가 아닌, 하나님의 뜻에 자신의 삶을 일치시키려는 신앙적 반응이다. 기도의 본질은 하나님을 신뢰하고 의지하며 경배하는 관계적 행위이며, 따라서 반드시 인격적인 상대(하나님)를 전제로 한다. 기도는 자기 안으로 침잠하는 내향적 행위가 아니라, 나를 넘어서 하나님의 임재 앞으로 나아가는 초월적 관계의 표현이다. 기독교 신앙에서 기도는 결코 '자기 안의 평안'을 목적으로 하는 것이 아니라, '하나님과 하나됨'과 '하나님의 뜻을 수용'한다는 관계적 구조 속에서 이루어진다.

가톨릭의 기도와 명상

명상은 특정한 종교나 철학 전통에 따라 정의가 다르지만, 일반적으로 현대사회에서는 주로 자기 인식과 내적 평온, 집중력 향상을 위한 도구로 활용된다. 불교나 힌두교 등 동양 종교 전통에서는 명상이 '자아 해체', '무상함의 깨달음', 또는 '절대자와의 일치' 등 목적에 따라 수행되며, 그 과정은 대개 비인격적이고 형이상학적이다. 즉, 명상은 내면의 고요를 추구하는 실천이기는 하지만, 그 자체로 인격적 대상과의 교제를 필수로 하지는 않는다.

이러한 점에서 보면 기도는 명상을 포함할 수 있으나, 명상 그 자체가 곧 기도인 것은 아니다. 기도는 명상의 한 형태로 기능할 수 있지만, 명상은 기도의 전부를 설명하거나 대체하지는 못한다. 특히 기독교적 기도는 하나님이라는 분명한 인격적 대상을 전제로 하며, 그분의 뜻을 듣고 순종하며 자신의 삶을 변화시키는 실천이기 때문에, 단지 자기 내면을 관찰하거나 침묵을 유지하는 행위와는 구별되는 관계적 차원을 갖는다.

그런데도 기독교 전통에는 '명상'이라는 표현이 기도와 결합한 형태로 존재해 왔다. '렉시오 디비나'에서 볼 수 있듯이 명상을 기도의 한 단계이자 기도로 나아가는 중간 과정으로 간주하였다. 성경 말씀을 중심으로 읽기, 묵상, 기도, 관상으로 구성된 4단계를 거쳐 하나님과 깊은 교제로 들어가는 전통적 묵상 방법으로, 렉시오 디비나의 '명상'은 단순한 의미 분석이 아니라, 말씀을 마음에 새기고, 그 뜻을 음미하며, 하나님이 나에게 말씀하시는 것을 경청하는 기도적 집중의 상태이다. 렉시오 디비나와 같은 가톨릭의 명상은 하나님을 향한 신앙적 응답의 맥락에서 이루어지며, 기도로 나아가는 출발점이자 다리 역할을 한다.

개신교의 성경 묵상과 명상

개신교 전통에서는 '명상'이라는 표현보다 묵상 또는 경건의 시간(Devotion)이라는 용어를 사용한다. 이는 하나님의 말씀을 곱씹고 되새기며 의미를 깊이 성찰하는 신앙 훈련이며 이것 역시 본질적으로는 기도의 성찰로 이해할 수 있다. 종교개혁 이후 개신교는 '말씀 중심의 신앙'을 강조하였고, 말씀을 묵상하고 그 말씀을 자신의 삶에 적용하는 실천이 매우 중요시되었다. 대표적인 신앙의 실천으로는 '큐티(QT: Quiet Time)'가 있으며, 이는 성경을 읽고, 묵상하며, 기도하는 일련의 과정을 포함한다. 이 과정은 겉보기에 '조용한 명상'처럼 보일 수 있으나, 그 목적은 하나님과의 교제를 심화시키는 데 있으며, 성령의 조명과 인도를 구하며 말씀 앞에 자신을 비추는 신앙적 응답의 시간이다.

묵상은 '나'보다 말씀, 즉 '타자(하나님, 성경)'에 시선을 두고 그 뜻을 경청하며 성찰하는 신앙 훈련이다. 일반적으로 명상은 내면(자기 자신)에 집중해 존재 자체를 관조하거나 마음의 평정, 자아의 초월, 내적 통합을 추구하는 상태를 의미한다. 그래서 묵상은 말씀을 통한 외부(타자)로의 집중, 명상은 내면세계로의 침잠이라는 방법론의 차이가 있다고 하겠다. 그러다 보니 묵상은 오늘 펼친 묵상 본문 (성경 구절)에 지나치게 치중하여 내면의 상태, 자기 내적 탐색, 감정의 통합 등이 도외시될 수 있다. 다시 말해, 말씀 적용의 실천은 강조하지만, 진정한 자기 성찰 또는 내면의 정화·회복은 상대적으로 약화될 수 있다. 실제로 '묵상'이 지식 습득이나 의무적 경건의 영역에 머물러, 자기 세계에 대한 깊은 성찰이나 창조적 영적 경험으로 확장되지 못하는 한계도 있다.

이에, 명상적 요소를 신앙적 묵상 실천에 보완적으로 통합한다면, 신자 개인이 말씀과 삶의 연결을 깊이 있게 체험할 수 있다. 즉, 내적 침묵과 자기 성찰을 통해 일상 속 습관적 신앙의 '자동화'를 벗어나, 자기 내면의 어두움, 갈등, 진솔한 욕망까지 하나님 앞에 솔직히 드러내고 치유받는 경험이 가능해질 것이다. 또한 말씀이 외적 정보에 그치지 않고 자신의 체험과 만나는 깊은 내면화가 이루어지며 성령의 직접적 인도하심에 귀 기울이는 훈련이 가능해질 수 있다. 묵상을 하며 명상의 자기 관조적 특성을 무비판적으로 도입하는 것을 경계해야 하지만, '하나님 앞에서의 내적 고요, 온전한 자기 성찰, 깊이 있는 자기 변형'이라는 명상의 자산을 재해석해 신앙 실천에 접목시킨다면, 말씀 중심의 경건이 더 건강하고 풍부한 체험으로 확장될 수 있을 것이다.

하나님과의 관계로서의 기도와 명상

초기 기독교 신비주의 전통에서부터 이어져 온 '관상'은 깊은 침묵 속에서 하나님의 임재에 잠잠히 머물고 하나님과의 영적 일치와 침묵의 신비를 추구하는 것을 의미한다. 이렇게 기독교인의 명상은 고요한 집중이나 마음 비우기의 상태는 아니다. 그것은 언제나 하나님을 향한 신앙적 태도와 연결된 '관계적 명상'이다. 기독교 명상은 내면의 평온을 추구함과 동시에, 그 고요 속에서 말씀하시는 하나님의 음성에 귀를 기울이고, 그 뜻에 순종하고자 하는 기도의 한 방식이다. 따라서 기독교 명상은 기도와 분리된 실천이 아니라, 기도의 흐름 안에서 실현되는 깊은 내적 교제의 행위이며, 하나님과의 만남을 지향하는 거룩한 집중의 과정이다. 이런 점에서 기독교인은 명상을 단순한 심리적 기법을 넘어서는, 말씀, 성령, 공동체, 예배, 기도와 함께 유기적으로 연결된 영성 훈련으로 이해해야 한다. 그럴 때 올바른 신학적 정당성과 실천적 의미를 획득할 수 있을 것이다.

기독교인의 명상에 대한 오해들

현대사회의 불안, 우울, 스트레스의 심화는 더 이상 특별한 일이 아니다. 특히 대한민국은 OECD 국가에서 늘 자살률 1, 2위를 다투고 있다. 평균 35분에 한 명씩 스스로 목숨을 끊는 일들이 현재진행형인 나라다. 그래서 이에 대한 심리적 대응으로 '명상'과 '마음챙김'이 널리 활용되고 있는 것이다. 이것이 우리 사회와 우리 이웃과 우리 가족이 직면한 현실이다. 그래서 불교와 힌두교와 같은 종교는 '마음챙김'과 '명상'을 적극적으로 활용하여 지금 이 순간 직면하고 있는 고통에 손을 내밀고 있다.

그러나 앞서 설명한 것처럼 '명상'이나 '마음챙김'의 종교적, 영적 배경이 다양하므로 기독교 내에서는 신학적 우려와 실제적 필요 사이에 갈등하고 있는 것이 사실이다. 그래서 정신건강의학과 의사로 현장에서 수많은 환자들을 만나고 치료하는 동안 이 문제를 고민하며 개신교 장로로서 기독교인이 명상과 마음챙김을 어떻게 하면 신학적으로 안전하게 적용할 수 있을지 몇 가지 기준을 제시하며 다음과 같은 오해를 풀어보고자 한다.

"명상은 이교도적이며, 신앙을 파괴한다"

많은 사람들은 명상을 불교나 힌두교와 같은 동양 종교의 전유물로 이해하며, 그것이 기독교 신앙과 본질적으로 어긋난다고 느낀다. 이러한 시각은 명상이 자아를 신격화하거나 혼합주의적 요소를 포함할 수 있다는 우려에서 비롯된다. 실제로 일부 뉴에이지 명상이나 무분별한 영성 실천은 성경적 신앙을 흐릴 위험이 있다.

그러나 기독교 전통 안에서도 '침묵', '묵상', '관상기도'와 같은 명상적 요소는 오랜 역사 속에서 이어져왔다. 교부 시대부터 수도원 전통에 이르기까지 수많은 신앙인들은 말씀을 되새기고 하나님의 임재 앞에 침묵 속에 머무는 영적 훈련을 실천해 왔다. 이는 이교적 요소와는 전혀 다른 방향이며, 오히려 하나님과 깊은 교제를 위한 거룩한 실천이었다. 따라서 모든 명상을 이교도적인 것으로 규정하는 것은 기독교 자체의 영적 전통을 부정하는 결과를 낳을 수 있다.

"명상은 자기 안에 신이 있다는 뉴에이지 사상이다"

일부 명상은 "나의 신성은 내 안에 있다"는 뉴에이지적 사상에 근거하고 있으며, 이는 분명히 기독교의 하나님 중심 신앙과 충돌한다. 그러나 이것은 뉴에이지 명상에 해당하는 것이며, 기독교 명상은 정반대의 방향성을 지닌다. 기독교 명상의 핵심은 자기 비움에서 끝나는 것이 아니라 자기를 비우고 하나님을 초청하며, 성령의 임재 가운데 거하는 것이 목적이다.

예수님의 기도와 명상의 전통 역시 자신의 신성을 발견하려는 시도라기보다, 철저하게 하나님 아버지의 뜻을 구하고 그 임재에 잠잠히 머무는 것이었다. 기독교 명상은 인간의 내면을 신격화한다기 보다는, 창조주와 피조물의 분리를 명확히 유지한 채, 오히려 하나님과의 친밀한 관계를 심화시키는 영적 통로로 기능한다.

"명상은 성경과 무관하다"

명상이 성경에서 비롯된 것이 아니며, 성경적 신앙생활과 동떨어진 것으로 여겨지는 경우가 있다. 그러나 이는 성경을 피상적으로 이해한 결과라 할 수 있다. 성경에는 명상적 실천의 뿌리가 깊이 스며 있다. 대표적으로 시편 기자는 하나님의 율법을 주야로 묵상하는 자를 복이 있는 사람이라고 선포하며(시 1:2), 이는 곧 말씀을 천천히 읽고 마음에 새기며 되새기는 내면적 명상 행위를 의미한다. 또한 엘리야가 호렙산에서 하나님의 세미한 음성을 듣기 위해 침묵 가운데 머물렀던 장면(왕상 19:11-13), 예수님이 광야에서 홀로 하나님 앞에 나아가셨던 기도 시간(마 4:1-2, 눅 5:16), 겟세마네 동산에서의 깊은 침묵과 고뇌의 기도 등은 모두 성경적 명상의 실례라 할 수 있다. 성경은 단순한 정보를 전달하는 문서가 아니라, 말씀을 통해 하나님과 관계 맺는 도구이며, 그 말씀을 깊이 되새기는 행위 자체가 곧 명상이 될 수 있다.

"명상은 기도를 대체한다"

기도와 명상이 서로 대립하는 것으로 이해하여, 명상이 기도를 대체하거나 기도의 본질을 약화한다고 우려도 있다. 그러나 기독교 명상은 기도를 없애는 것이 아니라, 기도의 깊이를 더하는 보조적 도구로 기능할 수 있다. 전통적인 기도는 주로 말로 하는 간구, 찬양, 고백의 형태를 띠지만, 명상은 그 기도 이후에 하나님의 응답을 듣고, 그분의 임재 앞에 머무는 또 다른 방식의 기도적 확장이라 할 수 있다. 예를 들어 렉시오 디비나는 말씀을 읽고, 그 말씀에 대해 기도하고, 마지막으로 침묵 속에 하나님의 임재를 묵상하며 머무는 구조를 따른다. 이처럼 명상은 기도를 대체하는 것이 아니라, 기도를 더욱 풍성하게 하고, 하나님과의 교제를 다차원적으로 확장하는 실천 방식이 될 수 있다.

기독교 영성의 우려와 나아갈 길

명상에 대한 개신교 내부의 오해는 종종 비기독교 전통과의 혼동, 신학적 경계의 부재, 또는 영성에 대한 충분한 신학 교육의 부족에서 비롯된다. 그러나 기독교 안에는 이미 오래전부터 명상적 전통이 존재해 왔으며, 이는 하나님과의 깊은 교제를 위한 소중한 유산으로 재조명될 수 있다. 명상을 무조건 배격하는 것이 아니라, 그 신학적 본질을 분별하고, 기독교적 원리에 입각하여 재해석하고 활용하는 자세가 현대 영성 회복의 중요한 방향이 될 것이다.

물론 개신교 전통 안에서 제기되는 우려 역시 잘 경청해야 한다. 명상이 비기독교적 요소와 혼합될 때, 성경적 계시의 권위가 약화되거나 신비주의적 체험에 치우칠 위험이 있기 때문이다. 실제로 잘못된 명상 실천은 인간 중심적 자기 몰입이나 종교 혼합주의로 흐를 수 있으며, 이는 기독교 신앙의 본질과 충돌할 수 있다. 그러므로 명상은 단순히 유익하다는 이유만으로 무비판적으로 수용할 수 없고, 성경적 분별과 신학적 경계 설정이 반드시 필요하다. 동시에 이러한 우려만으로 기독교 안의 명상 전통을 전면 배격하는 것도 바람직하지 않다. 오히려 하나님을 중심에 두고, 말씀과 기도로 견고히 뿌리내린 명상은 영성을 깊게 하고 교제를 새롭게 하는 귀한 도구가 될 수 있다. 바로 이러한 긴장과 균형 속에서, 하나님 중심성을 잃지 않고 명상을 재해석하며 실천하는 것이 현대 그리스도인의 영성 회복을 위한 길이며, 이것이 곧 이 책에서 제시하는 '영성챙김(Spiritfulness)'의 핵심 정신이라고 하겠다.

나가는 글

　　이 책을 쓰며 나름대로 많은 기도와 고심, 묵상과 성찰의 시간을 가져봤다. 40년 가까이 정신과 의사로 일했고 20년여를 정신건강의학과 영성의 접점을 탐구해 온 경험이 있었음에도, 유구한 전통을 지닌 기독교 명상의 깊이와 넓이를 온전히 담아내기에는 지식의 한계와 수행의 부족함을 절실히 느낄 수밖에 없었다. 교부들의 침묵과 순례자들의 눈물, 관상기도자들의 맥박과 호흡, 수도자들의 고독한 성찰이 만들어낸 이 위대한 영성 유산의 엑기스 모두를 이 한 권의 책으로 담아내겠다는 욕심을 가졌던 것은 아니지만, 그래도 적어도 그 개요라도 정리하고 싶었지만 이제 보니 거의 제목만 나열한 수준이 되었다. 가만히 살펴보면 이 책은 그저 그 창대한 유산의 문 앞에서 조심스레 문고리를 잡아본 시도에 불과할 것이다.

　　그럼에도 불구하고, 이 시대가 처한 영적 갈급함과 내면의 분열, 종교적 외형 너머의 진실한 하나님과의 만남에 대한 갈망 앞에, 한 걸음이라도 하나님을 향해 내딛는 일이 의미 있다고 믿고 용기를 내어 이 책을 세상으로 내보내기로 했다. 비록 많은 것을 솜씨 있게 담아내지 못했지만,

바로 이 시대에 필요한 책을 지금 쓰는 것이 주어진 사명이었다는 것으로 많은 아쉬움을 달래보고자 한다.

이 책은 절대로 마침표가 아니다. 더 깊은 식견과 더 넓은 경험을 가진 독자들께서 이 책을 읽고, 고쳐주시고, 보태주시고, 비판해 주시고, 가르쳐주시기를 바란다. 그렇게 해서 앞으로 함께 만들어가는 책, 더 통찰력 있고, 더 정제되고, 더 살아 있는 책으로 살아남을 수 있다면 얼마나 기쁠까 하는 소망을 가져본다.

하나님 앞에 잠잠히 머물고자 하는 모든 이들에게, 이 책 한 권이 조용히 숨결을 건네는 안내자가 되기를 기도하며 이제 나가고자 한다. 우리 모두 영성을 챙기며 하나님 나라를 누리면서 살아가자.

"여호와여, 내 마음이 교만하지 아니하고 내 눈이 오만하지 아니하오며 큰 일을 감당하려 하지도 않으며 놀라운 일을 하려 하지도 아니하나이다. 실로 내가 내 영혼으로 고요하고 평온하게 하기를 젖 뗀 아이가 그의 어머니 품에 있음 같게 하였나니 내 영혼이 젖 뗀 아이와 같도다" (시편 131:1-2)

참고문헌

강민지. (2024). 명상맛집. 서울: 불광출판사.

권명수. 김기범. (2019). 기독교 명상 척도 개발 및 타당화 연구. 신학사상, 186, 267-293.

권진구. (2022). 한국적 상황에서 관상기도 이해. 기독교교육논총, 69, 163-192.

길희성. (2018). 종교에서 영성으로. 서울: 북스코프.

김수현. (2016). 신을 향한 갈망 -관상기도(Contemplative Prayer)의 역사와 적용에 대한 고찰. 한국기독교신앙논총, 99, 121-153.

김정호. (2024). 명상과 마음챙김의 정의에 대한 고찰: 마음훈련의 체계를 위한 제언. 한국명상학회지, 14, 37-75.

김주환. (2023). 내면소통: 삶의 변화를 가져오는 마음근력 훈련. 서울: 인플루엔셜.

김주환. (2025). 내면소통 명상수업: 마음근력 향상을 위한 명상 가이드. 서울: 인플루엔셜.

대니얼 카너먼. (2018). 생각에 관한 생각: 우리의 행동을 지배하는 생각의 반란. 서울: 김영사.

롬 브랜즈마. (2022). 마음챙김 명상 지도의 실제. 서울: 삶과 지식.

마틴 레어드. (2018). 침묵수업. 서울. 타임북스.

배정훈. (2022). 거룩의 여정. 서울: 한국성서학연구소.

버나드 맥긴. (2019). 마이스터 에크하르트의 신비주의 사상. 서울: 도서출판 은소몽.

버나드 맥긴. (2016). 서방 기독교 신비주의의 역사 1. 서울: 은성.

베네딕타 위드. (2018). 사막교부들의 금언. 서울: 분도출판사.

엘렌 랭어. (2015). 마음이 삶을 어디까지 바꿀 수 있는가. 마음챙김. 서울: ㈜도서출판 길벗.

오방식. (2014). 토마스 머튼의 자기 이해에 대한 연구. 한국그리스도사상, 22, 209-259.

유해룡. (2011). 영성의 발자취. 서울: 장로회신학대학출판부.

윤종모. (2019). 치유명상 5단계: 창조 성장 치유를 위한. 서울: 동연.

이화영 등. (2022). 명상과 의학. 서울: 학지사.

장석종. (2021). 기독교 영성 묵상의 자연치유 기반 명상치유에의 적용 연구. 영산신학저널, 58, 95-133.

장현갑. · 강성군. (2003). 스트레스와 정신건강. 서울: 학지사.

전우택. 민성길. 한상익. 채정호. 김도훈. (2020). 정신의학과 기독교. 서울: 박영사.

조셉 골드스타인 (2018) 마인드풀니스. 서울: 민족사.

조안 핼리팩스. (2022). 연민은 어떻게 삶을 고통에서 구하는가. 서울: 불광출판사.

조지 허버트 등 (2014). 그리스도교 신앙시 100선, 합창. 서울: 버드내.

지그문트 바우만. (2022). 액체 현대. 서울: 필로소픽.

채정호. (2022). 영성과 명상. (이화영 등. 명상과 의학.) 서울: 학지사. 91-108.

최진우, 김현수. (2017). Mindfulness에 근거한 심리치료의 자연치유적 특성. 동서심리학회지, 20(1), 55-74.

폴 길버트, 초덴. (2020). 마음챙김과 자비;자비로운 마음 훈련. 서울. 학지사.

폴 니터. (2011). 붓다 없이 나는 그리스도인일 수 없었다. 서울: 클리어 마인드.

피터 타일러. (2020). 그리스도교 마음챙김. 서울. ㈜타임교육C&P.

황금중. (2019). 마음챙김(mindfulness) 기반 교육: 기본 설계와 방향. 교육과학연구, 50(3), 1-29.

현상규. (2017). 마음챙김에 대한 기독교적 고찰과 목회상담적 제안들. 목회와 상담, 29, 294-333.

Benedict, S. (2004). The Rule of St. Benedict. Penguin Books.

Cassian, J. (2000). Conferences. Paulist Press.

Dalai Lama. (1995). The art of happiness. Riverhead Books.

Davidson, R. J., & Begley, S. (2012). The emotional life of your brain. Penguin Group.

Davidson, R. J., Kabat-Zinn, J., Schumacher, J., Rosenkranz, M., Muller, D., Santorelli, S. F., … Sheridan, J. F. (2003). Alterations in brain and immune function produced by mindfulness meditation. Psychosomatic Medicine, 65(4), 564-570.

Eckhart, Meister. (1994). Selected Writings. (O. Davies, Trans.). London: Penguin Books.

Evagrius Ponticus. (1970). The Praktikos and Chapters on Prayer. (J. E. Bamberger, Trans.). Spencer, MA: Cistercian Publications.

Foster, R. J. (1978). Celebration of Discipline: The Path to Spiritual Growth. San Francisco: Harper & Row.

Goleman, D. (2013). Focus: The hidden driver of excellence. HarperCollins.

Griffiths, B. (1990). The marriage of East and West. Templegate Publishers.

Hayes, S. C., Strosahl, K. D., & Wilson, K. G. (2011). Acceptance and commitment therapy: The process and practice of mindful change (2nd ed.). Guilford Press.

Ignatius of Loyola. (1951). The Spiritual Exercises of St. Ignatius. (L. J. Puhl, Trans.). Westminster, MD: Newman Press.

James, W. (1890). The Principles of Psychology (Vol. 1). New York: Henry Holt.

John of the Cross. (1991). Dark Night of the Soul. (K. Kavanaugh & O. Rodriguez, Trans.). Washington, DC: ICS Publications.

Johnston, W. (1971). Christian Zen: A Way of Meditation. New York: Harper & Row.

Kabat-Zinn, J. (1990). Full Catastrophe Living: Using the Wisdom of Your Body and Mind to Face Stress, Pain, and Illness. New York: Delacorte Press.

Keating, T. (2009). Open mind, open heart: The contemplative dimension of the gospel. Continuum International.

Kral, T. R. A., Schuyler, B. S., Mumford, J. A., Rosenkranz, M. A., Lutz, A., & Davidson, R. J. (2018).

Impact of short- and long-term mindfulness meditation training on amygdala reactivity to emotional stimuli. NeuroImage, 181, 301–313.

Langer, E. J. (1989). Mindfulness. Reading, MA: Addison-Wesley.

Linehan, M. M. (1993). Cognitive-behavioral treatment of borderline personality disorder. Guilford Press.

Main, J. (1981). Word into Silence. New York: Paulist Press.

Merton, T. (1961). New Seeds of Contemplation. New York: New Directions.

Miller, E. B. (2024). APA definition of mindfulness. Open Educational Resources, 36. https://commons.und.edu/oers/36

Neff, K. (2011). Self-compassion: The proven power of being kind to yourself. William Morrow.

Nyanaponika, T. (2010). The heart of Buddhist meditation: Satipaṭṭhāna: A handbook of mental training based on the Buddha's way of mindfulness. Buddhist Publication Society.

Rahner, K. (1978). Foundations of Christian Faith: An Introduction to the Idea of Christianity. (W. V. Dych, Trans.). New York: Seabury Press (Crossroad).

Siegel, D. J. (2007). The Mindful Brain: Reflection and Attunement in the Cultivation of Well-Being. New York: W. W. Norton.

Teresa of Ávila. (1946). Interior Castle. (E. A. Peers, Trans.). New York: Sheed & Ward.

Thich Nhat Hanh. (1976). The miracle of mindfulness: An introduction to the practice of meditation. Beacon Press.

Tolle, E. (1997). The power of now: A guide to spiritual enlightenment. New World Library.

Tyler, P. (2017). Christian mindfulness: Theology and practice. SCM Press.

Wachholtz, A. B., & Pargament, K. I. (2005). Is spirituality a critical ingredient of meditation? Comparing the effects of spiritual meditation, secular meditation, and relaxation on psychological outcomes. Journal of Behavioral Medicine, 28(4), 369–384.

Ware, K. (1974). The Power of the Name: The Jesus Prayer in Orthodox Spirituality. Oxford: SLG Press.

Wilber, K. (2000). Integral psychology: Consciousness, spirit, psychology, therapy. Shambhala.

Willard, D. (1988). The Spirit of the Disciplines: Understanding How God Changes Lives. San Francisco: Harper & Row.

Willard, D. (2014). The divine conspiracy: Rediscovering our hidden life in God. HarperCollins.

Williams, J. M. G., & Penman, D. (2011). Mindfulness: A practical guide to finding peace in a frantic world. Piatkus.

Zhu, X. (2011). The great learning and the doctrine of the mean. Hackett Publishing.

Zohar, D., & Marshall, I. (2000). SQ: Connecting with our spiritual intelligence. Bloomsbury.

영성 챙김

초판 1쇄 발행 2025년 11월 20일

지은이 채정호
펴낸이 이재원

펴낸곳 선율
출판등록 2015년 2월 9일 제 2015-000003호
주소 경기도 구리시 동구릉로 148번길 15
전자우편 1005melody@naver.com
전화 070-4799-3024   팩스 0303-3442-3024
인쇄·제본 성광인쇄

© 채정호, 2025

ISBN 979-11-88887-30-9 03230

값 20,000원

· 잘못된 책은 바꿔드립니다.
· 이 책 내용의 전부 또는 일부를 재사용하려면 반드시 저작권자와 선율 양측의 동의를 받아야 합니다.